글쓰기 홈스쿨

준석·은서와 함께 고경태 지음

글쓰기 홈스쿨

한겨레출판

일러두기

* 본문에서 준석 글과 은서 글 속에 담긴 비문, 오문, 맞춤법 오기 등은 큰 문제가 없는 한 그대로
  두었습니다. 그 오류들이 그때그때의 아이들 글쓰기 수준을 잘 보여주고 있기 때문입니다.

오디션, 그 이상을 위하여

글을 쓰다 말고 춤을 춘다.

은서는 그래야 직성이 풀린다. 쉼 없이 노랫말을 흥얼거리고 몸을 흔든다. 소녀시대의 〈소원을 말해봐〉에서 엠블랙의 〈Y〉, 간미연의 〈파파라치〉, 시크릿의 〈샤이보이〉까지 레퍼토리는 끝이 없다. 밥을 먹다가도, 숙제를 하다가도, 엄마에게 혼이 나 풀이 죽어 있다가도 불현듯 댄스에 열중한다. 오래된 기분풀이 습관이다. 걸그룹을 선망하는 소녀답게 툭하면 이런 말도 뱉는다. "아빠, 난 꼭 오디션을 볼 거야."

말 잘했다, 오디션. 럭비공처럼 결론부터 터치하자면, 이 책은 오디션과 무관하지 않다. 은서가 연예기획사의 걸그룹 공개 오디션에 진짜로 응모할 확률은 적다. 가족과 친구들 앞에선 천연덕스럽게 끼를 발휘하지만, 낯선 이들이 모인 공간에선 쥐구멍부터 찾는 부끄럼쟁이니까. 오디션의 세계가 무궁무진하다는 사실은 알려주고 싶다. 그중에 한 가지, 은서를 포함해 누구든 피하기 힘든 중요한 오디션 무대가 여기 있다. 춤이 아닌 글이다. 글쓰기 오디션!

『글쓰기 홈스쿨』은 1년간 무지막지하게 벌인 그 오디션 연습으로 태어났다. 초딩 은서와 중딩 준석 남매는 험난한 길을 함께한 공동저자다. 아빠인 내가 주마다 주제를 던져주면 아이들은 힘겹게 이야기를 만들었다. 말이 안 되는 글은 말이 될 때까지 쓰고 또 썼다. 괜찮은 부분은 칭찬하고 한심한 부분은 신나게 조롱(!)하는 양날의 코멘트를 달았다. 나름의 대안도 제시했다. 그 내용을 〈한겨레〉 '함께하는 교육' 섹션과 인터넷 서점 예스24의 문화웹진 '채널 예스'에 연재했다. 2010년 4월 중순부터 12월 말까지 총 35주 동안이다. 이제 훌훌 털어 책으로 묶는다.

글쓰기 책은 널렸다. 인터넷 서점에 '글쓰기'라는 키워드를 집어넣으면 1,000권이 넘는 책이 검색된다. 의미 있는 '플러스 원'이 되고 싶다. "에이, 또 똑같은 소리 하네!"라는 원성을 듣는다면, 쎄고 쎈 글쓰기 책 리스트에 하나를 더 보탤 이유가 없다.

기본 상대는 초딩과 중딩이다. 집과 학교 주변에서 글감을 찾았으므로 준석과 은서의 또래들이라면 흥미로운 동질감을 느끼리라 믿는다. 앞에선 농담 삼아 오디션을 걸고넘어졌다. 그렇다고 쩨쩨하게(?) 서술형 문제풀이나 대입논술 준비, 글짓기대회 수상을 노리며 이 책을 독파하라고 권하지는 않겠다. 공식적으로 부딪치는 오디션의 관문은 부차 문제다. 먼저 일상에서 부딪치는 글쓰기를 응원하고 싶다. 시도 때도 없이 초고속으로 난타하는 핸드폰 문자메시지는 글이 아니고 무엇인가. 끌리는 이성 친구에게 애틋한 마음을 쪽지로 전해야 할 때도 있다. 학교 홈페이지나 블로그에 내 의견을 또박또박 밝혀야 할 때도 있다. 소통의 글쓰기다. 상큼하고 매력적인 모습으로 소통하면 좋지 않을까? 그런 마음으로 이 책을 썼다.

다음 상대는 부모들이다. '자녀 글쓰기 지도 방법' 따위를 훈수할 생각은 없다. 그저 설렁설렁 책을 읽은 뒤 아이들과 함께 작은 공감대라도 쌓으면 좋겠다. 문장 구성 감각이나 기술일 수도 있고 삶과 세상을 바라보는 시선일 수도 있다. 부모와 아이가 함께 읽고 느낌을 공유하길 바라면서, 최대한 쉽게 썼다.

정말 쉬울까? 이 책의 강점을 하나만 대라면 이렇게 강변하고 싶다. "쉽다. 무지 쉽다." 쉽게 쓰기는 참 쉽지 않다. 하나만 더 꼽으려면, 재미다. 이건 더 난이도가 높다. 나는 책장이 술술 넘어가고 요지가 쏙쏙 머리에 박히도록 안간힘을 썼다. 글쎄, 완벽하다고는 못 하겠다. 한국에서 가장 쉽고 재밌는 글쓰기 책을 남기기 위해 노력했다는 점만은 알아주기 바란다. 초딩·중딩과 그 부모들을 넘어, 감히 고딩을 포함한 그 밖의 독자들에게까지 스스럼없이 보여주고픈 이유다.

어쩌면 다 똑같다. 준석과 은서가 갈피를 못 잡고 끙끙대는 지점이나, 20대 대학생 또는 그 윗세대가 머리 싸매는 지점은 큰 차이가 없다. 나는 2010년 한 해 동안 성인을 대상으로 정기적인 글쓰기 강좌를 맡을 기회가 있었다. 초딩·중딩과는 또 다른 수강생들의 글을 접하면서 어려움의 본질이 서로 통한다는 걸 확인했다. 뭐가 문제인가. 왜 지루한 글을 반복하는가. 내 식대로 정리하면 두 가지다. 첫째, 가식이다. 둘째, 도식이다. 이것만 넘어서도 글이 달라진다. 가식과 도식은 쉽고 재밌는 글의 적이다.

가식은 '폼'이다. 정확히 말하면 '헛폼'이다. 왜 펜만 들면(아니 자판만 두드리면) 헛폼을 잡으려 할까? 자기만 아는 척, 혼자 옳은 척, 전지 전능하게 세상을 굽어보는 척 뻣뻣해질까? 그 탓에 솔직하지 못한 글이 나온다. 도식은 '틀'이다. 눈치 보지 않고 자유분방하게 쓰면 안 될까? 왜 해온 대로 뻔하게만 쓰려 할까? 이미 짜인 틀과 방식에 덜 순종했으면 좋겠다. 그동안의 관습을 곧이곧대로 존중하지 않았으면 좋겠다. 자기만의 틀을 짤 때 더 짜릿하지 않은가? 독자들은 이 책의 곳곳에서 준석, 은서의 허망한 폼과 틀을 발견하며 피식피식 웃으리라. 이를 반면교사 삼으면 된다. 헛폼 잡지 말고 멋대로 해보란 말이다. 한 살이라도 더 어릴 때.

전체는 프롤로그와 에필로그를 빼고 4부로 구성했다. 1부에선 '틀'에 관해 어깃장을 놓았다. 지루하고 하품 나는, 상상력을 제한하는 틀을 어떻게 하나하나 깨나갈지 머리를 써보았다. 2부에선 폼 잡고 '헛폼'을 비웃었다. 털털하고 소탈하게 쓰기 위한 실무 원칙이라 할 만하다. 3부에선 기초 매뉴얼을 담았다. 기름기를 뺀 담백하고 매너 좋은 글을 위해 지켰으면 하는 사항들이다. 4부에선 새로운 시도를 부추겼다. 인터뷰 교환, 사진 설명 달기, 간판 조사 등 신메뉴를 개발해 소개했다. 이 모든 과정을 한마디로 요약하면 '창의적 글쓰기'다. 모자란 내 창의력을 한탄하며 썼다. 독자들이여, 세 살 창의력은 여든까지 간다.

은서에게 가장 미안하다. 셀 수 없는 퇴짜만큼이나, 아빠의 글 속에서 놀림도 자주 당했다. 다시 읽어보니, 은서의 철없는 표현과 행태를 홍보하는 대목이 홍수를 이룬다. 절반이나 덜어냈는데도 두드러져 보인다. 아빠의 욕심이 과했다. 밤 12시에 쿨쿨 자는 아이를 깨워 새벽 2

시까지 마감을 마치도록 하는 만행을 저지른 적도 있다. 딱 한 번이었지만, 그 인권유린 사건에 관해 사과한다. 다음 날 무슨 일 있었느냐는 듯 룰루랄라 휘파람을 불며 까불어준 은서가 고맙다.

준석도 아빠의 요구에 순순히 따라주었다. 한 해만 더 지났어도 반항했을지 모른다. 준석은 그동안 10센티미터 이상 컸다. 엄마 키를 추월해 170센티미터에 육박한다. 목소리도 굵게 변했다. 요즘은 집에서 '가장 어려운 분'이다. 사춘기일까? 정체를 알 수 없는 울분과 반감의 기운이 준석을 감쌌다. 놈은 지금 작은 폭탄이다.

돌이켜보면 무모한 짓이었다. 35주간 매주 품질에 시비를 걸면서 서너 편씩 아이들로부터 글을 받고 이를 밑천 삼아 최종 작품을 완성하는 일은 장난이 아니었다. 순조롭게 일이 풀리지 않으면 주말 외출도 포기했다. 아빠는 때로 관련 삽화까지 그리도록 요구했다. 그 삽화조차 서너 번을 손보게 했다. 월요일마다 돌아오는 '사선(deadline)'에 대한 팽팽한 긴장감이 없었다면, 진작 포기했다. 다행히도 아이들의 엄마 박희경 씨는 "공부는 팽개치고 일요일마다 웬 얼어 죽을 소란이냐"라는 클레임을 걸지 않았다. 감읍이오.

정답이 없는 글쓰기의 미로에서, 준석과 은서는 잊을 수 없는 추억을 새겼다. 최선을 다할수록 스스로도 만족할 만한 결과를 얻는다는 소중한 교훈도 얻었다. 자유롭고 맑은 영혼을 지닌 인격체로 성장하기를 빈다. 이 책을 읽는 초딩·중딩들도 모두 화이팅!!

와우, 씨를 뿌린 지 정확히 1년 만이다. 두 번째의 '출산 경험'이다. 한겨레출판에 고마움을 전한다. 첫 책이었던 전작 『유혹하는 에디터』에 이어 두 번째 책을 함께 기획하고 정성스럽게 내주었다. 이기섭 대표와 박상준 편집장의 노고 덕이다. 지면 연재를 허락하고 진행해준 네 분에게도 감사를 드린다. 한겨레교육 강석운 대표, 김창석 부장과 예스24 김정희 팀장, 최경진 대리가 그들이다. 마지막으로, 손자와 손녀의 글을 꼼꼼히 읽고 늘 기도해주시는 장정옥·반영교 여사에게 큰절 올린다.

춤을 추다 말고 글을 쓴다. 은서는 가끔 그런다. 은서야, 아빠는 네가 춤출 때가 더 좋단다.

2011년 5월

고경태

차례
----

2 줏대 있게 경쾌하게

3 불법금지 잡초금지

4 함 시도해볼까?

프롤로그

01

'일가족 칼럼 사기단'을 조심하라

자, 이제 써보는 거야

'일가족 칼럼 사기단'이 될지도 모른다.

아빠와 아들, 그리고 딸이 함께 칼럼을 쓰면서 사기 행각을 벌인다는 상상은 끔찍하다. 사기의 수법은 다음과 같다. 나는 중학교 1학년인 아들 준석과 초등학교 4학년인 딸 은서에게 매주 글을 쓰게 한다. 갖가지 주제를 던져준다. 가족과 학교와 친구와 세상의 여러 일들에 관한 생각을 정리하게 한다. 함량 미달의 글에 대해선 다시 쓰게 한다. 때로는 아빠의 성에 찰 때까지 쓰고 또 쓰게 한다. 그 글들을 기본 재료로 삼아 아빠는 글쓰기 칼럼을 연재하고 책을 묶어 낸다. 아이들에게 글쓰기에 관해 한 수 가르쳐주는 척, 이 칼럼과 책을 읽으면 꼬마 독자들의 글쓰기 실력은 물론 엄마 아빠 독자들의 글쓰기 지도력까지 높아지는 척 폼을 잡는다. 기대를 품고 이 책을 읽은 독자들이 '이상한 일가족'에게 사기당했다며 화를 내지는 않을까 두렵다.

감히 일을 저질러보기로 했다. 우리 가족이 어찌 '사기단'이 될 수 있느냐며 '사기 진작'을 꾀하는 의미에서 아이들과 작은 좌담회를 열었다. 진지한 대화를 나누려 했는데 자꾸만 엉뚱하게 피식피식 새버렸다.

아빠·아들·딸의 피식피식 썰렁 토크

아빠 글을 써보니 어때?

은서 글솜씨가 느는 것 같아.

아빠 어떻게?

은서 쑥쑥.

준석 너 바보 아니니?

아빠 글을 써보니 어렵디?

준석 길게 쓰는 건 좀 어려웠어.

은서 난 하나도 안 어려웠어.

아빠 정말?

은서 어, 난 머리에 생각나는 게 딱딱 바로 나와.

준석 헐~.

아빠 글을 잘 써야 한다고 생각하니?

준석 당근이지.

아빠 왜?

준석 외고 가는 데에 도움이 되지 않을까? 입학사정관제에도 마찬가지고.

아빠 입학사정관제에 어떻게 도움이 돼?

준석 아니다. 취소. 잘못 말한 것 같다. 그냥 글쓰기대회에서 상을 받
      을 수 있잖아.

은서 자랑스럽겠다. 상을 받으니까.

준석 논술 시험에서 좋은 점수를 받을 수도 있고.

보다시피 개념이 별로 없다. 동생 은서에 비해 오빠 준석이라고 월
등히 낫지는 않다. 무개념 속에서도 어디선가 주워들은 이야기가 없
지는 않지만.

아빠 글을 잘 쓰려면 어떻게 해야 해?

은서 책을 많이 읽어야지. 논술 책.

준석 지식이 많아야 해.

아빠 지식이 많으려면?

은서 책을 많이 읽어야 해.

준석 그게 그 말이잖아. 무엇보다 글쓰기 연습을 많이 해야지.

은서 신문반 들어가서 글을 써야 해.

아빠 어떤 글이 좋은 글이야?

은서 좋은 글.

준석 사람들에게 교훈과 감동을 주는 글.

아빠 그게 뭔데?

준석 예를 들어 지독하게 못사는 사람이 있는데, 엄청난 비웃음을 당
      하면서도 나중에 성공하는 이야기.

은서 수준이 높은 글.

준석 넌 생각 좀 있게 이야기해.

은서 흥, 내 말이 어디가 어때서.

준석 경험을 많이 한 사람이 쓴 글이 좋지.

아빠 경험만 많이 하면 돼?

준석 아니요.

은서 노력을 많이 한 글.

아빠 어떤 노력?

은서 수많은 노력.

준석 장난하니? 정말 썰렁 개그다.

아빠 준석이 말이 맞네.

은서 아빠, 그러면 뽀뽀 영원히 안 해주는 수 있다.

준석 핵심을 금방 알 수 있다면 좋은 글이야.

은서 칠전팔기 모험가의 글. 아니면 천재가 쓴 글.

준석 쓰고 또 쓰고 수정한 글. 그러면서 좋아지는 거야.

소통의 무기, 생존의 무기, 으악 핵무기

아빠는 토론 끝머리에 "글은 무기"라는 말로 운을 뗐다. 준석은 'The pen is mightier than the sword(펜은 칼보다 강하다)'라는 영어 구절을 들먹이며 알아먹겠다는 티를 냈다. "그러니까 사람을 설득시키는 무기라는 거죠?" 은서도 한마디 보탠다. "으응? 말싸움에서 이길 수 있는 무기?" "그렇지. 글은 소통의 무기이자 생존의 무기야. 자기 생각과 마음을 정확하게 표현할 줄 알면 나만의 경쟁력이 생기고 더 나아가 세상을 이롭게 할 수 있지." 딸은 하품을 했다. 내친김에 좀 더 어려운 표현을 써봤다. "예전에 아빠는 이런 말을 한 적이 있어. 글은 커뮤니케이션의 핵무기라고. 알아먹겠어?" 두 아이의 마지막 반응은 대조적이었다.

"응응, 그러니까 글을 잘 쓰면 사회를 주름잡는다는 얘기?"(준석)

"아함 졸려. 제발 그만 자자."(은서)

순전히 내 생각을 많이 하자

글을 잘 쓰려면 어떻게 해야 할까. 준석과 은서에게 바로 그 주제를 주고 글을 쓰게 했다. 별도의 가이드라인 없이 멋대로 써보라고 했다. 먼저 은서의 글을 보겠다.

은서 글 부모님 중 한 명은 소설가여야 해

글을 잘 쓰려면 어떻게 할까? 글을 잘 쓰려면 수준이 높은 책을 읽어야 한다. 그리고 노력을 많이 한 사람의 글을 읽어야 한다. 왜냐하면 노력을 많이 해서 성공한 사람의 글을 읽으면 노력의 힘이 오기 때문이다.

그리고 경험을 해봐야 한다. 왜냐하면 경험을 많이 해보면 그곳에 대한 글이 딱! 딱! 머리에 오기 때문이다. 또 글을 잘 쓰려면 엄마, 아빠

중에 한 사람이 소설가여야 한다. 왜냐하면, 유전적으로 부모님 중에 소설가가 있으면 딸 아님 아들이 소설가가 될 가능성이 70퍼센트이기 때문이다.

그리고 유명한 논술 학원에 다녀야 된다. 왜냐하면 논술 학원 선생님은 논술을 잘 아시기 때문에 우리에게 글을 잘 쓰도록 지시해주시기 때문이다.

- -

'~해야 한다, 왜냐하면 ~때문이다'가 무한 반복된다. 쯧쯧, 이 버릇은 어디서 어떻게 익혔지? 글을 잘 쓰려면 엄마, 아빠 중에 한 사람이 소설가여야 한다고? 은서는 글을 잘 쓸 수가 없겠네? 천천히 따지기로 했다. 한 번 더 써보라고 했다. "글이란 이렇게 쓰는 것"이라고 장황한 설교를 퍼부을 필요는 없다. 많이 써보는 게 더 중요하다. 은서는 또 썼다.

 은서 글 스티븐 호킹의 블랙홀 글쓰기?

글을 잘 쓰기 위해서는, 논술 잡지를 보는 것도 좋다.

논술 잡지에는 논술에 대한 상식도 들어 있고, 재치 있는 글도 들어 있고, 재미있는 만화도 있어서 아이들이 잘 읽게 되면 그때부터가 시작이다. (중략)

중·고딩은 조금 수준 높은 논술 잡지를 봐야 한다. 하지만, 어린…… 한 여덟 살 때부터 하급 수준의 논술 잡지라도 차근차근 읽어가면 중·고딩이 수능을 볼 때 도움이 되기도 한다. 하지만 잡지를 본다고 해서, 정확히 실력이 는다는 것은 아니다. 어떨 땐 만화나 특집 이야 기만 술술술 나오기도 한다. 아니, 그렇지 않더라도, 아이들은 모두 만화만 보게 되어 있다. 아이를 낳기 전까지는 사람들 모두 만화를 좋아 한다. 잡지에서도 만화만 본다. 재미없는 특집에도 만화가 나오면, 무조건 본다. 하지만 우등생은 글만 읽는 것도 있다.

글을 잘 쓸 수 있는 또 다른 방법은 '책' 읽기이다. 책에는 갖가지 지식이 들어 있다. 하지만, 그렇지 않은 책도 있다.

바로 '판타지' 책이다. 판타지는 어린이에게 꿈을 키워주는 책이다. 하지만 어떨 때는 글에 도움이 되기도 한다. 특히 글쓰기에 도움이 되는 책은 스티븐 호킹이 쓴 『유혹하는 글쓰기』이다. 그것을 읽어보면 글쓰기에 도움이 될 것이다. 이 외에도 글쓰기에 도움이 되는 것은 세상에 널리 퍼져 있다.

어려운 주제였는지도 모른다. 쓰는 와중에 "안 하면 안 돼?"라는 투정을 여러 번 부렸다. 억지로 쥐어짜서 쓴 흔적이 역력하다. 오락가락, 횡설수설이다. 무슨 말을 하려는지 요점이 안 잡힌다. 영국의 천재 과학자 스티븐 호킹이 글쓰기 책을 썼다는 대목은 난데없다. 은서에게 물었다. "스티븐 호킹 얘기는 어디서 들었어?" "아빠 책장에 있는 책 제목을 봤잖아. ㅋㅋ" 맙소사, 그 『유혹하는 글쓰기』 책의 저자는 미국의 소설가 '스티븐 킹'이었는데……. 은서 말대로 스티븐 호킹이 글쓰기 책을 쓴다면, 음…… 제목이 '블랙홀 글쓰기'여야 하지 않을까? 블랙홀처럼 엄청나게 빨아들이는 글쓰기?

다음은 준석의 글이다.

음…… 글을 잘 쓰려면…… 이건 순전히 내 생각이지만, 나는 일단 경험과 지식이 풍부하여야 한다고 생각한다. 어제 동생이 이야기를 했을 때 '세라' 라는 여자가 콩국수를 먹었다는 내용을 설명했다. 여기서 '세라' 라는 외국인은 영국인이나 미국인, 아니면 다른 나라 사람이건 간에 우리나라나 동양인은 아닌데, 서양 사람이 콩국수? 이것은 순전히 맞지 않는 이야기다. 따라서 글을 잘 쓰려면 위의 예처럼 엉뚱하고 이상하게 쓰지 않기 위해서 다양한 경험과 지식은 필수이다. 사실, 글을 잘 쓰는 방법은 서로 연관성이 있다. 그 이유를 알아보자.

두 번째로 '글을 잘 쓰려면 어찌해야 잘 쓸 수 있겠습니까?' 의 예시는, 책을 많이 읽는 것이다. 물론 선천적으로 글을 잘 써서 책을 많이 읽지 않고도 글을 잘 쓰는 사람이 있긴 하다. 내가 그 예인데, 하여튼 그런 경우나 기타 등등을 제외하고는 책을 많이 읽지 않고서는 글을 잘 쓸 수 없다. 그러므로 글을 잘 쓰려면 책을 가까이해야 한다. (중략)

셋째로는 '신문, 잡지, 기타 등등의 글을 많이 접해라' 이다. 이것 역시 첫 번째와 관련이 있다. 특히 신문 같은 경우에는 시사를 읽어 좋은 정보와 지식을 얻을 수 있다. 하여튼 책이나 신문, 잡지 같은 글을 많이 읽게 되면 그만큼 지식이나 경험이 쌓여 글을 잘 쓸 수 있게 된다는 거다.

넷째로는 '글을 많이 쓰자' 라는 것이다. 뭐든 더욱 고치고 더욱 바라보며 지킬수록 더욱 섬세해진다고들 한다. 글 역시 마찬가지이다. 책을 많이 읽고(글을 많이 읽고) 경험을 쌓고 지식을 쌓아야 글을 잘 쓸 수 있지만, 그렇다고 그런 사람이 쓴 글이 무조건 매우 잘 썼다는 그런 경우는 없다. 책이나 글로 쌓은 경험과 지식을 바탕으로 글을 계속 써서 글쓰기 실력을 높이고 고치고 또 고쳐서 잘못된 걸 보완하는 것이 중요하다. 일기 등도 좋은 방법이다.

다섯 번째는 순전히 내 생각이다. 바로 생각날 때, 느낌이 올 때, 생각나는 대로 자유롭게 쓴다는 것이다. 생각나고 느낌이 떠오를 때 쓰는 글이 어떨 때는 최고의 글이기 때문이다.

여섯 번째는 정말 내 생각이다. 바로 남이 쓴 글과 자신이 쓴 글 등을 서로 비교해가며 읽는 것이다. 그런 방법을 이용하면 남의 생각에서 지식을 따올 수 있고, 자신의 부족한 점을 보완하거나 남의 글의 부족한 점을 생각으로 보완하여 자신의 글 실력을 높일 수 있다.

근거 없는 자랑질은 빼고!

본인이 책을 많이 읽지 않고도 글을 잘 쓰는 사람의 예라고? 근거 없는 자랑질 같으니라고! 이 부분만 빼면 틀린 말 별로 없다. 어렵게 꼬아서 쓴 문장들이 몇 개 걸리지만 다음에 이야기하자. 은서보다는 논리가 정연하고 의젓하다. 특히 '순전히 내 생각'이라고 전제하고 쓰는 부분은 좋다. '순전히 남의 생각'이 아닌 '순전히 내 생각'은 글을 쓰는 데 아주 중요한 요소이다. '순전히 말도 안 되는 너만의 생각'이라면 비웃음만 당하겠지만 '순전히 독창적인 너만의 생각'이라면 박수를 받기에 충분하다. 그것은 자신만의 시각이며, 아이디어이기도 하다. 앞으로 그런 좋은 글을 많이 쓰길 바랄 뿐이다. 준석아, 잘

해보자. 은서도 화이팅!

 나만의 생각으로! 글을 쓸 땐 '이기주의 소년·소녀'가 될지어다. '이타주의'를 발휘하면 죽도 밥도 안 될지어다.

02

새똥과 강아지를 취급하는 노하우

서프라이즈, 내 자식 재발견

개과천선은 포기했다.

나는 나쁜 아빠다(책 제목을 '나쁜 아빠의 글쓰기 홈스쿨'로 제안했을 정도다). 나쁜 아빠는 좋은 아빠의 반대말이다. 일반적 기준으로 볼 때, 아이들과 시간을 많이 보낸다면 좋은 아빠일 공산이 크다. 나는 아이들 얼굴을 볼 틈이 없었다. 일에 몰두하거나 노는 걸 즐기는 '그룹 2AM(새벽 2시에 귀가하는 이들)'의 일원이었다. 계속 이렇게 살 것인가. 음, 인간은 쉽게 변하지 않는다. 개과천선은 포기했다.

건수만 생기면 '채찍'을 휘두르다

다만 아이들에 대한 최소한의 죄의식은 피할 길 없었다. 얼마 남지 않았다. 아들은 중학교에 들어갔고, 딸은 초등학교 고학년이 코앞이다. 눈 깜짝할 사이 몇 년이 흐르면 아이들은 훌쩍 커버린다. 지금은 내가 꼬마들과 놀아주지 않지만, 조금 있으면 꼬마들이 나와 놀아주지 않는다. 대화도 통하지 않으리라. 관계는 더더욱 삭막해질 터다. 무관심했던 아빠를 두터운 침묵으로 응징할지도 모른다. 늦기 전에 아이들을 위해 뭔가 해야 하지 않을까. 그러다 불현듯 머리를 스친 아이템이 '글쓰기'였다. 아이들과 함께 글을 써보자.

이 프로젝트를 결심하자마자 '채찍'을 휘둘렀다. 나에겐 말고, 아이들에게만! 마감일을 정해두고 과제를 줄기차게 내준 뒤 '빚 독촉'에 나섰다. "10년 넘었으니 인생 꽤 살았네. '나의 인생'이란 주제로 총정리해봐." "세뱃돈 받았지? 그 얘기 괜찮겠다." "글을 잘 쓰려면 어떻게 해야 할까? 너희 생각을 적어봐." 본격 시작에 앞서 글을 다량으로 쌓아 비축하는 '원시적 축적'이 필요했다. 그래야 나에게도 쓸 거리가 생길 테니까.

쉼 없이 과제를 내주었다. 무슨 일만 생기면 쓰기와 연결시켰다. "새똥을 맞았다고? 더러운 기분을 적어봐." "아깝다. 반장 선거에 출마했다 떨어졌다니. 심경 고백을 하는 거야." 아이들은 신이 나 일사천리로 글을 휘갈기기도 했지만, 싫증을 낸 적도 한두 번이 아니었다. 졸린다며, 밖에 나가 놀아야 한다며, 학교 숙제를 못 했다며, 시험 준비가 더 급하다며, 주제가 마음에 안 든다며……. 결국 성의 없는 티가 물씬 풍기는 결과물에 한숨을 쉬기도 했다.

발견, 새로운 발견이었다. 아들 준석이 처음 쓴 글을 보고는 놀라지 않을 수 없었다. 그 속엔 내가 몰랐던 준석이 있었다. 아빠는 녀석이 어중이떠중이 중딩일 거라고 여겼지만, 그동안 녀석의 관찰력과 어휘력은 몰라보게 성큼 자라 있었다. '아니, 얘가 내 아들이었나? 언제 이렇게 컸지?' 그만큼 내가 무심했음을 인정해야 했다.

보석 중의 보석은 아이의 수다였다. 아빠 앞에선 말 없고 무뚝뚝하기만 하던 준석이 글 속에선 천연덕스럽고 유머러스하게 갖가지 이야기를 풀어냈다. 은서도 마찬가지였다. 일상적인 대화엔 등장하지 않던 언어가 글 속에 흘러넘쳤다. 맞춤법이나 논리 전개의 완성도 따위는 나중의 문제였다.

더 무뚝뚝해지기 전에 시작하시오

초 · 중딩을 자녀로 둔 부모들에게 권한다. 글쓰기는 가족의 대화를 즐겁게 불붙여주는 새로운 놀이 방법이다. 아이들의 반응이 시큰둥하면 한 편 쓸 때마다 용돈이라도 쥐어주며 꼬드겨보라. 시시껄렁한 생활 속의 주제들부터 던져주고 네 멋대로 쓰라고 해보는 거다. 굳이 말을 섞지 않아도 아이들의 속내가 묻은 수다를 접하게 된다.

한 가지 유의하자면, 되도록 사춘기 전에 시작하는 편이 좋다. 그 이유는 첫째, 아이들이 부모와의 접촉을 극도로 기피하게 되면 뭘 지속적으로 시키기가 영 어려워서다. 둘째, 아이들이 나이를 먹을수록 초현실적인(!) 엉뚱함이 사라지기 때문이다. 글의 내용이 반듯해지고 재미없어진다는 얘기다.

여기까지 쓰고 나니 기분이 이상하다. 뭐야 이거, 나 나쁜 아빠 맞아? 개과천선 포기한다고 했다가 전향서 써버린 기분이다.

두루뭉술하게 늘어놓지 말 것

"나 새똥 맞았어."

2010년 봄의 어느 날, 은서가 아빠에게 문자메시지를 보냈다. 집 앞에서 새에게 험한 꼴을 당했다며 투덜거리는 내용이었다. 나는 답신을 보냈다. "다음엔 말똥 맞아라.ㅎㅎ" 그랬더니 다시 날아오는, 조금은 뻔한 문자. "아빠 미워!"

몇 년 전, 공원 근처 주차장에 차를 세웠다가 보닛과 앞 유리창이 새똥으로 범벅이 된 적이 있다. 잘 지워지지 않아 세차에 애로가 많았다. 머리에 새똥 맞은 적은 없다. 내 머리가 새들의 화장실? 그런 일이 정말 생기나 보다.

은서는 다음과 같이 증언한다.

 은서 글 저 새를 튀겨먹고 싶다

나는 4월 초에 학원 공부가 끝나고 엄마와 함께 집에 돌아가던 중이었다. 엄마와 다정하게 이야기를 나누며 나무를 지나가고 있는데…….

푸직!

뭔가 내 머리 위로 떨어졌다. 난 궁금한 걸 못 참는 성격이라서 머리를 만져봤다. 응? 이 말랑거리고 칙칙한 비린내가 나는 것은 뭐지?

"악~ 새똥! 아~ 드러워~"라고 말하면서 투덜거렸다. 엄마는 집에 가서 머리 감자고 하면서 자꾸 픽픽 웃으며 불쌍하다고 했다. 그때는 좋았던 엄마도 조금은 싫게 느껴졌다.

난 비누를 아주 많이 묻혀서 싹싹 손을 닦았다. 그 다음 아빠에게 새똥을 맞았다, 위로를 좀 해달라고 문자를 보냈다. 그런데 아빠는 위로는커녕 "ㅎㅎㅎㅎㅎㅎㅎㅎㅎㅎㅎㅎㅎㅎㅎㅎㅎㅎㅎㅎㅎㅎㅎㅎ ㅎㅎㅎㅎㅎㅎㅎㅎ 다음엔 말똥 맞아라"라는 문자를 보냈다. 나는 그때 아빠가 너무 미워졌다.

그때 든 생각이, 이제부턴 아빠에게 잘해주면 안 되겠다는 생각이었다.

그 다음 엄마가 화장실에 들어가서 샴푸를 꺼내고 머리 감을 준비를 하였다. 그러고서 들어오라고 했다. 난 사실 여자지만, 머리 감는 것이 싫다. 왜냐하면 머리를 감으면 머리카락이 축축하고, 물방울이 툭, 툭 떨어져서 춥기 때문이다.

난 그 새 때문에 새똥도 맞고 머리도 감았다. 난 그 새를 잡을 수만 있다면 튀겨서 먹을 수 있다고 엄마에게 말했다. 내 고통이 어떤 것인지 느껴보게 해주고 싶었다. 난 이런 새똥 맞는 것은 만화에나 나오는 것인 줄 알았다. 하지만 현실로 느껴보니 그 만화에 나오는 주인공이 얼마나 슬픔이 많은지를 느껴볼 수가 있었다.

내가 느낀 것처럼, 그 새도 내 아픔을 느꼈으면 좋겠다. 하지만 그 새를 잡는 것은 100퍼센트 무리이다. 왜냐하면 그 새는 일방적으로 순간적으로 내 머리 위의 나무에서 똥을 쌌기 때문에, 내가 그 새를 보지 못했기 때문이다. 아무리 봤다고 해도, 그 새는 이미 어딘가에 갔을 것이다. 여기에 남아 있다고 쳐도 새는 한 마리만 있는 것이 아니다. 그 새

도 새의 한 종류일 테니 그 종류의 수많은 새 중에서 그 새를 찾는 것은 100퍼센트 불리한 것이다.

난 4학년, 어린애이다. 그래서 기억을 잘 잊고 깜박거리지 않는다. 안 늙은 것도 좋고, 어린 것도 좋고, 기억을 잘 잊지 않는 것도 좋지만, 나쁜 기억을 잊지 않는 것은 슬프다.

난 계속 그 새똥 묻은 곳을 거울로 보며 투덜거렸다. 그리고 그 새를 욕하면서 저주하기까지 했고, 그리고 심지어 하나님께 그 새가 번개에 맞게 해달라고 기도를 하기도 했다.

난, 그날이 운수 좋은 날인 줄 알았는데, 보니까 운수가 안 좋은 날이었다. 그날은 잠을 잘 못 잤다. 잠을 못 잔 이유는 그 새 때문이었다.

아이들은 새똥과 전쟁을 하는구나

사실 새똥은 어린이들의 중요한 화두다. 이 사건이 아니었더라면 나도 모르고 지나갔으리라. 어느 포털 지식검색창에 가보니 관련 질문이 무려 1307건이나 떠 있었다(2010년 4월 26일 현재). 대부분 초등학생이나 중학생들이 올린 것으로 보였다. "새똥을 맞으면 재수가 좋다는데 사실인가요?" "새똥 맞는 꿈 해몽 좀 해주세요." "사람이 새똥 맞고 죽으려면 새똥이 몇 미터에서 떨어져야 할까요?" "새똥은 왜 흰색인가요?" "새똥에 있는 내용물 좀 알려주세요." "개똥은 약에도 쓴다는데 새똥은?" "새똥에 맞았는데 조류독감에 걸리지 않을까요?"

제목만 보아도 우스꽝스럽다. 특히 새똥에 관한 확률을 궁금해하는 이들이 왜 이리 많은가. "뛰면서 새똥 맞을 확률과 걸어가면서 새똥 맞을 확률은?" "새똥이 눈에 맞을 확률은?" "새똥을 두 번 맞을 사람끼리 사귈 확률은?" "새똥 맞을 확률과 로또 맞을 확률을 비교해주실 분?" 그중에 가장 기발한 내용은 이거였다. "메롱 하다 혓바닥에 새똥 맞을 확률은?" 메롱 하다 새똥을 맞는다면, 생크림 케이크 조각이 떨어진 줄 착각할지도 모르겠다. 〈하늘에서 음식이 내린다면〉이라는 영화 제목처럼.

새똥에 관한 책도 있다. 은서는 처음에 글 제목을 '새똥 맞은 날'로 정했는데, 그와 똑같은 제목의 어린이 산문집을 인터넷 서점에서 찾았다. 김용택 시인이 엮은 책 이름은 『우리 형 새똥 맞았다』였다. 외국 작가의 책 제목은 『새똥과 전쟁』이었다. 아, 정말 아이들은 새똥과 전쟁을 하는구나. 새들은 어린이들을 정말 만만히 여기는구나.

아무튼, 은서는 새에게 엄청난 적개심을 품었다. 응가한 새를 튀겨 먹고 싶을 정도다. 새똥은 은서가 싫어하는 머리 감기까지 하도록 만들었다. 게다가 기억력이 너무 좋은 어린이로 하여금 나쁜 기억인데도 잊지 못해 슬프게 했다. 몇 번이나 복수를 다짐하게 했다.

새를 미워하지 말라며 은서를 달랬다. "새에게도 말 못할 사정이 있지 않았을까? 새라고 그러고 싶었겠어?" 그러면서 다시 써보라고 했다. 새의 입장에서 말이다.

새똥 맞은 그날, 나는 그 새에게 원한을 품고 있었다. 그 새 때문에 내가 싫어하는 머리도 감고, 기분까지 안 좋았다. 그 이유는 내가 제일 싫어하는 똥을 내 머리 위에 쌌기 때문이다. 그때는 너무너무 그 새가 미웠다.

하지만, 그때는 내 생각만 고집한 것 같다. 새도 입장, 원인, 결과가 있을 텐데 말이다. 새의 입장을 잘, 곰곰이 생각해보면, 새도 일부러 나에게 그런 것은 아닐 것이다. 분명히 아닐 것이다.

왜냐하면 모든 새들은 모두 똥을 쌀 때 밑을 보지 않고, 눈 감고 똥을 싼다. 그러니, 나를 보고 똥을 쌀 리가 없다. 그럴 이유가 없다. 내가 그 새를 미워한 것처럼, 내가 그 새에게 그 새가 일부러 그랬다고 자꾸 우기면, 그 새도 내가 그 새를 미워한 것처럼 나를 미워할 것이다. 내가 그 새를 튀겨먹고 싶었던 것처럼 그 새도 날 튀겨먹고 싶을 테고, 내가 그 새를 욕했던 것처럼, 그 새도 나를 욕할 것이다. 그리고 내가 엄마, 그리고 그 새에게 투덜거렸던 것처럼, 그 새도 자기 엄마, 그리고 나에게 투덜거릴 것이다. 내가 했던 것과 똑같이 할 것이다.

그렇지만 잘 생각해보면 그 새도 나에게 미안해할 것 같다. 뭐, 어쨌든 일부러 그런 것은 아니니깐. 나도 사실은 그 새에게 똥을 묻혀주고 싶은 마음이었다(처음엔). 하지만 3일 정도 지나니 새똥 맞은 일이 아무 일도 아닌 것처럼 느껴진다. 정말로 정말로 그 새가 미웠는데…… 이젠 별것 아닌 것 같다. 그 새가 일부러 ㅋㅋ ㅎㅎ 픽픽하며 웃는지, 아니면 정말로 미안해서 하나님께 용서해 달라고 기도하고 있는 것인지, 정확히는 모른다. 하지만, 그렇다고 내 생각만 고집해서는 안 되겠다. 하지만 새똥에 대한 것만 풀렸지, 정확히 그 새에 대한 것은 풀린 건지 안 풀린 건지 모른다.

　하지만 아무리 아무리 참아도, 완전히 잊혀지지는 못할 것 같다. 내 꿈이 만화가인데, 그 만화의 소재로 이 새똥 맞은 이야기를 넣으면 좋을 것 같다. 그렇다면 인기도 얻고, 유명한 만화가가 될 수 있을 것이다(창피하긴 하겠지만, 그래도 인기를 얻는 것이니 괜찮다). 하지만 더럽다고 댓글을 달 사람도 있을 것이다. 그래도 참아야 한다. 그게 정상이니깐. 내가 천재가 아니라서 다행이다. 천재라면, 기억력은 물론 공부까지 최상급이다. 기억력까지 최상급이라면 이 고통에서 벗어날 수 없기 때문이다. 하지만, 이렇게 미워도, 난 참아야 한다.

무리한 '글짓기'를 강요했는지도

"모든 새들은 모두 똥을 쌀 때 밑을 보지 않고, 눈 감고 똥을 싼다. 그러니, 나를 보고 똥을 쌀 리가 없다"는 문장이 주옥같다. 웬만해선 어른의 머리에서 나오기 힘든 표현이다. 동심이 살짝, 반짝 빛난다. 글 중반까지는 나름 이런 귀여운 말들이 흐른다. 그러다 "정확히는 모른다"로 시작되는 뒷부분부터 힘이 달린다. 흐지부지, 엉망이다. 은서를 다그쳤다. "도대체 네가 무슨 이야기를 하려는 건지 모르겠어. '(새에 대한 원망이) 풀린 건지 안 풀린 건지 모르겠다'는 말만 되풀이하고." 나는 은서 앞에서 마음에 안 든다는 표정을 지었다. 이를 지켜보다 풀 죽은 은서의 한마디가 걸작이다. "흥, 내가 새의 입장을 어떻게 알아?" 어, 그런가? 은서에게 무리한 '글짓기'를 요구한 것은 아닐까. 그래, 쉬운 글부터 써라.

다음은 오빠 준석이다. 내가 몰랐던 아이의 눈높이에 깜짝 놀랐다는 문제의 글이다. 글쓰기 프로젝트를 시작한 뒤 준석이가 처음으로 쓴 작품이다. 2010년 1월 말이었다. 남이섬으로 가족여행을 다녀와서 작성했다. 그것도 아빠의 노트북 컴퓨터에, 말도 안 하고 몰래 썼다. 일주일 뒤 그 파일을 발견하고 깜짝 놀랐다. "이게 뭐지? 귀신이 썼나?"

> **준석 글 남이섬에 갔다 온 소감을 발표하자면…**

남이섬에 갔다. 아니, 정확하게 지명을 얘기하자면 우리는 춘천에 갔다 왔다.

우선 펜션 앞에 가서 개를 보았다. 두 마리의 개가 있었는데, 한 마리는 크고 한 마리는 작은 녀석이다. 둘 다 '이리 오라'는 몸짓으로 꼬리를 살랑살랑 흔드는데, 큰 놈한테 가면 왠지 물 것 같다. 꼬리를 흔드는 게 반갑다는 의미인 걸 알면서도 말이다. 그래서 작은 녀석한테 가서 머리를 보다듬어주고 하는데 그 몸집 큰 녀석이 짖고 있다. 그래서 그

덩치 큰 녀석을 만지지는 못하고 다가가기만 하는데 이런, 이번에는 작은 개가 짖는다. 큰 놈한테 가면 작은 놈이 짖고, 작은 놈한테 가면 큰 놈이 짖다니. 참 원, 누구한테 먼저 가야 할지.

이번 여행은 좀 다르게 비유하자면 '엉망진창' 이라고 말하고 싶다. 물론 펜션 룸에 도착했을 때, 그리고 장갑으로(개 알레르기가 있어서 손으로는 만지지 못한다) 개를 만지고 룸에 폐인처럼 틀어박혀서 닌텐도를 하고 텔레비전으로 〈지붕 뚫고 하이킥〉을 보고 떡과 고구마와 닭갈비가 섞인 푸짐한 저녁을 먹을 때까지만 해도 그렇게 엉망진창은 아니었다. 하지만 아뿔싸, 장난기 많은 내가 또 한 건을 해내고 말았다. 밤중에 텔레비전을 보면서 동생과 놀다가 그만 인형을 찢고 만 것이다! 인형을 찢어서 여행이 엉망진창이 된 건 아니었다. 하필이면 그 인형이 이상한, 아주 작은 구 모양으로 꽉 찬 인형이었을 줄이야! 우리가 장난을 치고 인형을 찢은 그 순간, 그것들이 튀어나왔다. 그것들은 아주 작은 것인 데다가 잘 튀어서 사방으로 다 튀었다. 걸어 다닐 때마다 그것들이 발에 기생충처럼 붙어 다닌다. 더더욱 머리 아픈 문제는 이불에도 다 튀어서 잘 수가 없다는 것이다. 우리는 그걸 다 없애기 위해 막무가내로 청소를 했다. 담당 아주머니께 청소기 요청을 하고 싶었지만, 혹시라도 들킬까봐 요청하지 않았다. 우리는 겨우겨우 그걸 다 치웠고, 더러운 침대와 바닥에서 자게 되었다.

아함~ 여행 중 벌써 두 번째 날이다. 이대로 가다가는 셋째 날도 금방금방 다 지나갈 것이다. 여하튼 오늘은 이곳에 온 목적인 남이섬으로의 출발을 하는 날이다. 남이섬은 배 타고 조금 가야 갈 수 있는 곳이다. 남이섬으로 가는 배를 타는 곳에는 재미있는 게 많았다. 번지점프,

먹을거리, 낚시, 정말 없는 게 없었지만 우리는 다 포기하고 남이섬 가는 배를 타기로 하고 배에 탑승했다. 배는 좀 특이했다. 남이섬에 가니 대학생이 우글우글했다. 과연, 듣기로 대학생들이 엠티여행으로 많이 온다더니 그 말이 맞구나 실감했다. 하여튼 그곳에는 재미있는 것들이 많았다. 음식도 많았고 사람도 많았고 또 탈 것도 있었다. 특히 가장 기억에 남는 것은 동생인 고은서의 떼쓰기와 옛날 도시락이었다. 옛날 도시락은 그냥 집에서도 해 먹을 수 있을 법한, 계란을 김치볶음밥에 얹어놓은 건데 맛이 기가 막혔다. 옛날엔 가난했다더니 이런 맛있는 걸 먹고 다녔나? 차라리 지금 학교에서 주는 급식 때 이런 반찬과 밥을 주었으면 좋겠다. 그렇게 밥을 먹고 난 뒤 우리는 그냥 뭐 별로 재미도 없는 걸 탔다. 별로 기억에는 남지 않는다. 다음에는 운전 자동차를 탔다. 나도 운전은 해보았는데, 운전 실력이 영 말이 아니다. 이러다 나중에 가서 운전도 못하는 사람 되는 거 아닌지 모르겠다. 그 다음엔 동생의 아이스크림 사달라는 떼쓰기, 다음은 춘천으로 돌아갔다.

세 번째 날이다. 아, 벌써 마지막 날이구나. 오늘은 맛집으로 소문난 홍천의 칼국수집으로 갔다. 맛은 기가 막혔다. 물론 우리 동네 유명한 칼국수집보다는 맛이 없었지만. 다음은 비발디파크로 갔다. 여기를 가려면 좀 경사진 곳을 가야 하는데, 정말 그때 정신이 하나도 없었다. 입 모양만 하면 바로 '우왝' 하면서 구토가 나올 지경이었다. 비발디파크에 도착했을 때 스키장이 보였다. 스키가 타고 싶었지만, 스키 보드와 스키복이 없어서 타는 건 개뿔이었다. 그래서 엄마가 "찜질방 갈래, 아니면 수영장 갈래?" 할 때 아직 울렁증의 기운이 남아 있었나 보다. 하도 정신이 없다 보니 아무 생각도 않고 찜질방을 선택했다. 하지만 막상 가보니 정말 후회됐다. 비발디파크를 다시 오는 날에는 무조건 수영장을 가겠다고 다짐했다. 찜질방도 나름 괜찮았다. 다만 음식 가격이 너무 비쌌다.

판사 같은 냉철함? 판소리적 언어감각?

여행 첫날, 펜션에 짐을 풀 때 준석이는 한참을 개 옆에 있었다. 대수롭지 않게 넘겼는데, 그 와중에 여러 가지를 관찰했다. 이 부분을 읽으며 준석이를 다시 봤다. 여행 전반에 관한 감상을 두루뭉술하게 늘어놓지 않고 개 두 마리와 관련된 풍경을 집중적으로 묘사한 뒤, 이를 전체 느낌과 연관 지은 점은 칭찬할 만하다. 펜션에서 실수로 인형을 찢게 된 에피소드를 그린 부분도 그렇다. 과찬을 해보자면 무비 카메라를 들이대고 보여주는 것 같다.

준석이가 중학교 1학년 또래들에 비해 특별하게 글을 잘 쓴다고 보지는 않는다. 중학교 1학년 일반의 수준을 너무 폄하했는지도 모른다. 아무튼 처음 쓴 글 치고는 생동감이 있다. 끝은 약간 허무했지만.

준석의 첫 글을 감상한 신문사 후배 한 명은 다음과 같은 코멘트를 보내주기도 했다.

"남이섬 여행을 '엉망진창'으로 단칼에 정의하는 판사 같은 냉철함과 '다가가기만 하는데 이런' 등에서 보이는 판소리적 언어감각과 '들킬까봐 요청하지 않았다' 등에서 보이는 영어식 유머감각, 가장 기억에 남는 것으로 '고은서의 떼쓰기와 옛날 도시락'을 배치하는 편집력, '영 말이 아니다' 식의 표현을 하는 당돌함, '입 모양만 하면 바로 우웩 하면서 구토가 나올 지경이었다' 식의 잘 이해는 안 가지만 시적 표현력까지……."

낯 뜨거운 상찬이다. 준석아, 잘난 척하지는 마라.

덧 생각지도 못한 돌발 사태를 당하지 않는다면 재밌는 글을 어떻게 쓸까? 아마도 글쓰기를 포기해야 할지도 모른다. 새똥에 관한 글이 은서의 히트작으로 남아 있으니 말이다.

1

따라하면 재미없지

공자 말씀과 협박 편지에 모두 메~롱

'착한 척'은 됐고!

됐고!

2009년 인기를 끌었던 텔레비전 시트콤 〈지붕 뚫고 하이킥〉 이야기다. '됐고!'는 극 중 황정음이 히트시킨 유행어다. 상대방이 되도 않는 말을 길게 늘어놓을라치면 어김없이 '됐고!'를 내뱉었다. 그 광경이 나올 때마다 나도 모르게 가슴 한쪽이 시원해졌다. '그래, 지겨운 말은 짧게 해야지. 하지 말던가.' 황정음을 버릇없다고 욕하긴 어렵다. 지훈이나 준혁처럼, 친하고 편한 관계에서만 그랬으니까. 여기서 의문! 예의범절을 지켜줘야 하는 지체 높은 분이 길고 지루한 설교를 하시면 어떻게 해야 하나. 차마 "됐고!"라는 면박을 줄 수 없다면?

교장 선생님 훈시처럼 쓰지 마

'메롱'이 있다. 다만, 얼굴에다 대고 하기는 곤란하다. 뒤통수에 대고 몰래 날려줘야 한다. 혀를 삐쭉 내밀고 메~롱, 너나 그렇게 사세요. 오늘은 은밀한 혀 놀림을 부르는 '메롱 유발자'들에 관해 알아본다. 그들과 글쓰기 교육의 함수관계를 살펴본다.

가장 먼저 교장 선생님이 떠오른다. 초·중·고 12년간 전체 조회 등을 통해 그분들의 '훈시'를 들었다. 안타깝게도 기억에 남는 인상적인 말씀이 없다. 요즘은 어떨까. 초딩 은서에게 물어보았다. "교장 선생님 말씀 재밌니?" 답은 싱거웠다. "아니." "왜?" "지루해."

실제 얼마 전, 은서가 참가한 학내 동요대회에서 교장 선생님이 했다는 치하 말씀의 일부를 전해 들었다. "예로부터 음악이란 인간의 정서를……." 으악, 인간수면제의 종결자!

내 기억으로는 대학 총장님의 말씀도 만만치 않다. 군대에서 하늘 같은 연대장, 사단장님의 말씀은 한 등급 위였다. 그들은 늘 책을 읽었다. 구어체가 아닌 문어체였단 말이다. 고지식하기 짝이 없는 바른 말씀이었다. 손톱만큼이라도 유머는 없었다. 가르치려고만 했다. 숨이 막혔다(내가 모르는 예외도 있으리라).

거룩한 말보다는 생활의 때가 묻은 언어가 기억을 때리고 마음을 울린다. 가령 21년 전, 군대 사고예방교육 시간에 어느 준위 강사가 해준 말은 지금도 잊을 수 없다. "모든 사고는 3분 사발면을 3분 참지 못해 생긴다. 물 부어놓고 꼭 1~2분 만에 봉지를 뜯지? 3분을 기다리고 젓가락질을 하면 사고가 왜 생기겠냐." 인내심을 가지라는 상투적 교훈이었지만, 귀에 쏙 들어왔다. 어린 사병들 눈높이에서 짚어낸 비유의 힘 때문이다.

"대박!" 소리 들으려면 솔직하게

백만 번 지당한 말씀이어도 도덕 교과서처럼 읊으면 '메롱' 하고 싶다. 이참에 '메롱 하고 싶은 글쓰기'를 새로운 유형으로 분류해도 좋겠다. 메롱 하고 싶지 않게 쓰려면 솔직해야 한다. 자신의 마음을 스스럼없이 꺼내놓으면 읽는 이의 마음도 열린다. 글쓰기 불변의 제1원칙이다. 이를 위해선 '교장 선생님 말씀처럼 글을 쓰지 말라'는 말을 전한다. 제발 있는 그대로의 생각을 자연스럽게 써보라. 준석과 은서도 글머리는 편하게 시작해놓고 끝에 가면 꼭 가공하려 한다. 반듯한 이야기로 결론을 맺으려 한다. 버릇이 됐다. 굳어지면 곤란하다.

"저를 뽑아주시면 착실한 봉사활동은 물론이고, 왕따 없고 화목한 우리 반을 만들기 위해 적극적으로 노력하겠습니다. 그리고 배려하는 반장이 되겠습니다." 지난 3월 학급 반장 후보로 출마했던 은서의 발표문이다. 교장 할아버지 같은 말씀만 했다. '메~롱' 해주고 싶다. "됐고!"도 들리는 듯하다. 은서야, 눈을 감고 그려봐라. 정음 언니가 엄지손가락을 들어 "대박!"이라 외치는 모습을. 그런 칭찬을 들으려면 먼저 솔직하게 써라. 착한 척은 됐고!!

노력하겠다를 금칙어로!

정말 '메~롱' 해주고 싶은 글을 하나 소개한다.

앞의 이야기와는 전혀 다른 맥락에서의 '메~롱' 이다. 공자 말씀이어서가 아니다. 뻔하거나 착해서가 아니다. 결기가 시퍼렇기 때문이다. 그 결기의 허망한 끝이 자명해 보이기 때문이다. 아랫글은 내가 쓰라고 시키지 않았다. 준석이 분노를 이기지 못하고 이를 바득바득 갈며 자발적으로 작성해 은서에게 던진 글이다. 보자.

 준석 글 슬피 울어도 절대 안 봐줘!

To. 고은서

1. 니가 11시 이후 안방으로 갈 때마다 발을 밟아버리겠다.

2. 니가 안방으로 가려 하다가 들킬 때마다 '다시는 11시 이후 안방으로 가지 않겠습니다' 를 매회 2배씩 늘려 쓰게 할 거다(첫 번째 50번, 두 번째 100번, 세 번째 200번).

3. 아빠가 편들어서 일부러 너 같은 인간 안방에서 재우면 아주 그냥 작살을 내버릴 테다.

4. 안방으로 갔다가 들켜 다시 니 방으로 갈 때 슬피 일부러 크게 울면 그래도 안 봐준다.

5. 만약 모르는 사이에 아침에 깨어났는데 니가 안방에 있으면 핸드폰을 부숴버리겠다—하고 싶으나 돈 때문에 못 하겠고 세계 지도를 두 시간 안에 그리게 할 것이다.

6. 만약 모르는 사이에 아침에 깨어났는데 니가 안방에 있으면 핸드폰으로 몰래 친구 이간질 문자메시지를 보내버리겠다.

공식적 말싸움, 성명서의 세계

준석은 아니꼬웠다. 은서가 '막내'라는 프리미엄을 안고 안방에서 엄마, 아빠와 자는 꼬락서니가 눈꼴시어 봐줄 수가 없었다. 은서가 유치원에 다닐 때는 그러려니 했다. 초등학교에 들어가기 전까지만 봐주기로 했다. 서로 새끼손가락까지 걸었다. 하지만 은서는 무섭다는 핑계로 그 시한을 자꾸만 미뤘다. 무려 3년이었다. 초등학교 4학년에 올라가는 2010년 3월부터 반드시 자기 방에서 자야 했다. 은서도 맹세를 했다. 실제 은서는 2010년 3월 1일 밤, 자기 방에서 잠들었다. 대견스러운 일이었다. 문제는 가끔 오빠의 눈을 피한 안방 잠입. 그러다 몇 번 걸렸고, 준석은 은서에게 신경질을 부렸다. 급기야 어느 날 은서의 은밀한 안방행을 또다시 포착한 준석은 "발을 밟아버리겠다" "핸드폰을 부숴버리겠다"며 최후통첩을 보냈다. "다시는 안 하겠다"며 오빠에게 싹싹 빌던 은서. 오빠가 사라지자마자 혀를 쑥 내민다. '메~롱'.

결기가 심하면 우스워진다. 그래도 준석은 선전포고문에 유머를 담았다. "만약 모르는 사이에 아침에 깨어났는데 니가 안방에 있으면 핸드폰을 부숴버리겠다—하고 싶으나 돈 때문에 못 하겠고 세계 지도를 두 시간 안에 그리게 할 것이다." 아이들 사이에서는 '세계 지도 빨리 그리기'가 모진 고문이라도 된단 말인가. "핸드폰으로 몰래 친구 이간질 문자메시지를 보내버리겠다"도 생소하다. 처음엔 이 말의 뜻을 이해하지 못했다. 은서 핸드폰을 몰래 가져가 은서의 가장 친한 친구에게 "절교하겠다. 니가 너무 싫다" 따위의 문자를 보내 친구 간의 싸움을 조장한다는 의미였다. 잘했다. 비장하기만 하면 안 된다. 끝까지 유머를 잃지 말아야 한다.

　어린이들도 잘 아는지 모르겠으나, 어른들은 주먹 말고도 성명서로 싸운다. 성명서는 다른 말로 하면 '공식적인 말싸움'이다. 어떤 주의와 주장을 논리로 포장한다. 거기엔 대개 분노와 결기가 담기기 일쑤다. "좋게 얘기할 때 내 말 들어라. 안 그럼 가만 안 두겠다"는 엄포나 "더는 물러설 곳이 없다"는 비장한 엄살도 있다. 미안하지만, 그 비분강개의 글을 보면서 혼자 '메~롱' 할 때가 있다. 그 뜻이 아무리 타당하더라도 조금은 여유가 있었으면 좋겠다. 성명서나 투쟁선언문에 웃음이 묻어선 안 된다는 법은 없다. 하찮은 준석의 협박 편지에 비교할 바는 아니지만 말이다.

반장 선거운동에 정치광고 대행사를?

　다음은 '메~롱 하고 싶은 글'에 관한 다른 케이스다. 선거와 관련한 글이다. 군수나 구청장, 시장 같은 지방자치단체장이나 국회의원을 뽑는 선거철만 되면 정치광고 회사나 홍보 대행사들은 호황을 누린다. 이들은 선거에 출마하는 입후보자들과 계약을 맺고 그들이 이길 수 있도록 도와준다. 전략을 짜주고 선거운동 실무를 진행한다. 연설문도 대신 써준다. 그 글들은 보는 이들의 마음에 얼마나 와 닿을까. 확신하건대, 선거 후보자들의 연설문은 이 세상에서 가장 뻥이 심한 글에 속한다. 물론 뻥도 재밌게 치면 봐줄 만하다고 생각한다. 같잖은 뻥은 '메~롱'을 넘어 '됐고!'다.

어린이들의 반장 선거를 도와주는 정치광고 대행사는 없을까. 만약 있다면, 다음에 은서의 선거운동 기획을 의뢰하고 싶다. 지난 3월, 은서가 반장 선거에 나서며 친구들 앞에서 읽었던 연설문은 썰렁했다. 앞에서도 잠깐 언급했지만, 밋밋하기 그지없었다. 차라리 뻥을 치지, 쯧쯧쯧.

안녕하세요. 반장 후보로 나온 고은서입니다. 저는 우리 반을 위해서 열심히 일해보고 싶습니다. 만약에 저를 뽑아주신다면 착실한 봉사활동은 물론이고, 왕따 없고 화목한 우리 반을 만들기 위해 적극적으로 노력하겠습니다. 그리고 배려하는 반장이 되겠습니다. 고맙습니다.

뭐, 그렇다고 어른들의 선거에 나온 입후보자들의 연설문이 이것보다 딱히 수준 높다고는 보지 않는다. 유권자들의 마음을 예민하게 건드리고 감동시키는 연설문을 듣기란 하늘의 별 따기다. 아무튼 은서도 본인의 연설문이 썩 좋다고 보지는 않은 모양이다.

은서 글 나까지 웃으면 걔는 넘 불쌍해

학교에 들어간 지 5일 만에 반장·회장 선거를 했다. 먼저 반장 선거를 하였다. 반장 후보는 5명이 나왔다. 나(고은서), 오○○, 고○○, 최○○, 김○○ 5명이었다. 아! 그중에서 김○○은 안 나간다고 해서 반장 후보로 나온 사람은 4명이 되었다.

나의 라이벌은 3명밖에 안 됐지만 방심은 금물이다. ○○이와 ○○이

와 ○○이는 남자아이들 중에서 인기가 많고, 친구도 많기 때문이다. 잘하면 걔네가 날 이길 수도 있다. 드디어 반장이 되면 할 일을 말할 시간이다. 첫 번째로 고○○이 나갔다. 고○○은 봉사를 열심히 하고, 친구들과 싸우지 않겠다고 다짐을 했다. 아이들은 그 약속을 지킬 수 있냐며 우~ 소리를 했다. 그게 작심삼일이 될 수도 있다고 난 생각했다.

이번엔 내 차례가 되었다. 나도 역시 친구들과 잘 어울리고, 배려하는 반장이 되고, 봉사활동을 열심히 하는 것이었다. 그 다음은 최○○이었다. 걔는 그냥 "봉사활동을 열심히 하겠습니다!"라고만 하고 들어갔다.

난 한눈에 딱 보였다. 아이들은 쟤를 안 뽑아줄 것이라고……. 왜냐하면 아이들은 설교를 재밌게 써서 재밌게 말하는 반장이 좋기 때문이다. 최○○의 설교는 허무하게 끝났다.

그 다음은 3번 후보, 오○○이었다. 오○○은 "저는 품질이 아주 좋은 신상품 같은 존재입니다. 만약에 저를 안 뽑으신다면 이 물건, 이 신상품은 다 품절이 되고 말 것입니다"라고 말했다.

투표를 했다. 첫 번째는 오○○이 뽑혔다. 그 다음은 내 이름이 불렸다. 두근두근거렸다. 그 다음엔 오○○이었고, 그 다음엔 또 오○○이었다. 나는 조금 당황했다. 하지만 그럼 그렇지, 내가 그 다음 연속으로 나왔다. 그런데, 이번엔 자꾸만 오○○ 이름이 불렸다. 난 이미 예상했다. 오○○은 나에게는 넘을 수 없는 벽이라는 것을. 주위를 둘러보는데, 고○○이 눈에 딱 들어왔다. 난 생각했다. 고○○도 반장 선거에 나왔으니 한번 붙어보겠다고…….

그리고 드디어 결과가 나왔다. 할 말을 멋지게 다한 오○○이 뽑혔다. 14표 정도로 뽑혔다. 많이 뽑힌 것이다. 나는 한 9~10표 정도로 뽑혔다. 그리고 고○○은 나보다 딱 하나 밑이었다.

고○○은 좌절해 있었다. 그래서 오○○이 반장이었고, 내가 여 부반장, 고○○이 남 부반장이었다.

드디어 회장 선거가 시작되었다. 회장 선거에는 피○○과 김○○, 그리고 또 최○○이 나갔다. 피○○은 "우리 인간적으로! 한 표 정도는 뽑아줍시다!"라고 말했다. 김○○은 설교처럼 길고 아주 길게 말했다. 최○○은 "딱 한 표만~! 딱 한 표만~!"이라고 말했다.

피○○이 아주 많은 표를 얻어서 회장이 되었다. 김○○은 긴장한 듯이 바짝 허리를 들어 올렸다. 그럼 그렇지, 역시나 김○○이 여 부회장이 되었다. 그 다음, '한 표만'이라고 구걸했던 최○○이 2표를 받아서 남 부회장이 되었다.

아이들은 2표 받아서 남 부회장이 된 최○○을 놀란 표정으로 바라보면서 킥킥 웃기도 했다. 하지만 나는 웃지 않았다. 왜냐하면 나까지 웃으면 최○○이 너무 불쌍하기 때문이다.

그리고 난 부반장이 된 게 좀 창피하다. 난 지금까지 딱 2번 했는데, 그 2번에서 둘 다 부반장이 됐기 때문이다. 고○○도 2번 부회장, 부반장이 되었다. 그래도 부반장이 되어서 기쁜 하루였다.

은서는 반장 선거에서 9~10표 정도를 얻어 2위를 했다. 반장은 못됐지만, 여 부반장이 됐다. 발표문이 건조했고, 다른 아이디어도 없었다. 그에 비하면 반장이 된 친구는 말솜씨 측면에서 은서보다 재치가 있었다. 친구들의 관심을 끌려면 뭔가 달라야 한다. 발표문이 그저 그렇다면 패션이라도 달라야 한다. 아니면 공약이라도 귀엽고 엉뚱해야

한다. 은서는 실패했다. 이 점에서는 중딩 준석도 마찬가지였다.

 준석 글 임원에서 떨어진 자의 비참함?

한 2주 전이던가? 그날은 금요일이었다. 매우 중요한 날, 반장 선거였다. 그날은 경쟁이 정말 치열했다. 될 수 있는 임원은 둘. 반장과 부반장. 경쟁자는 나를 합쳐서 8명이나 된다. 이런 선거는 해본 적이 없다.

반장 선거를 네 번 정도 한 나였지만, 이번 선거는 의미가 달랐다. 반장이 되기 위해서는 이미지를 업시키는 것이 필요한데, 나는 그런 것을 한 번도 해보질 않아서 잘 안 된다. 이로서 나는 반장이 되지 못했다. 입 밖으로 내긴 좀 그렇지만 반장, 부반장이 된 아이는 이○○과 이○○이라는 친구들이다. 질투가 나기는 해도, 걔들에게서 중요한 정보를 얻었다. '이미지 업!' 경력이 중요하다는 것이다. 둘에게는 공통점이 있다. 초등학교 때 절대 임원을 놓치지 않고 6학년 때는 전교 부-전교 회장까지 했다는 것이다. 게다가 그들에게는 특별함이 있었다. 반장이 된 이○○은 별 공약을 내세우지 않았지만, 그냥 '에너자이저'란 것을 갖고 팔굽혀펴기를 백만 스물하나! 백만 스물둘! 그리고 봉사할 정신이…… 주저리주저리. 하여튼 별 공약이 없지만 코미디로 애들을 이끌었고, 결국 반장이 되었다.

부반장을 살펴보면, 이○○은 뭐 간식파티를 열겠다는 공약을 내세웠다. 1등, 아 기억이 안 나는데 111의 의미가 뭐 어쩌고 주저리주저리 했다. 이걸로 남을 끌어들여 부반장이 되었다. 그래도 역시 공약이나 코미디보다는 경력 등이 더 많은 아이들을 끌어들이게 된다.

그리고 반장이 되기 위해서는 성적이 좋아야 한다. 나는 6학년 때 성적이 좋아 부회장이 되었다. 나는 그때까지는 반장에서, 임원에서 떨어진 자의 비참함을 알지 못했다. 그러나 권력, 힘도 좋아야 한다. 거의 남자의 경우지만, 6학년 때 회장이 된 오○○은 싸움-힘 짱이었다.

이번 기회를 바탕으로 중딩 성적이 좋아지면 아이들의 호응을 얻어 좋은 점수를 딸 수 있을 것이다. 물론 공부를 열심히 하고, 친구 관계도 누적되어야 한다. 그때까지 노력하겠다.

"회장 안 해본 친구들은 날 찍어줘라"

준석은 자존심 때문인지 자기가 왜 반장 선거에서 떨어졌는지는 쓰지 않았다. 자의식이 강력해지는 과정이라 민감하다. 준석 또한 발표문에 힘이 없었다. 차별적인 공약도 없었다. 준석의 글로 추측해보건대, 초등학교와는 달리 중학교 반장 선거에선 '스펙'이 중요한 요소다. 초등학교 때 반장이나 부반장을 해봤느냐 하는 경력이 그 스펙의 앞자리를 차지한다. 주먹(싸움 실력)이나 성적도 빼놓을 수 없다. 말솜씨만으론 안 된다.

아이디어가 빛나면 그 열세를 뒤집을 수 있다. 다음은 지난 3월 지역신문에서 읽은 어느 고1 학생의 학급회장 출마 성공담이다. 그 학생은 공부도 못하고 몸집도 작아 친구들의 관심을 끌 만한 요소가 전혀 없었다. 의지만은 강해서 꼭 회장이 되려고 별렀다고 한다. 결국 공부 좀 한다는 아이들을 모두 제치고 회장이 되었다. 비밀은 무엇이었을까. 그 학생의 발표문을 엿보자(요즘은 학급마다 반장과 회장이 따로 있다. 그 업무 분장은 학교마다 조금씩 다르다).

우리 반에서 가장 늦게 머리를 자르겠다. 벌점을 받든, 매를 맞든, 기합을 받은 내가 가장 늦게 머리를 자르겠다. 머리 자르기 싫은 사람은 나를 밀어줘라. 나는 성적이 나쁘다. 선생님도 성적이 나쁘다고 출마하지 말라고 했다. 그러나 성적이 나빠도 회장이 되어 잘할 수 있다는 것을 보여주고 싶다. 성적이 나쁜 친구들은 나를 밀어줘라! 그리고 난 초등학생부터 지금까지 회장을 한 번도 못 해봤다. 회장을 못 해본 사람도 회장이 되어 잘할 수 있다는 것을 보여주고 싶다. 회장을 한 번도 못 해본 친구들은 날 찍어줘라![*]

'클리셰'는 가급적 피하자

100퍼센트 구라일지라도 그 구라에 한번 속아 넘어가고 싶다. 도저히 '메~롱' 하고 비웃을 수가 없다. 번개 같은 아이디어는 물론, 어떤 진심까지 손에 잡힐 듯하다. 오뚝이 같은 정치인생을 보여줬던 고 노무현 전 대통령이 생각날 정도다. 그 패기와 자신감에 경의를 표한다. 얄팍한 글쓰기 감각이나 어설픈 공약으로 친구들을 유혹하지 않았다. 통이 컸다. 준석아 은서야, 이 고딩 멋지지 않니?

마지막으로 위 준석·은서의 글에 관해 한 가지만 지적하고 싶다. 글의 완성도를 트집 잡으면 한이 없겠으니, 오늘은 한마디만 하자.

---

[*] 〈일산덕양파주김포 내일신문〉 2010년 3월 3일자, 신동원, '내가 만난 반장 K'.

'끝 문장'에 관한 것이다.

> 그래도 부반장이 되어서 기쁜 하루였다.(은서)
>
> 그때까지 노력하겠다.(준석)

이런 걸 어려운 말로 '클리셰'라고 한다. 진부한 문구나 표현을 일컫는다. 앞으로 쓰는 글의 마지막 문장엔 "기쁜 하루였다"와 "노력하겠다"를 절대 넣지 마라. 오늘부터 그 두 가지 표현을 금칙어로 선언하노라. 아이들이 일기장에 툭하면 쓰는 말 아닌가. 나도 어렸을 적 그랬던 것 같다. 하루 동안 한 일을 이러쿵저러쿵 한참 나열한 뒤에 "참 좋은 하루였다" "노력하겠다"는 말로 마무리하기 일쑤였다. 준석아 은서야, 다시는 쓰지 마라~잉!

하지 말라고 해놓고, 갑자기 나는 딱 한 번 해보고 싶은 충동이 밀려온다. 딱 한 번만 금기, 아니 금칙어의 선을 넘고 싶다. 안 돼~~~.

이 글을 다 써 참 기쁜 하루였다!

독자들이 더 재밌게 보도록 쓰기 위해 많이많이 노력하겠다!!

> 덧 글이 와 닿지 않았다면, 십중팔구 마음이 담기지 않았기 때문이다. 이른바 '공식적 멘트'일수록 그럴 가능성이 크다. 마음 없는 말, 마음 없는 글을 멀리하자.

02

멍때려봐, 쓸데없는 생각을 해봐

상상력과 망상력의 날개

"멍을 때리자, 망상 해변으로 놀러 가자."

비속어를 써 죄송하다. 허접스러워 보이지만, 나름 심오한 뜻이 담긴 말이라 그대로 써봤다. 초·중딩 눈높이의 언어라서다. 두 부분으로 나눠 설명을 해보겠다. 먼저 "멍을 때린다" 함은 넋을 놓고 여유를 부린다는 의미다. 공부에 짓눌린 요즘 학생들은 멍하니 딴청을 부릴 시간이 부족해 불행하다. 두 번째 "망상 해변으로 놀러 가자"는 말은 비유적 표현이다. 강원도 동해시 망상동에 위치한 망상 해수욕장 이야기가 아니다. 피서 즐기듯 '망상(妄想)'의 나래를 펴보자는 뜻이다. 장난 같지만, 글쓰기의 어떤 비밀을 암시한다.

앨리스는 아침마다 무슨 생각을 했을까

글을 잘 쓰려면 책을 많이 읽어야 한다? 유치원생도 알 만한 상식이다. 글쓰기를 위해 독서를 만류할 사람은 없다. 그저 참신하지 않다는 얘기다. 대신 이렇게 주장하련다. "글을 잘 쓰려면 쓸데없는 생각을 많이 하라." 때로는 책을 내팽개치고, 망상의 바다 위에서 '멍을 때리는' 일이 유익하다.

"나는 아침마다 불가능한 일 여섯 가지씩을 상상해." 팀 버튼의 영화 〈이상한 나라의 앨리스〉에 나오는 대사다. 다른 말로 하면, 앨리스는 매일 아침 쓸데없는 생각에 잠긴다는 뜻이다. 처음부터 쓸모 있는 생각이란 없다. 별 괴상한 아이디어가 진화를 거듭하다 경천동지(驚天動地)한 결과를 내놓기도 한다. 닌텐도, 아이폰이 하루아침에 하늘에서 뚝 떨어졌을까?

어른들은 아이들이 실용적으로 생활하기를 바란다. "쓸데없는 생각 말고 공부나 열심히 해"라고 말한다. 아이들의 사고력이 자라길 바라는 부모들이라면 "책을 많이 읽으라"는 잔소리도 좋지만 "쓸데없는 생각 많이 하고, 이왕이면 쓸데없는 짓도 자주 하라"고 권해야 한다. 폼 나는 말로는 '상상력'이 있다. 그냥 '망상력'은 어떤가. 망상도 힘이다.

초등학교 6학년 때던가. 새로운 언어를 발명하겠다며 일주일간 끙끙댄 적이 있다. 내 맘대로 주어·동사·명사들을 만들고, 그 음운과 뜻을 멋대로 붙여 공책에 빼곡히 적었다. 동네 친구들에게 보여준 뒤, 이 언어로만 소통하자고 우겼다. 말도 안 되는 억지였다. 돌이켜보면 그렇게 놀았던 기억이 쓸모없지만은 않았다. 언어의 법칙을 조금 이해하게 된 계기이자 '의심'을 훈련한 경험이었다. 반드시 어릴 때부터 배운 말로만 이야기해야 하나?

아주 이상하게 써보는 거야

망상은 의심에서 출발한다. '왜 주스를 빨대로 먹어야 하지?' '요구르트를 위에서 따야만 하나? 바닥에 구멍 내 빨아먹으면 안 되나?' '지각하지 말라는데, 왜 다들 정해진 시간에 등교해야 하지?' 너무나 당연해 보이는 것을, 너무나 당연히 수용하지 않는 태도는 뚱딴지 같은 발상에서 출발한다. 이게 쌓이고 성장하면 '다르게 말하고 쓰기'의 힘으로 커진다.

6월이 오면 현충일이나 6·25전쟁에 관한 글짓기대회를 여는 학교가 많다. '호국영령'을 기리고 전쟁을 되새기자는 의미다. 이런 주제로 글쓰기를 시키면 십중팔구의 학생들은 '나라 사랑'이나 '평화의 중요성' 따위에 초점을 맞춰 글을 쓴다. 상당수의 글이 어떻게 나올지는 뻔히 보인다. 완전히 다르게 써보는 거다. 수업 시간에 배운 역사적 내용이나 의미를 잠시 치워두고, 아주 이상한 생각을 해보는 거다. "장가도 못 가고 죽은 호국영령이 가장 불쌍하다"고 해도 괜찮다. 상을 받기는커녕 핀잔만 들을 수도 있다. 그러거나 말거나 쓸데없는 상상으로 글을 써보자. 창의력의 뿌리다. 나중에 기획력의 원천이 된다.

밥만 먹어? 자장면도 먹어야지

뭐, 그렇다고 '망상'을 강제로 시킬 수는 없다. 무언가를 꾸미고 상

상하는 버릇이란 스스로 할 때 힘을 얻는다. 다만, 아이들에게 뭔가 다른 실험 기회를 주기는 가능하다. 세상엔 다양한 방식의 글이 있다. 지금까지 해온 대로만 하면 재미없다. 다르게 써보기. 그게 무엇일까 고민해보기.

한국과 그리스의 월드컵 본선 경기가 열렸던 2010년 6월 12일 밤, 아이들에게 '월드컵'을 주제로 글을 쓰게 했다. 조건을 달았다. "다른 형식으로 써라, 너희들 멋대로 써라."

아이들의 글은 그동안 늘 1인칭 시점이었다. 대부분 '나는'이 주어였다. 인터뷰를 빼고는, 서술 방법도 표준만을 따랐다. 으레 글은 그러려니 했다. 그렇다면 어떻게 '다르게' 써야 하는가. 구체적인 방법은 아이들에게 맡겼다. 준석과 은서는 막막해했다. 그러거나 말거나였다. "일단 써, 무조건 써." 그래서 남아공월드컵 한국-그리스전을 보고 난 뒤 쓴 은서의 글이 황당한 걸까?

 은서 글 박지성이 미드필더인가요?

월드컵이 2002년에 열린 적이 있나요?
①네 ②아니오
(답①번)

이번 월드컵에 차범근이 해설을 해주나요?
①네 ②아니오
(답①번)

그리스가 맨 처음으로 골을 넣나요?

①네 ②아니오

(답②번)

박지성이 미드필더인가요?

①네 ②아니오

(답①번)

밤 9시 10분까지 그리스가 이기고 있었나요?

①네 ②아니오

(답②번)

짤막하고 썰렁한 퀴즈 형식이다. 그나마 이 정도 머리를 쥐어짜낸 것도 평소 생각하기를 귀찮아하는 은서 수준에선 공을 많이 들였다. 그래도 이건 아니다. 다시 써봐!

 은서 글 저는 지금 중계방송 중!

안녕하십니까, 저는 월드컵 축구 방송을 중계하는 고은서입니다. 네, 제 옆에는 이번 선수인 차두리의 아버지이신 차범근 씨가 있습니다. 같은 중계자죠. 네, 이번에는 남아공에서 월드컵을 여는군요. 네, 사람들은 '어떻게 이런 후진 나라에서 축구(월드컵)를 하지?' 라는 생각을 하실 텐데요. 아닙니다. 이 나라는 후진 나라는 아닙니다. 그래도 좀 사는 나라입니다. 네, 이번 6월 12일은 그리스와 함께하는 축구전입니다. 네.

오오오오오오~ 휴~ 다행입니다. 아~주 아슬아슬하게 그리스 팀의 축구공이 빗나갔습니다. 네, 골키퍼는 아주 자연스럽게 받고요. 네. 오오오오오! 와~~ 어떤 모르는 축구선수 분께서 전반전 시작하자마자 첫 골을 아주 빠르게 힘을 꽉~ 줘서 찼군요. 오~ 지금까지는 1대 0입니다. 어어어어어어어 아~ 박주영. 아주 아슬아슬하게 골을 못~ 넣었습니다. 아~ 진~짜 아깝군요. 만약에 넣었다면 저희 팀은 1점 더 올라가는 것이죠. 아싸라싸라~비아~ 박지성이 드디어 골을 넣었군요. 오! 벌써 2점, 다행이군요. 그리스 팀은 아직 0점이군요. 다행입니다. 네, 시간이 다 돼가는군요. 끝! 네, 벌써 끝입니다. 승리는 우리 것! 2대 0으로 저희 한국이 이겼습니다. 다음에는 아르헨티나전입니다. 꼭 이겼으면 좋겠습니다. 화이~~~~팅!!!

어쭈! 머리를 좀 더 썼다. 축구 중계방송을 흉내 냈다. 아마 가족 중 누군가의 아이디어를 커닝한 모양이다. "잘 모르겠다. 어떻게 써야 할지 알려 달라"고 30여 분을 징징대더니, 갑자기 후다닥 글을 완성했다. 앞의 썰렁한 퀴즈보다는 조금 더 점수를 줄 만하다. 은서에게 글 쓴 소감을 물었다. "어려워." "애걔, 그뿐이야?" "음…… 신비로워." 신비롭다? 이 말은 다른 느낌을 준다. 그야말로 신비스러운 반응이다. 은서는 입을 삐쭉 내밀며 덧붙인다. "겨우 초등학교 4학년 된 아이한테 그렇게 어려운 일을 시키다니." 은서에 비하면 준석이는 조금 노련하다. 속된 말로, 고스톱 쳐서 중학생 된 게 아니다.

World cup

장소 : 집 / 시간 : 7시 이후부터 / 사건을 불러일으킨 주원인 : 월드
컵 경기

준석이 집으로 엄마와 함께 들어온다. 7시에 축구 한다더니 아직도
안 하고 있다. 한 8시가 되어서야 했다. TV에는 갖가지 영상이 뜨고 있
는데 전부 다 축구, 월드컵에 관한 내용으로 광고를 하고 있었으니 심
지어는 자동차 광고에서도 월드컵을 응원하자는 내용이 나온다. 준석,
갈등한다. 왜? 공부와 월드컵 경기 시청 사이에서 갈등하는 내적 갈등.
준석, 고민한다. 그러나 그 내적 갈등이 발생하기 이전에, 엄마와 준석
사이의 갈등인 외적 갈등이 있었으니……

엄마 : (주위를 두리번거리며) TV 꺼.

아빠 : (화를 내며) 아, 월드컵 좀 보자! 이 역사적인 순간에…….

엄마와 아빠가 갈등하기 시작한다. 외적 갈등. 준석과 은서를 같이 데
려놓고 월드컵을 볼 것이냐, 말 것이냐. 엄마는 당연히 반대, 아빠는 당
연히 찬성이다. 준석, 슬쩍 엄마에게 여쭙는다.

준석 : (우물쭈물하면서 말을 할까 말까 고민하면서) 저…… 엄마? 그
　　　냥…… 월드컵 보면 안 돼요?

엄마 : (어이없는 듯이) 허, 너 공부는 다했니? 그 긴 2시간 동안 공부는
　　　안 하고 월드컵만 보겠다고?

준석 : (아까 전과는 다르게 당당한 목소리로) 그래도 과학은 다했어요. 게
　　　다가! 월드컵은 아주아주 역사적인 순간이란 말이에요. 그 공

부 몇 시간 때문에 역사적인 월드컵을 놓쳐서야 되겠어요?

은서 : (끼어들며) 맞아요!

결국 월드컵 시청을 수락하는 엄마. 그러나 정작 끼어든 은서는 공부 때문에 보지도 못하고 마는 사이, 월드컵에서 한 골이 넣어진다.

아빠 : 유-후!

엄마 : 골 넣은 거야?

그 사이 은서가 들어와 고준석과의 치열한 몸싸움이 벌어진다. 서로 소파를 차지하겠다는 둥 싸운다. 그러나 정작 사건을 발생시킨 원인은 은서이다.

은서 : (썩은 표정을 지으며) 후후후, 푸후후후후후후~.

준석 : (웃음을 참으며, 베개를 던지며) 야 좀 하지 마! 풋!

아빠 : (굉장한 포스로) 야! 너희 때문에 집중이 안 되잖아!

은서 : (웃으며) 맞아 맞아!

준석 : 닥쳐!

(중략)

7분 후, 이제 후반전 준비도 다 되었겠다. 선수들이 경기를 시작한다.

아빠 : (뒤로 얼굴을 내빼면서) 아! 아쉽다~!

준석 : 그러게 나는 전략을 좀 알 것도 같은데, 왜 상대팀에게 계속 주는 거지? 이해가 안 가!

엄마 : (선수들을 이해하는 듯이) 원래 그런 게 어려운 거야.

그리고 선수들이 골을 넣는다. 골~! 몇 분 후, 아이들 들어가고 아빠 엄마, TV 시청을 한다.

문자질도 글이 된다네

준석은 한국-그리스전 TV 시청을 둘러싼 집안 풍경을 스케치했다. 월드컵을 함께 보는 과정에서 튀어나온 대화들을 편집해서 정리했다. 왜 이런 방식을 선택했느냐고 준석에게 물었다. "읽는 사람들에게 직접 눈으로 보는 듯한 느낌을 주려고 했어요." 한 시간 동안 고민하고 쓴 것치고는 잘했다. 글을 구성한 감각은 칭찬해줄 만하다. 대단히 창의적인 발상이라고는 말할 수 없어도.

대화로 정리된 글은 덜 딱딱해서 좋다. 보통의 글이 문어체라면, 대화 글은 입에서 나오는 구어체라서 말랑말랑한 편이다. 신문이나 잡지에서 가끔 '좌담'으로 기사를 만드는 것도 비슷한 맥락이다. 대화체는 친밀하고 생동감 있는 의미 전달을 위한 수단이다. 고대 그리스 철학자인 플라톤의 『국가론』도 대화체였다. 소크라테스와 제자들의 철학 대화를 통해 정의와 국가에 대한 관점을 제시하는 글이었다.

20여 년 전에 읽은 『찢겨진 산하』라는 책도 생각난다. 이 책은 '가상 대화'로 구성해 특이했다. 김구, 여운형 등 해방 직후 정치 지도자들의 가상 토론을 독특한 느낌으로 대했던 기억이 난다. 존경받는 사상가로 알려진 고 리영희 선생의 생각을 후배 학자 임헌영이 인터뷰해서 정리한 『대화』라는 책도 있다. 책 제목처럼 '대화'로만 이뤄져 술술 읽힌다.

'대화'는 여러 종류다. 얼굴을 대고 마주 앉아 이야기하는 대화는 20세기형 아날로그 방식의 전형이다. 요즘은 '디지털 대화'로 구성된 글과 책도 많다. 2005년 일본에서 베스트셀러가 된 『전차남(電車男)』

은 인터넷 댓글로만 이뤄진 책이다. 재택근무하는 시스템 엔지니어 남성이 한 아름다운 여성과 결혼하기 위해 인터넷 사이트에서 댓글 자문을 받는 과정을 온전히 책으로 담았다. 댓글만으로도 글 한 편, 아니 책 한 권을 쓸 수 있는 셈이다. 비범한 발상이었다.

오스트리아 출신 다니엘 글라타우어의 소설 『새벽 세 시, 바람이 부나요?』는 얼굴도 모르는 남녀가 주고받게 된 이메일로만 구성했다. 그것만으로도 충분히 독자들의 손에 땀을 쥐게 한다. 초스피드로 휴대폰 문자 주고받기를 좋아하는 꼬마들이라면, 친구와 오간 문자메시지만으로도 글 한 편을 채울 수 있다. '소셜 미디어'로서 요즘 뜨는 '트위터'도 마찬가지다. 영화 주간지 〈씨네21〉에서는 유명한 영화배우를 인터뷰하면서 오로지 트위터로 문답을 대신하는 파격을 보여줬다.

시점을 바꾸는 형식의 변주도 있다. 글쓰기에서 가장 흔한 시점은 '나'를 주어로 쓰는 1인칭과 '그' '그녀'가 등장하는 3인칭이다. 2인칭은 별로 안 쓴다. 한데 2009년 불타나게 팔리며 '엄마 신드롬'을 일으킨 신경숙의 소설 『엄마를 부탁해』는 '너'라는 2인칭 화자의 시점으로 글을 풀어간다. 여기서 '인칭'이란 사람을 의미한다. 꼭 사람의 시점일 필요도 없다. 동물, 사물의 시점도 상관없다. 노벨문학상을 받은 터키 작가 오르한 파묵의 소설 『내 이름은 빨강』에서는 시점이 수시로 바뀐다. 보통 3인칭인데, 꼭 '인칭(人稱)'은 아니다. 처음에는 시체의 시점이다. 제목도 '죽은 몸'이다. 살해당해 우물 바닥에 처박힌 시신이 말을 한다. '나는 개입니다' '나는 한 그루 나무입니다' '나를 나비라 부른다'는 소제목들도 있다. 이 소설을 읽는 재미 중 하나다.

파격적으로 시점을 바꿔보자. 시점만 바꿔도 색다르다. 역동적이다. 가령 예전에 만들던 잡지의 경우를 예로 들어보자. 햄버거에 관한 특집 기사에선 햄버거에게 입을 달아주었다. 햄버거가 혼잣말을 하는 것처럼 기자가 글을 썼다. 치질에 관한 글에선 똥꼬에게 말을 시켰다. 똥꼬가 "나를 푸대접한다"며 구시렁거리는 걸 상상해 이야기를 꾸몄다. '햄버거는 패스트푸드 어쩌구' 또는 '치질은 의학적으로' 등의 문장을 앞세우지 않고 말이다.

6·25전쟁에 관한 글을 쓴다면 꼭 국군의 입장에서만 보란 법은 없다. 북한 인민군 입장을 상상해도 좋다. 안중근에 관한 글이라면, 거꾸로 안중근의 총탄에 맞아 죽은 조선 총독 이토 히로부미의 눈으로 쓸 수도 있다. 남아공월드컵 한국-그리스전을 보고 쓴 글이라면, 그리스 공격수나 골키퍼의 입장에서 써도 흥미롭겠다. 새로운 글의 형식은 무궁무진하지만, 다음 두 가지만 확실히 해두자.

1. 대화체로 써보자.

누구와 누구의 대화냐. 무엇을 통한 대화냐. 화기애애한 대화냐, 진지한 대화냐. 대화의 상대와 방법은 끝이 없다.

2. 아무한테나 입을 달아주자.

세상의 모든 사람과 동물과 물건들에게 눈과 입과 머리가 있다고 생각하고 그들에게 말을 시키자.

또 어떤 형식이 있을까. 여러분의 '망상' 과 '상상' 으로 개척해보
시라.

 멍을 때리면서 골때리는 생각을 캐낸다면 이를 '창조적 구타' 로 명명하노라.

03

'다짐'하지 말고 '비도덕적'으로 쓰자

정의파 뜯어말리기

'정의파'를 말리고 싶다.

누군가가 '정의란 무엇인가' 라고 묻는다면 난 이렇게 대답하리라. "다짜고짜 내리지는 말아야 할 것." 정의(正義)가 아니라 정의(定義)다.

날라리란? 난센스란? 선생님이란?

은서는 눈에 보이는 현상에만 집중하는 경향이 있다. 준석은 주어진 명제를 다양하게 분석하려 한다. 중딩인 만큼 어른스럽게 철학적인 태도로 논리를 구사하려고 애를 쓴다. 이 과정에서 두드러져 보이는 게 바로 '정의'다.

"날라리란 무엇인가."(날라리에 대하여) "'센스'의 반대말, '난센스'. 센스에 'none'을 붙임으로써 '센스가 없음'을 나타내는 말이다. ……
난센스는 '말이 안 됨'을 일컫는 말이다."(난센스 퀴즈에 대하여) "……

그중에서도 학창 시절, 가장 인연이 깊은 사람은 '선생님'이다. 그럼 '선생님'이란 무엇인가?"(내가 만난 선생님) "동생, 자식이 둘 이상 있는 집안에서는 형, 언니, 오빠, 누나를 제외한 다음으로 절대 빼놓을 수 없는 가족의 구성원이다."(나에게 동생이란 무엇인가)

글의 도입부에선 예외 없이 '~은 무엇인지' 개념을 짚고 넘어간다. 날라리란? 난센스란? 선생님이란? 동생이란? 준석에게 습관이 되었다. 나는 준석을 '못 말리는 정의파'라고 정의하기로 했다. "개념정의부터 안 하면 글이 아니잖아요"라는 강박 또는 착각.

준석의 스타일이 그르다고 단정할 수는 없다. 논리적 서술의 계단을 차근차근 밟아나가기 위해선 불가피할 수도 있다. '서론-본론-결론' 또는 '기-승-전-결'이라는 글의 전통적 구성을 무턱대고 무시할 수 없는 것처럼. 그래도 준석을 말리련다. 첫째, 매번 같은 방식으로 '만' 쓰기 때문이다. 글의 흐름이 천편일률적이다. 새롭게 쓰면 덧나니? 지난번 A처럼 썼다면 이번엔 C처럼 써보자. 다음엔 X처럼, 다음다음엔 Z처럼 써보자. 둘째, 창의적인 형식이 아니라서다. 개념정의란 다르게 말하면 '포괄적인 규정'이다. 어떤 논리를 증명하는 논술이 아닌 경우, 개론부터 더듬고 각론으로 가는 방식은 긴장감 없이 나태할 뿐이다. 자유롭게, 제멋대로 써야 한다. 주어진 틀에 얽매이지 마라. 웬지 준석은 틀의 노예가 된 것만 같아 슬프다.

'새끼손톱의 디테일'이 주는 생동감

준석은 '내가 만난 선생님'이란 글에서 '선생님'에 관해 정의한 뒤 선생님의 역사(조선시대), 선생님의 종류(학교 선생님, 유치원 선생님 등등) 순으로 이야기를 전개했다. 평범하기만 한 '선생님 개론'이 아닌가. '개론'의 틀을 부수기 바란다. 그 대안 중 하나는 '하찮은 디테일'이다. 사람에 관해 전체적 인상부터 평할 수 있지만, 그의 새끼손톱에 낀 때만을 묘사할 수 있다. 새끼손톱의 디테일이 때로는 전체를 효과적으로 드러낸다. 선생님에 관한 글이라면, 선생님과의 잊지 못할 추억 하나가 더 힘이 셀 수 있다는 말이다.

너의 모럴 엔딩이 좀 지겨워

부모님은 한숨을 푹 내쉬고, 우리 어린이들은 하늘로 날아갈 것 같은 느낌인 이 날, 어느 날인가? (방학을 맞는 나의 자세)

미국에서 소방차 부를 때 쓰는 그 911이 아니다. 기억하는가? 2001년에 일어났던, 그리고 21세기에 최고로 큰 대참사인 9·11 테러를……. (선과 악, 그리고 9·11)

욕이 뭔가요? 그냥 어린아이에게 묻자면 "나쁜 거요" 하거나, 어른들이라면 "기분 나쁠 때 흔히 하는 것이다"라는 대답을 한다. (욕이란 무엇인가)

문제를 내겠다. 장님이 아니고서는 보기 싫든 보고 싶든 볼 수밖에 없는 것은? (우리 동네 간판)

방학에 관한 글에서 "어느 날인가?"라고 물었다. 9·11은 "기억하는 가?"라고 물었다. 욕은 처음부터 "욕이 뭔가요?"라고 물었다. 간판에 대해선 "문제를 내겠다"고 했다. 준석은 질문을 던진 뒤 답을 풀어가는 형식을 즐긴다. 아예 'Q&A 스타일'이 굳어졌다. '선생님'에 관한 두 번째 글도 그렇다. '개념정의'로 시작하지 말라는 아빠의 질타를 듣고 난 뒤 다시 작성했다. 역시 이번에도 질문이다. 또 문제를 내겠 단다.

준석 글 완전 수면제거나, 푸하하 웃기거나

자, 문제를 내겠다. 3세 정도 때부터 24세까지 나의 모든 지식 제공을 담당하는 사람은? 문제가 너무 쉽다. '선생님'이다. 우리는 꼭 한 선생님과 각별한 인연이 있기 마련이다. 하지만 그게 악연일 수도, 좋은 인연일 수도 있다. 또 한편, 기억에 남는 선생님도 있고 그저 그런 선생님도 있다. 그럼 좋든 나쁘든 아이들의 기억에 세게 쐐기를 박을 선생님이란, 어떤 선생님을 말하는 걸까?

처음에는 선생님에 대해 잘 알지 못한다. 선생님의 성격도 잘 알지 못한다. (중략) 하지만 시간이 가면 갈수록 선생님의 모든 것이 드러난다. (중략) '과학 쌤은 완전 인간 수면제야!'나 '국어 쌤 시간에는 졸려 죽겠어' '기술 시간은 진짜 웃음밖에 안 나온다!' 아이들은 이렇게 선생님을 백팀 청팀 갈라놓듯 하며, 대하는 태도도 달리한다. 예를 들어 재미 없고 '수업시간에는 무조건 공부!'라는 과학 쌤의 말은 어떤 아이들은 건성건성 "아~ 네~" 하면서 크지 않지만 작지도 않은 목소리로 대답하고, 항상 웃긴 기술 쌤의 말에는 항상 "푸하하하" 하고 웃게 된다. 하지만, 이건 공통으로 나타나는 현상이다. 다른 현상, 개인적으로 나타나는 인연이 또 있기 마련이다.

삼단 논법으로 하면, 미술 쌤은 미술 잘하는 학생을 더 좋아한다. 나는 미술을 잘한다. 미술 쌤은 나를 다른 아이보다 더 좋아한다. 이런 식이다. 내가 미술을 잘해서 미술 쌤이 나를 더 아낀다든가, 사회를 잘해서 사회 쌤이 잘해주신다든지, 항상 수업 시간에 눈에 띄어서 쌤과 친하다든지, 뭐 그렇다고 꼭 좋은 인연만 있는 것은 아니다. 언제나 밥 먹듯 하는 짓이라고는 말썽뿐이어서 만날 선생님께 얻어맞고, 아무 이유 없이 나에게만 이상하게 대한다든지 하는 예가 있다. 물론, 이런 식으로 친해지기도 하더만……. (중략)

어디 선생님이 하나의 종류뿐이던가? 책을 수필, 소설, 설명문과 같이 나누듯이 선생님은 '학교 선생님'과 '유치원 선생님'으로 나뉜다. 아까 위에서 학교 쌤에 대하여 언급했으니 이번에는 유치원 쌤에 대하여 언급을 해야 할 시간인데, 그 전에 먼저 생각부터 해보자. '유치원 선생님'이란 우리에게 어떤 존재였는가? 유치원 선생님은 '폭력'을 절대 행사하지 않는다. 아이들의 마음에 상처가 가기 때문이다. 또 유치원 선생님은, 초등학생 고학년과 같이 일진이나 싸움, 삥을 별로 안 보기 때문에 눈이 정화(?)된다. 무엇보다, 나의 경험이지만 유치원이 아무래도 학교보다는 추억이 더 많은 듯싶다.

이 글을 통해 나도 모르던 선생님의 특성을 알게 되었다. 또다시 유치원으로 되돌아가고 싶다는 생각, 초등학교 때로 되돌아가고 싶다는 생각 등을 하였다. 어쨌든, 학업 시절의 스승인 선생님들께 감사하자!

준석에게 '무한 퇴짜'를 놓다

"책을 수필과 소설로 나누듯, 선생님을 '학교 선생님'과 '유치원 선생님'으로 나눈다"는 비유는 중덩덩다. 정감이 간다. "유치원 선생님은, 초등학생 고학년과 같이 일진이나 싸움, 뻥을 별로 안 보기 때문에 눈이 정화(?)된다"는 표현도 반짝인다. 하지만 전체를 놓고 볼 땐 안(!) 반짝인다. 그래서 뭐! 하고자 하는 이야기가 뭐냐? 갈 지(之) 자, 횡설수설이다. 맨 끝 문장은 도덕적이다. "학업 시절의 스승인 선생님들께 감사하자!"고? 스승의 날 기념 글짓기라도 한 줄 아냐? 구리다. 생생한 에피소드로 힘을 주면 안 되겠니? 오늘은 준석을 향한 '무한 퇴짜'의 날이다.

 준석 글 유희왕을 정말 찢.었.다

유희왕 카드가 유행하던 시절이었다. 한 2006년쯤이던가? 초딩 3학년 때이다(사실 그때 전체적으로 유행했는지는 잘 모르나, 우리 반에서는 유행함). 직사각형 외모에, 무섭게 생기신 ○○ 선생님은 카드를 금지하셨다. 그런데도 우리가 점점 카드를 가져오면서 그분은 그것을 자그마한 불씨의 반항심이라고 여기고 자꾸 갖고 오면 찢어버리겠다고 하더니 마지막에는 정말 찢. 었. 다. 무엇보다 카드 중 레어템을 찢으셨다. 그것도 우리 손으로. 그 순간부터 쌤을 얼마나 원망했던지. 그래도 그 다음부터는 카드를 갖고 오지 않았다.

4학년 때인 2007년에는 나 개인과 쌤의 안 좋은 사연이 있는 것은 아니지만, 전체적으로 선생님에게 아이들을 좀 차별하는 면이 있었다. '공부 잘하는 애들끼리 앉혀야지' 하거나, 지금은 양아치인 조○○에게 그의 엄마의 무슨 비밀스러운 사연을 아이들에게 공포하기도 하고, 참 입이 가볍고 차별을 중대화하는 쌤이었다. (중략)

6학년 때, 나는 쌤에게 최고의 신임과 격려를 얻었다. 수학 덕분인지 기말고사 덕분인지 꼬마훈장이라는 제도 덕분인지 2학기 때 부회장까지 했다. 선생님과 애들과 〈아바타〉도 보고. (중략)

그래서 나는 앞으로도 많은 선생님들과의 사연이 많을 것이라고 예상한다. 아까 말했듯이 내가 나의 단점을 모르기 때문이다. 선생님의 지적은 계속되고, 나는 계속 새로운 인간이 되어서 어른이 되어서는 정신세계가 수평을 유지하는 인간이 되어 있으리라 결코 의심치 않는다.

바른 척만 하면 떼끼!

'선생님'에 관한 네 번째 버전이다. 준석이 고생 좀 했다. 에피소드를 섞긴 했지만, 따분한 '선생님 순례'가 돼버렸다. 하나를 키워서 집중해주길 바랐는데 기대에 미치지 못했다. 어지럽기만 하다. 결론이 가장 마음에 안 든다. 앞의 글과 마찬가지로 또 도덕적이다. "선생님의 지적은 계속되고, 나는 계속 새로운 인간이 되어서 어른이 되어서는 정신세계가 수평을 유지하는 인간이 되어 있으리라 결코 의심치 않는다."

준석은 남을 가르치진 않는다. 다만 스스로를 훈계한다. 끝에 가선 예외 없이 마음을 다잡는다. '해피 엔딩'이 아니라 '모럴 엔딩'이다.

'모럴 헤저드(도덕적 해이)'라는 말에 빗대 뜻풀이를 하자면 '도덕적 최후'다. 글의 초반부에선 '정의하기'가 습관인 '정의파'인데, 글의 최후는 꼭 장렬하게 '도덕적'으로 맺어야 직성이 풀린단 말이냐.

시작과 끝은 사실상 글의 모든 것이다. "멋진 첫 문장과 마지막 문장이 생각나지 않으면 아예 글을 쓸 생각도 하지 마라"라는 말이 있다. 나는 이렇게 비틀어 다시 말하고 싶다. "사전적 개념정의로 첫 단락을 시작하거나, 바른 다짐으로 글을 맺으려거든 아예 글을 쓸 생각도 하지 마라." 착한 척 구는 바른 다짐은 감동을 주지 못한다. 매력은 더더욱 없다. 읽는 이의 가슴에 접근하지 못하는 최악의 엔딩이다(오해 마시길. 악한 글을 권하는 건 아니다. 착한 글과 착한 척하는 글은 다르다).

준석에게 한 번 더 쓰도록 했다. 벌써 다섯 번째 버전이다. 두 가지 주문을 했다. 첫째, 제발 한 가지 이야기만 해라. 둘째, 끝에서 다짐하지 마라.

 준석 글 윤 쌤과 나

나는 '윤 쌤'이라는 수학 쌤과 인연이 깊다.

윤 쌤은 일산의 한 ○○수학 학원에 다니는 아이들이라면 잘 알 거다. 지킬과 하이드랄까? 그런 쌤이라고 할 수 있다. 뭐 당연한 거겠지만 부모님께는 말로 대하고, 학생들에게는 매 아니면 주먹으로 대하는 그런 쌤이다. 선과 악. 학원 쌤이지만 당당히 나와 3년을 동반한 친구(?) 사이라고 할 수 있다. 너무 많은 인연을 함께하다 보니 다른 선생님을 못 만날 지경에 이르렀다. 나의 수학 성적이 바닥을 치고 있어서 결국 엄마가 보낸 ○○수학 학원, 그곳에서 불행하게도 바닥에 판을 치는 맨 아랫반인 에스반을 제치고 꼴찌에서 두 번째 반으로 등록이 되고, 처음 만난 쌤이 바로 '윤 쌤'.

그분은 뭔가 처음 만날 때부터 근육질 몸매에, 좀 험악(?)한 얼굴 때문에 아이들이 보는 시선은 별로 좋지 않았다. 시험지를 받아 들자, 역시 어려웠다. 어렵다 보니 잘 못 풀고, 계속 틀리고, 그때 처음 본 쌤의 폭력은 '머리카락 잡아당기기'였다. 가끔 펜으로 아이들의 머리를 때리기도 하였고, 숙제를 안 해올 경우 아주 세게, 근육질 몸매의 100퍼센트를 활용하여 매로 손을 때렸다. 나도 맞아보았다. 손 안의 세포가 죽어나간 느낌?

그리고 첫 시험을 보자 바로 중반으로 갔다. 그런데 얼마나 삶을 포기한 채 친구 만나러 온 아이들이 많던지. 나는 그때부터 상반으로 가야겠다는 큰 결심을 하였는데, 그때부터 잠시 윤 쌤과는 바이~. 아이들이 점점 올라가는 것을 보고, '나도 빨리 올라가야 하는데'라는 생각을 하면서, 결국엔 올라갔다. 6학년 1학기 때의 일이었다.

6학년 1학기가 시작되면서, 윤 쌤과의 좀 개인적인 인연도 시작되었다. 6학년은 사실 내 초등 시절 최고의 학년이었다. 반에서 인정받고, 공부도 잘했고, 친구들의 신뢰도 많이 얻었기 때문이다. 문제는 '중1' 과정이었다.

나는 6학년 시험지는 대부분 80점은 넘었다. 그런데 이게 웬일? 중학교 과정 시험지는, 특히 함수나 집합 같은 경우 30점대로 바닥에 쐐기를 박기 시작하였다. (중략)

윤 쌤에게 혁신이 벌어졌다. 항상 머리카락만 잡아당기던 선생님이 볼을 잡아당기기 시작하신 것이다. 그것은 내가 중학교 1학년에 들어와 2학년 시험지를 풀기 시작한 때부터이다. 참 혼란도 많이 왔다. 중2는 너무나 어려웠다. 특히 올림 같은 것. 지긋지긋했다. 그러다 보니 선생님이 내 볼을 계속 잡아당긴다. 어떨 때는(가장 최근) 내 한쪽 볼만 네 번 잡아당겼다나. (중략)

그리고 지금은 관계가 조금 원만해지기는 하였다. 수학 시험도 한 개 틀렸고, 다른 시험 성적도 나쁘지 않기 때문에. 하지만 중2는 여전히 중간지대이다. 앞으로는 어떤 친구들이 올지 기대된다. 중2 형들만 오지 말고 중1 친구들이 좀 왔으면 하는 바람도 있고, 정말 언제쯤 나는 그 학원을 그만둘지 정말 정말 궁금하다. 과연 기네스 기록을 세울 것인가? 윤 쌤과 초딩 고학년, 중딩 시절을 동반하게 될 것인가? 이야기를 기대해 달라.

장황해, 장황해, 장황해

이렇게 고생하는 줄 처음 알았다. 수학 학원을 3년이나 다니는 줄 까맣게 몰랐으니 한심한 아빠로서 돌을 맞아도 싸다. 글이 나아지긴 했다. 이 선생님, 저 선생님 다 건드리지 않고 수학 학원 '윤 쌤' 딱 한 사람만 이야기했다. "그래 이거야"라고 벌떡 일어나 미친 듯 박수는 못 치겠다. 역시 장황해서 탈이다. '묘사'를 해야 하는데 '서술'만 한다.* 이토록 지루할 수가!

---

* 2부 '줏대 있게 경쾌하게' 중 〈6. '묘사'를 박대하는 더러운 세상!〉 참조(185~196쪽).

결론을 내릴 시간이다.

"준석아, 다짐하지 말자"는 말부터 나오려고 한다. 이걸 다시 비유적으로 표현해보겠다.

'비도덕적'으로 쓰자.

'도덕'은 사회의 통념을 상징한다. 과격한 반(反)도덕적 논리를 쓰라고 선동하려는 게 아니다. 스스로의 가슴에도 와 닿지 않는 고리타분한 교훈이나 주장을 결론 삼지 말자는 얘기다. 어설프게 '도덕적인 척' 하는 글쓰기는 재수 없다! 아니 재미없다!

> **덧** 중학교 때의 한 도덕 선생님이 내 인생에서 가장 기억에 남는 비도덕적 교사였다는 사실은 역설적이다. 그 깡패 같았던 무지막지한 매질! 그래서 내가 지금도 도덕을 싫어하나?

04

우리, 그 지저분한 돼지우리

나와 우리의 냉철한 구별

우리는 '우리는' 을 조심스럽게 사용해야 한다.

수도권 신도시에 사는 한 40대 주부의 체험을 옮겨본다. 그녀는 7~8명 정도가 모이는 아파트의 주부 모임에 나갔다가 기분이 상했다. 그 모임에서 왕언니로 통하는 이가 제멋대로 쓴 '우리' 라는 주어 탓이었다. "○○에 갔더니 전철역부터 물이 다르더라고. 우리하곤 정말 달라." ○○은 땅값이 비싸기로 유명한 또 다른 수도권 신도시였다. 우리하곤 정말 다르다고? 우리? 결과적으로, 자신을 넘어 그곳에 모인 참석자 모두를 비하하는 화법이었다. '문제의 주부' 는 문제의 발언을 계속했다. "(모인 이 중 한 명을 가리키며) 어쩜 이렇게 날씬해? 자기는 운동 안 해도 되겠다. 우리는 죽어라 운동해도 요 모양인데……." 나머지 주부들의 얼굴이 일순 붉어졌다는 뒷담화가 전해온다.

한국인 무의식에 숨은 정체성의 결

중딩 준석도 비슷한 경험을 했다. 1학년이지만 나름 어엿한 중학생이라 뽐냈는데, 그 자부심을 여지없이 짓밟은 사건이다. 학원에서 만난 초딩 6학년 여학생이 '우리'라는 말로 싸잡아 같은 편 취급했기 때문이다. 상대의 소속을 모르고 얼떨결에 뱉은 소리였다. 현장에선 그냥 넘어갔지만, 준석은 집에 돌아와 그 초딩녀에게 이를 갈았다.

'우리'에 관한 코믹 버전 몇 가지를 소개했다. 악의에 기인했다기보다는 눈치 없는 말실수다. 오랫동안 입에 붙은 언어 습관도 작용했다. '우리'의 뿌리에 관해 생각해본다.

앞의 40대 주부처럼 권위주의 시대에 태어난 이들은 '우리'가 익숙하다. 개인보다는 공동체를 우선하던 때였다. 1968년 12월 제정된 국민교육헌장만 봐도 '우리' 천지가 아니던가. "우리는 민족중흥의 역사적 사명을 띠고…… 애국애족이 우리의 삶의 길이며……." 그래서인가. 엄마도 우리 엄마, 집도 우리 집, 학교도 우리 학교, 나라도 우리나라다.

'우리'는 한국인들의 무의식 속에 숨은 어떤 정체성의 결을 보여준다. 개별성보다는 소속을 중요시하는 문화. 부정적으로 따지면 '집단주의'다. 혈연, 지연, 학연 또는 기타 권위 있는 '우리'의 우산을 통해 자신을 드러내려 한다. 개인보다는 '우리'에 묻어가고 싶어 한다.

글을 봐도 그렇다. '우리는'이라는 주어로 시작하는 글이 쓰기 편하다. 좋다는 의미가 아니다. 독자에게 욕먹을 확률이 낮다. 보편타당한 규범이나 가치를 앞세워 적당한 논리로 눙치면 된다. 대의나 정도를 들먹이며 공자님 말씀을 할 수 있다. "가만 있으면 중간은 간다"가 아니라 "적당히 '우리'로 때우면 중간은 간다". 결국 그런 글엔 향기가 없다. 특색도 없다. 신문 사설이나 성명서가 단적인 예다. 나만의 경험, 나만의 취향, 나만의 입장이 자리 잡을 틈은 없다.

나만의 경험, 나만의 취향, 나만의 입장은?

유럽 문학에서 나(I)라는 1인칭이 나타나기 시작한 시기는 18세기 초라고 한다. 공동체의 집단생활에서 개인이 점차 분리되면서였다. 언론 분야에 종사한 경험으로 밝히자면, 대한민국 미디어 글쓰기에서 '나'가 본격 등장한 때는 21세기 초였다. 한국의 글쓰기 문화에선 아직도 '나'보다는 '우리'가 지배자다.

어떤 주제로든 글을 쓸 때 '우리는'을 자제하자. 무색무취한 결과물을 원하지 않는다면 말이다. 사람들에게 읽히는, 색깔 있는 글쓰기를 바란다면 '나'라는 주어부터 떠올리자. 주관화의 함정은 경계하되……

나 · 관객 · 대중이라 쓰면 될 것을…

옛날엔 '내 아빠'였다.

'내 집'이었고 '내 학교'였으며 '내 선생님'이었다. 준석과 은서는,

말을 익힐 무렵은 물론 유치원 시절에도 '나'를 앞세워 말했다. '우리 아빠'나 '우리 학교' 같은 화법을 쓰지 않았다. 초등학교에 입학한 뒤부터 말버릇이 달라졌다. '우리'를 강조하는 한국 사회의 문화에 동화된 셈이다.

이번 글의 주제는 '우리'였으나 아이들에게는 같은 종류의 글을 요구하지 않았다. 맨 처음 '나와 우리'에 관해 글을 써보라는 제안을 했지만 매몰찬 거부를 당했을 뿐이다. "무슨 말을 쓰라고요. 어려워서 못 쓰겠어요." 대신 자유 주제를 줬다. 준석은 '불법 다운로드'에 관해 일침을 가했다.

 준석 글 불법 다운로드? 우리는 양심을 지키자

어디서나 DMB와 iPod을 들고 다니는 사람들은 언제나 다른 사람들의 스포트라이트를 받는다. DMB나 iPod을 옆에서 같이 보는 들러리들은 그 주인이 부러울 따름이다. 그런데 우리는 그때 이걸 꼭 묻는다. "뭐 봐?" 이때, 내 친구의 경우 이렇게 대답하였다. "〈토이 스토리 3〉보는데." 그때가 7월 말이었다. 그 며칠 뒤 원주에 있는 영화관에 갔다. 〈토이 스토리 3〉 포스터가 보이는데, 하단 포스터에 "8월 5일 대개봉"이라 써 있는 것이 아닌가? 친구가 영화를 다운받은 건 영화 개봉을 앞둔 지 일주일이 넘은 때였을 텐데? 그러면, 불법 다운?

사실, 내 개인적인 관점이지만 '불법 다운'이란 건 영화계에서나 인정하고 쓰는 단어일지도 모른다. 왜냐고? 우리는 '오직 관객'이다. 영화계에서 돈을 버리는(?) 것은 관객이며, 돈을 버는 것은 감독이다. 또

한 반대 방향으로 관객은 영화표에 돈 쓰는 일이 필수가 아니며, 그것을 장려하지는 않는다. 그러나 감독에겐 그 저작권에서 우러나오는 '돈'이란 것이 생계에는 필수이며, 무조건 장려한다. 일단 그래도 이 글에서는 감독의 입장보다는 우리의 입장을 주시해야 한다. 지금의 스포트라이트는 관객, 즉 우리니까. (중략)

바로 '인간의 본능'으로 인하여 영화계에서는 '불법 다운로드'라는 것이 생겨났다. 그리하여 지금은 영화표보다 훨씬 싼 가격으로 영화를 볼 수 있게 된 것이다! 또 중요한 것은 '관객'들의 세계에서는 더 이상 '불법 다운'은 '불법'이 아닌 다운로드가 되어버렸다. 보아라! 누군가 "나는 오늘 불법 다운을 했다!"라고 하여서 경찰에 신고하는가? 이제 불법 다운로드는 우리의 세계에서 불법이 아닌 '보통' 다운이 되어버린 것이다.

결국 '성급' 그리고 '돈'이라는 것 때문에 '불법 다운'이 만들어진 것이다. 특히 대한민국 사람들의 특징이 위의 두 가지와 관계해 있지 않은가? 다른 말로 바꾸자면 '빨리빨리' 그리고 '물질 숭배'이고. 그래서인지 이해는 갈지 모른다. 하지만, 영화관과 집에서 보는 영화는 그 '맛'과 '즐거움'이 천차만별의 차이를 내놓지 않던가? 거대한 스크린과 작은 스크린, 나초와 팝콘 그리고 라면, 볼륨의 차이. 과연 영화관에서 느끼는 즐거움을 불법 다운 따위에 비교나 할 수 있을까? 이런 생각을 당신들이 하게 된다면, 어쩔 수 없이 영화관을 추천케 될 것이다. 물론 본능에 의해 조조할인을 추천하겠지. 어쨌든, 우리는 불법 다운보다는 영화관을 사랑하는 양심의 인간이 되자.

'나' 라고 쓰면 이기적이라고?

하나만 보면 열을 안다. 마지막 문장 하나만 보면 열을 안다. "어쨌든, 우리는 불법 다운보다는 영화관을 사랑하는 양심의 인간이 되자." '우리는'이 첨가된 이 계몽형 문장 하나만으로도 위 준석의 글은 혹평을 받을 자격이 충분하다. 뻔, 뻔, 뻔, 뻔한 결론이라서다. 내용이나 논리 전개 형식에서도 좋은 점수를 주기는 곤란하다. 작은 컴퓨터와 거대 스크린의 비교 따위 발상은 누구나 할 수 있다.

'우리'는 여섯 번이나 등장했다. "나는 양심의 인간이 되자"고 해도 될 텐데, 왜 "우리는 양심의 인간이 되자"고 했을까. 맨 먼저 등장하는 "그런데 우리는 그때 이걸 꼭 묻는다"는 문장도 그렇다. 왜 기어코 '우리'라고 했을까. 준석은 답했다. "다들 그렇게 묻거든요?" 나는 되물었다. "다들? 누구? 네 친구? 아님 선생님? 아님 아빠도?" 준석은 한풀 꺾인 목소리로 "저나 친구요"라고 말한다. 그럼 "친구들은 꼭 묻는다"라거나 "나는 이렇게 묻는다"라고 쓰면 되잖아. 준석은 끝까지 고집을 부린다. "'나'라고 쓰면 이기적이잖아요." 걱정도 팔자다. '내가 다 가지겠다'는 식의 글도 아닌데 웬 이기주의 타령!

준석은 "이 글에서는 감독의 입장보다는 우리의 입장을 주시해야 한다"고도 했다. 여기서 '우리'란 무엇이냐고 준석에게 다시 물었다. 한숨이 돌아온다. "그거 하나하나 다 따지면 글을 어떻게 써요? 휴우~." 정확하게 쓰자는 말이다. "관객의 입장을 주시해야 한다"고 쓰면 되지 뭐. 왜 굳이 '우리'라는 포괄적 일인칭을 쓴단 말인가. 준석이 쓴 여섯 개의 '우리' 중에선 고개를 끄덕여줄 만한 게 하나도 없었다. 다음은 은서의 글이다. 핸드폰에 관한 단상이다.

 은서 글 **스마트폰 만지지 마요, 우리가 걱정해요**

우리 아빠는 핸드폰을 올해 초에 바꿨다. 그것도 요즘 유명한 아이폰으로 바꾸셨다. 아이폰은 엄청 유명하다. 아이폰은 터치폰이고, 스마트폰이다. 스마트폰은 모두 다 할 수 있다. 또한 메뉴를 늘릴 수도 있다.

아빠는 요즘 아이폰을 너무 많이 만지신다. 매일매일, 하루도 빠짐없이. 필요 없는 일에도 아이폰을 만지신다. 예전보다는 훨씬 나아진 것이다. 예전에 야구 게임이 있을 때에는 엄~청나게 많이 만지셨다. 필요 없는 게임에도 말이다. 나도 게임이 많이 있어도 그렇게 많이 하지는 않는다. 일주일에 몇 번 하기만 한다. 아 참, 핸드폰을 많이 만지면 전자파가 우리 몸에 들어와서 우리가 암에 걸릴 수도 있다. 이 내용은 엄마와 뉴스에게서 들었다.

내가 그냥 생각하는 점인데, 아빠는 우리보다도 더 암에 걸릴 가능성이 많은 것 같다. 아니, 아예 아이폰을 만지는 사람들이 말이다. 아이폰은 중독성이 그냥 핸드폰보다 몇 배나 더 많아서 암에 걸릴 가능성이 더 많다고 뉴스로 들었다. 만약…… 아빠가 암에 걸려서…… 어디 놀러도 못 가고 할머니 집에도 못 가고 그 등등의 일이 벌어지면 으~~~ 그건 너무나도 싫다. 정말…… 끔찍하다. 그래서 나와 엄마는 자주 아빠에게 핸드폰을 만지는 것을 자제하라고 하지만, 아빠는 우리 말을 듣지도 않는다. (하략)

따뜻한 울림을 주기도 하는 '우리'

처음에 쓴 글은 자신의 핸드폰 기종과 기능 설명이었다. 덧붙여 아이폰을 자주 만지는 아빠를 걱정하는 내용이었다. 횡설수설하는 느낌이 있어 '핸드폰에 관한 두 가지 생각'으로 요약하도록 시켰다.

은서의 '우리'는 총 다섯 개다. 처음부터 '우리 아빠'다. 그냥 '아빠'라고 하면 안 되니? 아빠를 아빠라고 부를 '우리'는 준석과 은서 뿐이잖아. 뒤에 오는 '우리'는 또 조금 다르다. 가령 "아빠는 우리보다도 더 암에 걸릴 가능성이 많은 것 같다"에서의 '우리'는 가족이다. 그럼 '나머지 가족'이라고 쓰면 되잖아? 사람들은 '사람'이라고 써도 될 곳에 곧잘 '우리'를 집어넣곤 한다. '대중'이라고 해도 되는데, '시청자'나 '관객' 또는 '독자'라고 해도 되는데 '우리'의 탈을 뒤집어씌우려고 한다. 은서야, 너는 그런 버릇을 빨리 고치기 바란다.

'우리'의 미덕도 만만치는 않다. 더불어 사는 사회에서 '나'를 넘어서는 공동체적 '우리'의 가치는 소중하다. 〈그들도 우리처럼〉이라는 영화 제목에서 보듯 '우리'라는 단어가 따뜻한 울림을 주는 경우도 많다. 적절하게 사용하면 공공선의 정신을 살릴 수 있다. 이 글은 불필요하고 부정적인 '우리'를 경계하자는 의미다. 종합적으로 다음 네 가지를 경계했으면 좋겠다.

1. '우리'는 때로 실례다.

맨 앞 에피소드에서 밝힌 것처럼 함부로 남을 '우리'에 편입시키면 인간관계 상하므로 우리 모두 '우리'를 조심하자. 어쩌면 '대화의 기술'에서 중요한 사항이다.

2. '우리'는 때로 흐리멍덩하다.

콕 짚어서 '너' 아니면 '나' 아니면 '그'라고 하면 된다. 흐리멍덩하게 '우리'라는 우리에 가두지 말자. 잘못하면 '돼지우리' 된다.

3. '우리'는 때로 위선이다.

'우리'엔 공동체 정신이 스며 있지만 모호하게 쓰면 오히려 남을 배척하는 무기가 된다. '우리'에 속하지 않은 '남(타자)'을 괴롭히기 위해 '우리'를 강조할 때가 있다. 어려운 이야기지만, 민족주의나 인종주의에서 '우리'란 참으로 위험하다.

4. '우리'는 때로 흑심이다.

국가는 대중들의 결속을 의도적으로 조장하려 할 때 '우리'를 남발한다. 가령 '우리 국민은'이라는 한마디는 그 속에 담긴 수백, 수천, 수만 가지의 다양성과 차이를 하나로 단순화시킨다.

결론이다. 지금까지 실컷 씹은 '우리'를 달래는 차원에서 멋있게 한번 써주고 끝내야겠다. '나'와 '우리'의 동시캐스팅!

우리는 언젠가 죽는다.

나는 글 쓰다가 스트레스로 죽겠다.

덧 모호한 '우리'만큼 싫어하는 말이 '국민'이다. 국가에 속하지 않으면 사람도 아닌가? 사람의 정체성이 나라 국(國)에 있나? 영어에선 그냥 '피플(people)'이라고 한다. 번역하면 '인민(人民)'이다. 아이구, 오해받을라!

05

네 번 '빠꾸' 당한 소녀의 복수

글쓰기 아동학대 논란

여기는 글쓰기 홈스쿨 현장 중계석. 이름 하여 '초딩 은서 학대 사건'. 가해자는 부친.

"맨 첫 번째로 놀러 간 곳은 친할머니 집이었다. 할머니는 우리를 무~척이나 반가워하셨다. 맨 먼저 이를 닦고서 세수를 하고서 텔레비전을 재밌게 봤다. (중략) 2일 있다가 곧 외할머니 집에 갔다. 집에 들르기 전에 근처에서 생강 도넛을 사갔다. 역시나 외할머니도 우리를 반갑게 맞으셨다. 점심을 맛~있게 먹고서 안동의 하회마을로 갔다. (하략)"

누가 일지를 쓰랬니? 네가 일지매냐?

▶ 으이그 에세이를 쓴 거니, 일지(日誌)를 쓴 거니? 네가 무슨 일지매냐?(썰렁) 여행 첫날 이거저거 했고, 다음 날은 이렇게 저렇게 놀고, 그 다음 날 어디 가서 무얼

먹고……. 뒤에 덧붙인 주관적 소감은 달랑 두 가지, "너~무 재미있었다"와 "재밌게 놀았다". 다시 써!

"이번 휴가는…… 컴퓨터와 텔레비전이다. 휴가는 컴퓨터와 텔레비전을 보는 것처럼 즐거웠기 때문이다. 나는 친할머니와 가족과 함께 집 근처의 금대리에 있는 계곡에 갔다. 그곳에 가서 오빠와 함께 누가 맨 마지막에 먼저 가냐 시합을 했다. (하략)"

▶ 어거지다. 조금 유치한 첫 문장을 제외하고는 달라지지 않았다. 역시나 여행에서 경험한 모든 일을 하나씩 똑같은 비중으로 적었다. 몽땅 기록하려는 욕심을 버리고, 그중 인상적이었던 몇 가지 체험을 집중적으로 묘사해봐. 그때의 네 마음까지 묘사해봐. 마지막 문장도 끔찍하다. "어쨌든 이번 휴가는 정말, 좋았다." 뜬구름 잡는 '좋았다' 말고 다른 거 없니? 한 번 더 써!

(이후 두 번이나 글을 더 썼으나 그게 그거. 은서는 두통을 호소함.)

"파도타기를 한 나의 오늘 기분은, 스릴 만점 짱이었다! ㄱ-ㄱ" "내 귀에도 물이 들어갔고, 내 코에도 물이 들어갔다. 수영장 물도 마셨다. 하지만 기분은 짱이었다."

▶ 네 기분은 짱이지만, 아빠는 짱난다. 너는 '휴가지에서 생긴 일'을 주제로 도합 네 번이나 썼지만 나아지지 않았다. 체험만 지루하게 나열했고 느낌은 1차원을 맴돌았다. 네 감정을 설명할 줄 모른다. 아니, 감정이 무엇인지조차 모르는 듯하다. 여러 차례 결함을 지적하고 대안을 제시했지만 알아듣지 못했다. 포기해야 하나? 네가 글을 못 써서가 아니다. 글쓰기 지도의 한계를 절감했기 때문이다. 네가 어떻게 써야 할지 답답한 만큼, 아빠도 너에게 글쓰기 기술을 어떻게 설명해야 할지 난감한 캄캄

절벽과 만났다. 문득, 이건 노하우와 기교를 알려준다고 해서 해결될 문제가 아니라는 생각이 들었다. 곱셈, 나눗셈도 제대로 못하는 아이에게 미적분 문제를 풀라고 시켰다는 자괴감이 솟았다.

곱셈도 못하는데 미적분 시켰는지도

은서는 명랑하다. 농담 삼아 '조증(躁症)' 어린이라 놀릴 정도다. 결핍을 느껴보지 못했다. 상처받은 적 없다. 우울함, 그리움 따위가 뭔지 잘 모른다. 사춘기도 겪지 않았다. 경험치의 한계는 형용사의 한계다. "재밌다" "즐거웠다" "좋았다" "짱이다"의 반대 표현을 써볼 일이 없었다. 희로애락을 세밀하게 담아두고 표현할 자신만의 정서 그릇이 없는 셈이다.

선의로 시작했지만, 글쓰기 홈스쿨이 '글쓰기 아동학대'가 되지는 않았는지 되돌아본다. 조급한 다그침보다 '기다림이 필요하다'는 자각이 머리를 친다(악마의 속삭임 : 아니야. 은서는 이번 기회에 죽도록 고생 좀 해봐야 해. 학대받는 만큼 성숙해진다니깐).

그럭저럭 No! 화끈하게 Yes!!

그럭&저럭의 필연적 결과다.

2010년 8월 초에 휴가를 얻어 가족여행을 다녀왔다. 특별한 계획을 세우지 않았다. 강원도 원주에 있는 아이들의 친할머니 집에 3일 머물렀고, 경북 풍기의 외할머니 집에서 이틀을 묵었다. 집에 돌아온 뒤에는 용인에 있는 물놀이 테마파크를 하루 다녀왔다. 컨셉 없는 여정이었고, 깊은 인상을 받을 만한 개별 방문지도 없었다. 게다가 4박 5일의 일정 중 이틀이나 비가 오락가락했다. 아이들은 두 할머니 집에선 텔레비전만 봤고, 아빠는 잤다. 비가 멈췄다 싶으면 차를 타고 계곡이나 관광지에 들린 뒤 점심과 저녁을 먹었다. '개고생'을 할 여지도 없었다. '그럭저럭'이었다. 그래서인지 아이들의 글도 '그럭저럭' 평균치거나 그 이하를 밑돈다. 둘 다 '휴가지에서 생긴 일'을 주제로 쓰게 했다. 먼저 중딩 준석의 글이다.

 준석 글 해일을 맞고, 총알을 맞다

"이번 여행은 재미있었니?"

"네……."

저 대화를 듣기만 해도 아이의 모습이 '참 부정적이다'라는 느낌을 갖게 된다. '재미없었나 보네……'라는 생각을 갖게 한다. 그런데, 한번 생각을 바꾸어보자. 완전히 다른 생각으로 말이다. 아이는 여행이 즐거웠을지도 모르지만 오래되고 차 이동량이 많은 여행에 지쳐 마치 여행이 즐겁지 않았던 듯 대답을 한 것일 수도 있다. 그리고 내가 바로 이 경우에 속한다.

그렇다. 말 그대로, 여행을 갈 때부터 돌아오는 때까지 여러 가지 안좋은 상황에 맞섰다. 친할머니 댁 여행에서는 3일 동안 여행을 갈 때부터 차 안에서 멀미가 나 코를 막고 자며, 귀가 찢어질 듯한 매미 소리를 듣고, 그와 동시에 해가 방출해 내는 엄청난 햇살. 외할머니 댁 여행에서는 2일 동안 역시 매미들의 합창과 엄청난 햇살의 압박이 여행의 호감을 떨어뜨렸다. 친할머니 댁에서는 계곡에 가서 뛰어놀고, 멍~하니 앉아 TV로 〈짱구〉나 〈코난〉을 보고, 플룻을 연주하거나 나의 음치 음성으로 가스펠송을 불렀다. 외할머니 댁에선 안동 하회마을에 가서 그 마을 거리를 활보하고, 전통 놀이 기구도 타고, 생강 도넛도 먹고. 나의 이번 여행에서는 많은 고난과 동시에 즐거움을 겪었다. 얼마나 힘들었던지. 그러나 이 외할머니, 친할머니 댁 여행은 ○○랜드와 함께 한 캐리○○ 베이에서의 복잡한 과정과는 비교가 되지 않는다. 그럼 지금부터 이번 여행에서 가장 신나고 생소했던, 그리고 가장 짧은 시간인 11시간을 소비한, 제일 매운 작은 고추인 '캐리○○ 베이'를 소개한다. (중략)

많은 사람들은 그곳에 가보아서 알 것이다. 만약 누군가에게 "캐리○○ 베이 아세요?"라고 한다면, "아~ 그 큰 수영장!" 아마 이렇게 대답할 것이다. 대충 설명하자면 맞다고 할 수 있다. 광고에서 연예인이 파도타기를 하는 것만 봐도 알 테니까. 하지만 그것만 알아서는 이 수영장의 진실된 쾌감과 즐거움을 상상하기조차 어렵다. 왜냐, 보통 수영장과는 차원이 다르니깐 말이다.

매우 얕지만 넓은 야외의 수영장, 거기서도 거슬리는 것이 있기 마련이었다. 얕은 물에서의 거친 바닥, 그곳에서 몇 번을 "아야!" "아야!" 했던지……. 하여튼 그곳에서 스포트라이트는 '거친 해일(?)'이다. 해일이 와서 우리를 쓸어간다~. 그 후의 느낌이 정말 한마디로 '시원'했다. 물론, 수영장 위로 둥둥 뜨지는 않아서 제대로 실감은 못 했지만 말이다.

그런데 이 날씨가 즐겁게 놀고 있는 우리를 질투하나 보다. 우리에게 복수하러 왔다. 그리고 비는 정말 억수같이, 엑스피드로 쏟아져 내렸다. 마치 '아프지 않은 총알'을 연속으로 맞았다고 해야 하나. 그리고 툭하면 어디로 사라져버리는 은서를 찾느라 고생도 꽤 했다. (중략)

그리고, 캐리○○ 베이가 내게 덤으로 준 시간 죽이기 방법. '○○랜드!' 물론 리더는 은서였지만 나도 즐겁게 놀았다. 비록 두 개밖에 놀이 기구를 타지 못했어도, 그 놀이 기구의 스릴은 엄청났다. 내가 거꾸로 눕다가 올라오다를 반복하고, 초강스피드 열차를 타며 레일을 누비는 그 스릴과 스피드감, 쾌감, 즐거움은 만땅이었다. 겉으론 표현하진 않았지만, 내 기분은 이랬다. '정말 이거 매력 있는데?'

무엇보다 ○○랜드 간 지 3일밖에 지나지 않아 글을 쓰건만, 이렇게 그리울 수가 없는 것 같다. 지금은 다시 학원생활을 하고 있다. 학원생활이 웬만해서 익숙지도 않은 편이다. 그리운 ○○랜드, 다시 한 번 꼭 갈 것이다.

죄다 비슷하게 나열하는 '병렬병'

준석의 글에 점수를 주라면 69점이다. 70점에서조차 1점 빼고 싶다. 제 실력을 모두 발휘하지 않았다고 판단해서다. 이 글의 문제점을 굳이 진단하라면 '병렬병'이라고 말하고 싶다. 병렬적인 이슈의 나열이라는 의미다. 여러 가지 사안들을 똑같은 비중으로 배치했다. 평범하고 특징 없다. 말하고자 하는 바가 분명치 않다. 한 번 고쳐 쓴 글인데도 그렇다.

'병렬병'에 걸린 글엔 대표 상품이 없다. 준석은 휴가지에서의 체험 중 캐리○○ 베이에 대해 조금 더 인상적으로 피력하긴 했지만, "조금 더 즐거웠다" 수준이다. "시원했다"거나 "매력 있었다"거나 "쾌감 만 땅이었다"거나 하는 표현들도 전혀 와 닿지 않는다. 내세울 게 없으니 체험을 안일하게 나열했을까? 사실 너희들이 가장 좋아하는 캐리○ ○ 베이에서 논 것도 따져보면 3~4시간밖에 되지 않는다. 그래, 그 럭저럭 지지부진하게 체험한 탓으로 돌리자. 다음은 은서 글이다. 세 번 '빠꾸' 당하고 네 번째 쓴 글이다.

 은서 글 아파트 4층만 한 파도가…

드디어 여름휴가가 왔다. 오빠와 나는 여름휴가를 아주 기대하고 있 었다.

우리 가족은 이번 여름휴가를 두 할머니 집에서 보낸 다음, 에버○○ 에 있는 캐리○○ 베이로 가기로 했다. (중략)

나는 캐리○○ 베이에 가기 전에 하나의 상상을 했다.

멋지게 수영을 하면서 파도를 느낀 다음, 슬라이드를 하면서 즐거운 시간을 보내는 상상. 하지만 내 상상은 산산조각이 나버렸다. 물이 얕 아서 수영을 하려고 다리를 흔들면, 다리가 바닥에 닿아서 내 발에 멍 이 몇 군데 들었다. 그리고 슬라이드는 줄이 너무 길어서 줄서기가 귀 찮아서 안 했다.

하지만 나에게 힘이 돼준 남아 있는 상상이 하나 있기는 있었다. 바로…… 실외 수영장에서 파도타기였다. 실외 수영장에 들어가기 전에 스쳐봤는데, "삐-" 소리가 들리자 파도가 사람들을 휩쓸었다.

나는 너무 기대가 됐다. 그래서 빨랑빨랑 구명조끼를 빌려서 물속으로 들어갔다. 맨 처음에 갔을 때 내가 너무 멀리 있어서인지, 파도는 내 근처까지밖에 못 왔다. 그래서 나는 더욱더 앞으로 갔다. 그래도 내 무릎까지밖에 못 왔다. 더욱더 앞으로 갔다. 경비원이 막는 때까지. 그때의 파도는 내 키보다 높았다.

하지만 처음부터 오는 파도는, 높이는 우리 아파트 4층만 했고, 넓이는 한 5미터 정도 되는 것 같았다. 나는 경비원이 막기 전에 재빨리 들어갔다. 더 이상 발이 닿지 않았다. 나는 쫌 무서웠다. 수영도 잘되지 않았다. 그런데 이제 "삐-" 소리가 들리면서 파도가 왔다. 나는 파도가 나를 물이 얕은 곳으로 보내줄 것을 기대하고 눈을 감았다. 파도가 나를 지나갔다.

내 예상대로 파도는 나를 물이 얕은 곳으로 보내줬다. 내 귀에는 수영장 물이 들어갔고, 조금 마시기도 했고, 코에도 들어갔다. 선생님께 들었는데, 수영장 물은 우리 몸에 안 좋다고 말씀해주셨다.

파도타기를 한 나의 오늘 기분은, 스릴 만점 짱이었다! ㄱㅡㄱ

끝까지 시비를 걸고 괴롭히다

다시 보니, 심하게 타박을 당했던 은서의 글이 오빠 준석의 그것보다 낫다. 은서가 처음과 두 번째로 쓴 글은 49점이었다. 50점에서도 1점을 빼고픈 수준이었다. 앞에서 언급한 '병렬병'이 지독했기 때문이다. 자기가 간 곳과 한 일과 먹은 것을 '일지'처럼 나열했다. 아빠가 "제발 나열하지 말라"고 몇 번을 이야기했더니, 나중에는 하나에 집중해서 썼다. 여름이 오기 전부터 그토록 노래를 불렀던 '캐리○○ 베이'에서의 경험으로 승부(!)를 건 셈이다. 위의 글엔 74점을 주련다. 준석보다 3점을 더 많이.

그러나 아빠는 윗글을 통과시키지 않았다. 웬지 끝까지 시비를 걸고 싶었다. 마지막까지 '불합격' 판정이었다. 대신 더 이상 '빠꾸' 시키지 않을 테니 '빠꾸당한 슬픔'에 관해 써보라고 회유했다.

 은서 글 아빠는 화를 내며 다시 쓰라고 했다

나는 '휴가지에서 생긴 일에 대하여'를 쓸 때 너무 힘들었다.

왜냐하면 만~날 쓸 때마다 아빠에게 빠꾸를 당해서 맨날 맨날 다시 쓰기만 했기 때문이다.

한⋯⋯ 다섯 번 정도는 썼을 것이다. 너무 힘들었다. -3-

내가 생각해도 내가 이번 글을 너무 많이 계속 쓴 것 같다. 나는 생각을 한번 해봤다. 내가 정말 글을 그~렇게 못 썼길래 아빠가 나한테 계속 빠꾸를 한 것인가?

사실 내가 생각하기에도 내가 글을 좀 못 쓴 것 같다. 하지만, 내가 그렇게도 못 쓴 것 같지는 않다. 나도 잘 쓴 부분은 많다. 그래도 내가 아빠가 이렇게 저렇게 쓰라고 한 말을 기억을 잘 못해서 못 쓴 이유도 있다.

우리 아빠는 예전에 이미 한 번 책을 낸 사람이다. 그래서인지 아빠는

글을 보는 눈이 좀 높은 것 같다. 내 글은 그냥 보통 글인데, 아빠는 내 글이 못 썼다고 말했다('너무'라고도 말하면서 화를 내셨다). 그냥 차분히 틀린 부분을 말해주면 안 되나? 그런데 오히려 종이를 구기면서 화를 낸다. 만약에 아빠가 편집장일 때 사람들이 쓴 글보고 구기면서 던지면서 막 화를 내면, 다른 직원들의 눈초리는 아주 매서울 것이다.

그런데 내가 생각해도 마지막으로 쓴 '휴가지에서 생긴 일' 글은 잘 쓴 것 같다. 그것도 아빠가 화를 안 내면서 다시 쓰라고 했다. 엄마도 내가 그~렇게 못 쓰는 것은 아니라고 했다. 그런데 아빠는 내가 글을 너무 못 쓴다고 하였다. 그러면서 욕까지 하였다. 나는 아빠가 내가 쓰는 글을 보는 눈이 좀 낮았으면 좋겠다. 그래서 내가 글을 못 쓸 때도 좀 봐주면서 고쳐줬으면 좋겠다.

아빠도 그렇지만, 나도 참아야 한다(왜냐하면 내가 어른이 돼서 회사원이 된다면 이런 빠꾸 정도는 몇십 번 당할 테니 말이다). 국내에서 최초로 부녀가 (오빠도 동참) 서로 같이 글을 써서 책을 내는 것이니 말이다. 하하하!

이걸 참아내서 빨리 책을 내면 선생님도 나에게 잘해주실 수도 있고, 아이들도 나를 존경하고, 신문에도 나오고 그러면 친구 엄마들도, 이 친구랑 좀 친해지렴, 이라고 말할 수도 있다.

사실 난 그림으로 상을 받아본 적은 있지만, 글쓰기로 상을 받아본 적은 없다. 그래도 국내에서 최초로 하는 것이니 더 열심히 써봐야겠다.

종이를 구기고 욕을 했다고?

은서는 복수를 했다. 아빠를 비난했다. "종이를 구기면서 화를 냈다" "그러면서 욕까지 하였다" 등등의 문장에서 드러나는 정황이다. 피시식 웃음이 샌다. 역시 '개고생'을 시키니까 괜찮아지는 걸까? 글 솜씨가 일순간에 일취월장했을 리 없다. 자신의 마음고생 스토리를 있는 그대로 털어놓으니 재미있을 수밖에. 역시 솔직한 글이 최고다. 은서야, 이 글엔 85점을 주마!

앞글에서 보는 것처럼, 아빠는 은서에게 "국내에서 최초로 부녀가 (오빠도 동참) 서로 같이 글을 써서 책을 내는 것"이라는 감언이설로 꼬드겼다. 글쓰기로 계속 부려먹기 위한 일종의 마음 자극이다. '힘들어도 왜 매주 글을 써야 하는지'에 대한 사상교육이라고나 할까?

'휴가지에서 생긴 일'엔 뭔가 억지로 쓴다는 느낌이 배어 나왔지만, 윗글에는 그런 게 없다. 단어와 문장 곳곳에 네 마음이 우러나온다. 우러나와 쓰는 글은 실감이 난다. '병렬병' 같은 어쭙잖은 논리를 적용시킬 구석도 없다. 네 마음을 읽으며 아빠는 반성도 했다. 버럭 짜증낸 거 사과한다.

결론을 조심스럽게 맺어본다.

1. '병렬병'을 조심하자.

'왕 소재'를 하나 세우자. 그 외 다른 이야깃거리는 '왕 소재'를 보필하는 '신하 소재'로 만들어주자. '왕 소재'는 왕이다. 당근, 크게 세우는 거다. 소재의 '주종관계(主從關係)'가 필요하다. 으뜸으로 부각시킬 만한 이슈가 '왕 소재'다. '왕 소재'는 없고 다들 고만고만한 '신하 소재'거나 몽땅 '왕 소재'면 그게 바로 '병렬병'으로 빠지는 길이다. 이럴 경우 전문 용어로는 다음과 같이 말한다. "뭐야, 야마[*]가 없잖아?" "뭐야, 컨셉이 없잖아?"

2. 그럭저럭 살지 말자.

체험이 그럭저럭이면 글도 그럭저럭이다. 사는 게 그럭저럭이면 글도 그럭저럭이다. 화끈하게 부딪쳐봐야 우여곡절이 있는 스토리와 드라마를 생산한다. 은서도 화끈하게 글을 여러 번 고쳐 쓰며 아빠에게 이를 갈아보니 화끈하고 재밌는 글이 나오지 않니? "그러니까 공부도 화끈하게……"라고 방향을 틀면 다들 이상한 눈으로 보겠지? 그래도 밀고 나가련다. 공부도, 이왕 할 거면 화끈하게! 물론 놀기도, 이왕 놀 거면 새끈하게!!

 인터넷에서 연재할 때 최고의 조회 수를 기록한 글이다. 10만 명에 육박했다. 화끈한 아동학대의 상품화가 지나치게 자극적이었나?

---

[*] 산(山)을 뜻하는 일본어 '야마(やま)'에서 유래했다. 산 말고도 꼭지, 절정, 핵심이라는 의미도 있다. 야마가 있느냐는 건 알맹이가 있느냐는 뜻이다.

06

미친 꼬마에게 이야기가 있다네

청소년 구라왕 선발대회

문제는 '구라' 다.

싼티 난다고 손가락질해도 좋다. 구라, 구라를 잘 풀어야 한다. 구라가 빠지면 황폐하다. 이 글을 읽는 어린이와 청소년 여러분이 멋진 구라왕으로 성장하기를 기원한다. 양치기 소년 같은 '뻥' 의 요소는 뺑차련다. 대신 '썰' 의 의미만 품겠다. 사전에 없는 이 비속어에서 '혀설(舌)' 의 그림자를 본다. 아이들 교육에 안 좋다고 비난해도 할 수 없다. 이번 주제는 '구라와 썰' 이다.

솔직히! 새롭고!! 짠하게!!!

'솔직히 새롭고 짠하게.' 20여 년 전 다니던 고등학교의 교훈에 빗대어 만들어본 말이다. 그때 교훈은 '스스로 더불어 알차게' 였는데, 신기하게 아직까지도 뇌리에 박혀 있다. 교정 중앙 조회대 옆에 놓인 큰 바윗돌에 근엄한 글씨체로 새겨져 있었다. 딱 그 형식에 맞춰 '솔직히 새롭고 짠하게'라는 말을 인상적인 글쓰기를 원하는 이들의 마음속에 트라이앵글로 새겨주고 싶다.

'솔직히'는 글쟁이의 기본 태도다. 담백하게 자신을 드러내자는 뜻이다. '새롭고'는 진부함을 깨는 일신우일신(日新又日新)의 정신이다. 독자들은 뭔가 새로운 언어와 메시지에 반응한다. '짠하게'는 이야기다. 갈등과 절정과 추락과 반전의 우여곡절이 함축된 서사다. 신약성서에서 예수는 "믿음·소망·사랑 이 세 가지 중 제일은 사랑"(고린도전서 13장 13절)이라고 했다. "솔직히 새롭고 짠하게, 이 세 가지 중 제일은 '짠하게'"라고 한다면 억지일까? 결국은 구라다. 이야기다.

감히 주장한다. 이야기가 없는 글은 시체다! 논리와 주장만이 담긴 글을 읽으면 기계를 만지는 느낌이다. 신문 사설을 읽을 때 종종 그렇다. 상황 유형별로 적용 언어가 입력된 '차가운 비판 기계'라고나 할까? 어릴 때 많이 참가했던 반공 글짓기의 원고나 정부를 비판하는 시민단체들의 성명서도 비슷하다. '규탄'은 있을지언정 사람들의 마음을 뭉클하게 하는 이야기는 없다.

출발은 '자기 이야기'다. 초딩 은서는 한때 일기만 쓰면 "참 즐거운 하루였다"로 끝나기 일쑤였다. 전쟁과 비교하는 평화의 개념은 소중하지만, 마냥 이렇게 평화롭다고만 하면 시시한 언어밖에 나오지 않는다. "별일 없이 산다"는 자랑은 이야기의 적이다. 아니, 별일 많게 살면서도 "별일 없이 산다"고 착각하는 게 더 문제다. 중딩 준석에게 한 해를 마무리하는 의미로 '올해 나의 사건 10'에 관해 써보라고 했다. 준석은 "여행도 별로 안 갔는데 일은 무슨 일?"이냐며 툴툴거렸다. 한데, 막상 아빠의 강요에 의해 글을 써보니 추억이 넘쳐났다. 사소하게 여겼던 영화 관람이나 교회 합숙 등에도 나름 이야깃거리가 많았다. 그때의 기억을 차근차근 되살리는 와중에 근사하게 의미도 부여했다. 경험의 총량만큼이나 경험을 글로 빚어내는 훈련이 중요한 셈이다. 이는 자신만의 감수성을 만들어준다. 이걸 '자기 가슴'이라 불러본다. '자기 가슴'에서 '자기 언어'가 나온다.

"별일 없이 산다"는 이야기의 적

그 다음은 '남의 이야기'다. 인류의 역사는 흥미진진한 옛날이야기의 거대한 창고다. 소설도, 영화도, 음악도, 그림도 다 이야기다. 은서가 한때 푹 빠졌던 드라마 〈매리는 외박중〉도 결국 이야기다. "책을 많이 읽으라"는 말은 "이야기를 많이 읽으라"는 뜻이다. 이야기가 힘이다. 내 이야기와 남 이야기의 총합은 기름이 펑펑 쏟아지는 글쓰기의 유전이다.

글에 이야기를 담자. 구라를 푼다고 생각하고 쓰자. 글쓰기대회를 '구라왕 선발대회'라 이름 붙여도 재밌겠다.

별난 경험 없다고 절망하진 마

준석과 은서는 비전이 없다?

섣부른 판단일지 모르겠으나, 현재까지는 그렇다. 구라가 늘 만한 경험을 쌓지 못했다. 구라들에겐 '극적 체험'이 필수다. 특히 12세 안팎 때 무엇을 경험하느냐가 인생을 지배하기 일쑤다. 가령 사랑만 받으며 곱게 자란 이들보다는, 가족의 파탄과 해체 또는 가난을 일찍 겪어본 아이들에게 할 말이 많다. 바닥에서 온갖 풍상을 겪다 자기 힘으로 일어선 이들에겐 눈물 없이 들을 수 없는 드라마가 있다고들 한다. 부모가 돈이 많거나 독특한 교육관을 지닌 덕택에 세계 일주 등 희귀한 경험을 일찍 거친 이들도 그렇다.

직업적 구라꾼의 하나에 해당하는 소설가들의 이력을 보면 안다. 도시에서 그렇고 그런 평탄한 삶을 살아온 이들에게서 감동적인 작품이 나오기는 힘들다. 유년기와 청소년기를 시골 또는 변두리에서 신산*하게 살아왔거나 또라이 같은 마니아 기질로 한 우물을 팠던 이들이 신비하고 흥미로운 이야기를 만들어낸다. 대한민국 3대 구라로 꼽히는 백기완, 유홍준, 황석영 선생도 인생의 폭풍을 정면으로 헤쳐온 인물들이다.

준석과 은서는 수도권의 아파트촌에서 별난 꼴 겪지 않고 자랐다. 비하할 필요는 없다. 아빠 기준에서 '극적 체험'이 아니더라도, 아이의 삶을 존중하자. 그런 취지를 품고 저물어가던 2010년을 이야기로 정리해보도록 했다.

이야기엔 주인공이 있다. 주인공에겐 캐릭터가 있다. 자기 이야기를 하려면 자기 캐릭터를 정확히 알아야 한다. 은서, 너는 누구냐!

---

*辛酸. '맵고 신' 음식을 먹듯 어렵게 살아왔다는 뜻이다.

이 세상에는 '완벽한' 이란 없다. 왜냐고? 에디슨, 아인슈타인도 못하는 것이 있었기 때문이다. 공부 잘하는 ○○, ○○도 밥을 늦게 먹는 단점이 있다. 사람은 하나씩 단점을 가지고 있다. 근데 난 세어보니 10개나 된다.

첫 번째는 조심하지 못해 이를 다쳤다.

남자애 두 명이 밀어서 앞니가 조금 흔들렸다. 너무 아파서 분했지만, 그 애들이 무서워서 아무 말도 못 하고 울었다. 그 애들은 반에서 싸움을 하기도 하고, (서로) 다른 반 애들이랑 대표로 싸우기도 하는, 그런 엄청나게 무서운 아이들이다.-~- 피도 났다. 으~~~ 내 친구들인 초윤, 영지, 선아가 위로를 해줬지만, 너무나도 아팠다. 가장 먼저 나를 민 애한테 잘못이 있다. 나는 이제부터 아이들이 장난을 쳐도 절대로 웃으면서 대꾸를 안 할 것이다.

두 번째는 내가 점수가 내려간 것이다.

노는 걸 좋아해서 그런가. 엄마는 책을 읽으면 된다고 하였다. 책을 읽으면 어휘력이 더욱더 늘어나니 서술형 문제도 잘 풀 것이다. 계속 이렇게 책만 읽다 보면 아마도…… 서울대도 갈 수 있겠지? ㅋㅋ

세 번째는 내가 문구를 막 사대는 것이다.

용돈을 받으면 무조건 '필통'이나 '샤프'를 산다. 그래서 엄마는 나에게 "아이구, 아예 문구점을 차려라"라는 말도 하신다. 필통이 10개가 넘는다. 난 예쁜 필통을 보면 못 참고 그냥 사버린다. (중략)

네 번째는 내가 집중력이 없는 것이다. (중략)

다섯 번째는 핸드폰을 자주 만지는 것이다. (중략)

나 이러다가 만약 암에 걸리면 어떡하지? 아무래도 난 전자파 방지 스티커를 붙이거나, 핸드폰을 자주 만지는 습관을 줄여야겠다.

여섯 번째는 말을 많이 하는 점이다.

나는 얼굴만 봐서는 조용하게 보이는데, 실제로 친구가 되면 말이 많아진다. 1학년 때인가? 그때쯤에 내 별명이 수다쟁이였다. 친구랑 모여도 내가 제일 말을 많이 한다.

일곱 번째는 내가 편식을 좀 한다는 점이다.

못 먹는 게 많다. 와사비도 못 먹고, 초밥도 못 먹고, 토마토는 먹긴 먹지만 나서서 먹지는 않는다. 콩은 진짜~로 싫어한다. 두유도 싫어하는데, 신기하게 두부는 좋아한다. (중략)

여덟 번째는 오빠랑 싸우는 점이다.

난 말로는 이긴다. 하긴 여자는 말을 잘하니깐. 오빠는 말로 져서 화가 나면 힘으로 날 이긴다. 머리를 콩! 하고 때리든가, 아니면 손바닥으로 등을 착! 하고 때리든가.

남매라면 흔한 장면이다. 대부분 여자아이에게 "너, 오빠랑 사이가 가깝지?" 하면, 그 여자아이는 무조건 "아니요! 저희 사이가 얼마나 안 좋은데!"라고 말할 것이다.

아홉 번째는 방 정리를 자주 안 한다. (중략)

열 번째는 돈을 좀 밝히는 것이다. (중략)

그런데 나는 짠순이이다. 짠순이의 뜻은 돈 쓰기를 싫어한다는 뜻이다. 남에게 인형을 받으면 너무 기쁘지만, 내 돈을 쓰라고 할 때는 쓰기 싫어하는 얼굴이 된다. (중략)

나도 쓰면서 내 단점을 알게 되었다. 오 지저스~ 어떻게 단점이 이렇게 많지?

장점도 많다. 노래 잘 부르고, 춤도 잘 추고, 그림 잘 그리고, 긍정적인 성격이고. 앞으로 영어도 열심히 하면 영어도 내 장점이 될 것이다. 이만한 딸이 어딨을까?

흐뭇~! 장점을 많이많이 만들어 빨리 엄친딸이 되어야겠다.

'올해의 인물 10'에게 카드를 보내봐

은서의 최대 장점은 '긍정'이다. 자신의 단점을 열 개나 발굴하고도 비관하지 않는다. "그래도 장점이 많다"고 즉각 반전 모드로 돌아선다. "빨리 엄친딸이 되어야겠다"는 마지막 결론도 밉지 않다.

준석에게는 '올해의 사건'을 꼽게 했다. 처음에는 '올해의 인물'에 관해 쓰게 했다. 준석에게 '올해의 인물'은 광저우 아시안게임에서 3관왕을 차지한 수영선수 박태환이었다. 그중 일부를 소개한다. "김연아나 박지성은 꾸준히 광고에 등장해 사람들의 존경을 받고 있지만, 박태환은 늘 외면당해 왔는데, 그 와중에도 꾸준히 연습한 것이 정말 대단하다고 느껴진다. 김연아나 박지성을 보면서 부러우면서 외로운 느낌을 많이 받았을 텐데, 우울한 나날을 이겨낸 그는 대단하다. 더군다나 여자친구고 뭐고 다 팽개치고 수영만 했다니."

뭔가 모자라다는 판단이 들었다. 다음에는 "친구들 중에서 '올해의 인물 10'을 선출해보라"는 주문을 했다. 거부당했다. 민감한 소재란다. 독자 여러분이라도 연말에 '올해 나에게 영향을 끼친 주변 인물

10'을 골라 카드라도 보내시라. 재밌고 의미 있지 않은가?

벌써 12월이 다 되었다. 중1 입학할 때가 엊그제 같았는데, 또다시 한 해를 마무리해야 한다니 슬프기도 하고 들뜨기도 한다. 이 글도 마지막인데 기억나는 크고 작은 일들을 되짚어보려 한다. 물론 이번 해에는 한 번도 여행을 안 가서 좀 짜증난다. 10가지나 대라니. 그래도 365일 중에 10가지가 없겠는가. 그 대신 작은 일들만이다.

수련회가 아무래도 가장 기억에 남는다. 여행을 한 번도 안 간지라 큰일은 이것밖에 없다. 교관님께 단체로 혼난 일, 캠프파이어나 미리내 축제와 합숙은 정말 큰 의미와 협동심을 길러주는 원천이었다. 매일매일 그렇게 생활한다면 협동심도 길러지고 우정도 길러지고, 일석이조일 것 같다.

다음은 단연 ○○랜드로 여행! 역시 가족보다는 친구들과 타야 뭔가 좀 물맛이 난달까, 그런 느낌이 들긴 했다. 같이 호응하고, 같이 다니고, 같이 타고! 이것이 친구와 동행하는 즐거움? 역시, 너무나 강렬한 기억이 되살아난다.

또 1학기 중간고사를 망친 것이 기억에 남는다. 용돈 인상은커녕 용돈이 줄어들기도 하고, 엄마에게 혼나기도 하고, HME(수학경시대회)를 보지 않기로 한 것도 기억난다. 그때를 통해 엄마는 하나를 못하면 다른 것까지 다 끊어버린다는 것을 알게 되었다. 지금도 그때만 생각하면 눈물이 다 난다.

뷔페도 기억난다. 물론 바로 어제 일이라서 그렇다. 외가 친척들이 무슨 견우와 직녀도 아니고 일 년에 볼까 말까 하다가 어제 겨우 만났다. 오랜만에 가는 뷔페라 그런지 더 들떴고, 음식도 맛났다(수련원에서도 뷔페식을 먹었지만……).

단연 이번 해에 기억나는 또 하나의 일 중 가장 첫 번째 일! 중학교 입학식이었다. 6학년을 떠나보내는 그리움에 사무친 날이었지만 오마초나 신촌초, 성저초 등의 새로운 친구들을 만나는 재미가 있었다고 말하지 않을 수 없다.

너무 오래전 일이기는 하지만, 3월 2일의 교회 합숙 역시 기억난다. 현택이나 민재 같은 친구들과 합숙을 한 것은 정말 교회에서 잘한 일인 듯싶다. 영화 〈업〉도 보고, 과자도 먹고, 호텔이 아니라 한 선생님의 집에서 자는지라 선생님이 조금 수고를 했을 듯도 싶다.

추석이 또 기억에 남지 않을 수 없다. 추석은 추석이지만, 별다른 재미가 없었다. 친척이 재미없는 것이 아니라, 친척이 없어서 재미가 없다. 작은할아버지와 작은할머니께서 오지 못하셔서 정말 서운하였다.

영화 〈고사〉를 본 게 또 기억에 남는다. 〈드래곤 길들이기〉나 〈방가?방가!〉 같은 다른 유형의 영화도 많이 본 게 사실이지만 〈고사〉 같은 공포 영화를 본 건 정말 나의 생애에 역사적으로 처음 있는 일이었다. 뭐, 그 영화가 '다시는 공포 영화를 안 보겠다'라는 다짐을 심어준 날이기도 했지만 말이다.

반 친구들과 개별적으로 한 캠프파이어도 기억에 남는다. 선생님도 참가하신 그곳에서는 비록 저녁까지 있지는 못했지만 친구들과의 단합도 재미있었고, 선생님도 고생을 많이 하신 듯싶다. (중략)

흠, 지금 보니 일이 정말 많았던 것 같다. 나는 '여행도 안 갔는데 무슨 일은 일?' 같은 바보 같은 생각을 했던 것 같다. 결국 누구든 일 년 간 '추억'은 없지 않은 것이다. '살인의 추억'이란 나쁜 말도 있지 않은가. 1학기 중간고사 같은 나쁜 일이든, 수련회 같은 좋은 일이든. 그것은 영원히 모두 나의 몸에 서려 있고, 모두 내 기억 속에 저장된 파일들이다.

'담담한 구라'를 만들어준 드래곤 판타지

빈티가 난다. 국내는 물론 일본의 놀이공원까지 다녀온 놈이 ○○랜드에 새삼스레 감격한다. 뷔페 간 이야기까지 끄집어낸다. 남들이 보면 생전 분식집만 가는 줄 알겠다. 그래도 담담하다. 짠한 구석이 있다. 마지막 문장은 애답지 않다. "내 기억 속에 저장된 파일"이라. 준석이 지금도 조용히 성장 중임을 말없이 웅변하는 듯하다.

그러면서도 글을 읽자마자 조건반사적으로 이런 말이 튀어나왔다. "입만 살아가지고~." 1년 동안 별일 없었다면서 글은 그럴듯하게 꾸미다니. 글을 쓸 땐 입이 살아 있다! 나는 준석을 '담담한 구라'라 칭하겠다. '극적인 체험'을 변변히 못 해봤지만 구라의 잠재력이 충분하다. 앞으로 제대로 된 구라로 키워볼까?

'극적인 간접 경험'은 어떨까. 이렇게 써놓고 보니 '드래곤'에 미쳤던 준석의 지난 시절이 떠오른다. 유치원에 입학하기 전부터 준석은 공룡 장난감이 손에 자석처럼 붙어 있었다. 초딩으로 변신한 뒤에는 용에 탐닉했다. 용 그림을 그리고, 용 영화를 보고, 용 이야기를 끼적거렸다(심형래 감독을 존경한다). 4학년 때부터는 드래곤 판타지소설을 쓰겠다며 A4 용지 100장을 채웠다. 전체 인생 13년 중 무려 10년을 '드래곤 오타쿠'로 보낸 셈이다. 얼마 전엔 '트랜스포머 마니아'로 전향했지만 말이다.

돌이켜보면 용에 미쳐 무언가를 미친 듯이 써내려간 이력이 오늘날 글쓰기의 작지 않은 토대가 되어준 듯싶다. '담담한 구라'의 토양이 된 것 같다(여기에 비하면 은서는 '미친' 이력이 없다. 그래서 글이 엉망인가?).

준석에게서 결론의 영감을 얻었다. 여전히 준석에게도 필요한 말이지만.

때로는 '미친놈'이 되자.

국문학자인 한양대 정민 교수는 『미쳐야 미친다』라는 책에서 "미치지 않으면 미치지 못한다"〔불광불급(不狂不及)〕고 말했다. 무언가에 미쳐야 어디든 이른다(미친다)는 말이다. 조금 더 확장해서 말해본다. 특별하게 미쳤으면 좋겠다. '특불광불급(特不狂不及)'이다.

미치려면 아주 독특한 분야에 미치자. 정공법으로 미치지 말자. 미치는 일에도 색깔이 필요하다. 남들 다 세계명작에 미쳐 있을 때 무협지에 미치듯! 모두가 소망하는 고지에만 오르려 바둥거리지 말고 색다른 영역을 찾아 미쳤으면 좋겠다. 그래야 경쟁력도 생긴다. '안 미친놈'보다는 '미친놈'에게 이야기가 있다. '그냥 미친놈'보다는 '특별하게 미친놈'에게 더 기똥찬 이야기가 있다.

이상, 구라였다.

> **덧** "정말 너 미친 거 아냐?"라는 말을 인생에서 단 한 번이라도 확실하게 듣는다
> 면? 성공한 사람이거나 불행한 사람이거나 정말로 미친 사람일 거다. 그래도 그런
> 소리 한 번은 듣고 죽고 싶다.

07

문장은 침이다? 오줌이다?

범인도 잡을 문체수사본부

　문체 감정 결과, 그는 소심한 남자로 드러났다.

　"~하는지 모르겠다"가 2회당 평균 한 번은 등장했다. "중독 효과
가 있는지도 모르겠다." "술 이야기를 해도 되는지 모르겠다." 수세
적인 태도다. 쓸데없이 묻거나 부탁을 한 뒤 시작하는 버릇도 있다.
"~하면 지나친 비약일까?" "유치하다고 나무라지 마시라." 괜히 찔
리나 보다. 자신 없음일까? 아침에 뜨는 해도 아니면서 아이디어가
많은 척 "떠올랐다"를 수시로 띄우기도 한다. "과거를 회상하다 숙
제 아이디어가 떠올랐다." "아침에 찢던 편지가 떠오른다." 끝날 땐
'단순화'에 목을 맨다. "저널소년은 다른 말로 시사소년이다." "한마
디로 인물 묘사가 빠졌다는 말이다" 등등. "문제는 구라다." "결국은
리듬감이다"도 닮은꼴이다. 간명하게 압축하려는 편집증까지 엿보
인다.

자꾸 그러면 '낱말 투정' 부릴 테야

그 남자는, 나다. 아빠의 글 곳곳에 현미경을 들이대 보았다. 이런 특징도 발견했다. "그때 나의 장난스러운 좌우명은 이러했다." "쉼표의 미덕이 과대평가되었음을 장난스레 과장해보았다." 너 지금 장난하냐?^^

무의식적 습관은 한번 달라붙으면 잘 떨어지지 않는다. 양말을 나도 모르게 언제나 오른쪽이 아닌 왼쪽 발부터 신는 것과도 같다. 예전에 쓴 인터뷰 기사 여러 편을 다시 읽다가 깜짝 놀란 적이 있다. 대부분 "~라고 말하며 활짝 웃었다"로 끝났기 때문이다. 탈고 직전이면 내 손끝이 자동으로 판박이 자판을 두드리며 춤춘 걸까?

남의 글에서도 무한 반복의 양상을 쓸쓸하게 목격한다. 어떤 이는 "~하는 터다"를 떨쳐내지 못한다. "우려를 금하지 않을 수 없다"는 말에 길들어 우려를 금할 수 없는 이도 있다. '언죽번죽' 따위의 순우리말 부사에서 놓여나지 못하는 이도 있다. 일관성은 좋지만, 눈에 띄게 되풀이하면 독자가 질려버린다. "또 이 반찬이야?"가 아니라 "또 이 단어야?"다. 그렇다. '낱말 투정' 당할 수도 있다. 사람의 건강을 주기적으로 체크하듯 단어와 문장을 정기 검진해보면 어떨까? 제3자가 해줘도 좋지만, 스스로 할 수도 있다.

준석과 은서에게도 '문체 자가 진단'을 시켰다. 아이들은 '글쓰기 홈스쿨'을 하며 쓴 30여 편의 글을 다시 읽었다. 분석을 시킨 뒤 결과 보고서를 제출하도록 했다.

'이모티콘 은서'는 산만한 애교파

준석은 자신의 첫 특징으로 '그래서, 왜냐하면, 그리고의 무자비한 남용'을 꼽았다. '~하는가' 같은 의문형이나 '생각해보아라' 따위의 명령형이 잦다고도 했다. 맞다. 노래로 치면, 의문형과 명령형은 준석 글의 18번이다. 후반부에선 '~를 바라면서 이 글을 마친다'가 나오기 일쑤라고 했다. 툭하면 터져 나온다는 '한마디로 얘기하자면'은 아빠와 비슷하다. 문체 감정 결과, 준석의 반듯한 성격이 그대로 나타났다.

은서도 자신의 글을 열심히 해부했다. 먼저 나온 건 '쉼표의 공해'였다. 이유가 웃긴다. "난 말이 많아 숨을 돌릴 때가 많은데, 그래서 글을 쓸 때도 쉼표를 넣는가 보다." 물결표(~)를 좋아한다는 대목은 가소롭다. "'참 재미있당'이랑 '참 재미있당~' 중에서 어떤 문장이 더 재미있나? 앞의 것은 무뚝뚝하고 싸늘하지만 뒤의 것은 애교 있다." 빠지지 않는 이모티콘도 그 연장선으로 보인다. 문체 감정 결과, 은서는 산만한 애교파였다.

자신이 무슨 말을 편애하는지 정확히 알자. 자신의 상투적인 낱말 버릇이 무엇인지 직시하자. 되도록 풍부한 대체 어휘를 마련하자. 식상한 글은 '지겨운 단어'에서부터 시작한다.

질린 말 자동변환기를 개발해주오

문장은 머리카락이다? 침이다? 오줌이다?

가능한 일일까? 현장에 남겨진 범인의 자취에서 유전자를 검출하듯, 범인이 쓴 글을 통해 사회적 유전자를 밝혀내는 일이…….

얼마 전 읽은 유현산의 추리소설『살인자의 편지』에서는 제목 그대로 '살인자의 편지'를 분석해 그 장본인이 누구인가를 추적하는 과정이 나온다. 소설 속에서 '텍스트 심리학'을 경험한 나지일 교수는 연쇄살인 사건을 수사하는 형사들로부터 문제의 편지를 전달받는다. 나교수는 범인의 문장 구조와 어휘 습관을 통해 범인의 심리 상태와 행동 방식은 물론이고 성별과 연령대, 학력과 직업과 인격까지 추정한다. 그 내용을 잠깐 보자.

"범인은 단정적인 문장을 사용합니다. 논리적이고, 이해를 구하기보다 상대를 장악하려 합니다. 남성의 특징입니다. ……여자는 다릅니다. 신경질적이고 톡톡 쏘는 어투도 많이 구사하지만, 결론을 때릴 때는 단정적이지 못합니다. 상대의 동의를 구하려는 것이지요. 여자도 학력과 지위가 높을수록 단정적인 문장이 늘어나지만, 남자와는 빈도에서 큰 차이가 납니다."

"A4 용지 두 장 분량의 글에서 주술 관계, 어미와 조사의 사용에서 오류를 하나도 발견할 수 없습니다. ……일종의 훈련을 받은 것 같아요. 논문을 많이 쓰는 학계나 사건을 조사하고 설명하는 보고서를 쓰는 공무원과 일반 회사의 특정 부서 직원인 듯해요. 학력이 높은 경찰일 수도 있죠."

여기에 더해, 범인이 불필요한 부사를 사용하지 않는다는 점과 주격조사 '이, 가'보다 '은, 는'의 비율이 압도적이고 '하고, 고'라는 연결어미 빈도가 평균보다 높다는 분석 결과가 나온다. 그렇다면 범인은 어떤 인간일까?

현실성은 없는 이야기다. 법의(法醫) 심리학에서 글을 통해 범인의 심리 분석을 하는 경우는 있지만, 문체가 수사의 물증 역할을 한 사례는 없다(가능하다면 '국립문체과학수사연구소'라도 만들어야 할까?). 사건 뒤 자신의 문체를 드러내며 장황한 글을 보낼 범인도 없다. 소설 속의 허구일 뿐이다. 그럼에도 글로써 범인을 밝혀낸다는 설정은 흥미롭다. 문체와 범인의 신상명세를 연결 짓는 부분도 나름 일리 있다. 글에서도, 제 버릇 개 못 주기 때문이다.

중딩 준석과 초딩 은서가 수사관 행세를 했다. '범인의 편지'가 아닌 자신의 글이 대상이다. 먼저 준석의 '자가 진단서'를 보자.

준석 글 '왜냐하면, 그래서'는 영어 공부 탓?

글쓰기를 한 지 어언 1년이 다 되어간다. 그런데 지금까지 쓴 글들을 되짚어보지 않을 수 없다. 이래봬도 마지막이 다 되어가니 말이다. 내가 무엇을 많이 쓰던가?

먼저, 그래서 왜냐하면 그리고 라는 말들을 무자비하도록 많이 쓴다. 늘 그래 왔지만 좀처럼 고쳐지지가 않았던 부분이다. 그런 습관이 영어에도 즐비하게 드러난다. 내가 영어 문장에서 가장 많이 쓰는 단어가 because, so, and니까 말이다.

한마디로 얘기하자면 이란 문장도 습관이었던 듯싶다. 꼭 마지막 단락에는 '한마디로 얘기하자면' 이란 문장을 넣는 풍습이 있었다.

~하는가? 라는 물음 형식도 많이 사용했던 것 같다. "누가 간판에다가 긴 문장을 쓰던가?"라고 하는 식의 문장을 많이도, 참 많이도 사용했다.

명령식의 ~하라 라는 말도 무지 사용했던 듯. "생각해보아라!" "보아라!" 같은 문장을 일부러 사용했다. 그렇다고 진짜 명령하는 건 아니고.

~할 것이다 같은 다짐이나 예상도 꽤 했던 듯싶다.

따라서 도 마찬가지다. "따라서 결론을 말하자면"과 같이.

정말로 라는 말도 정말로 질릴 정도였다. 참 진심이 담기도록 하고 싶었던 걸까? 나도 잘 모르겠다.

사실, 이런 식으로 로 이어지는 문장도 많이 보였다. "사실, 이런 식으로 말하기는 좀 그렇지만"처럼.

(중략)

할 수도 있다 도 즐비하다. 좀 자신감이 없는 결점이라고 보아도 좋지 않은가? 그렇게 할 수도 있다 도 많이 써서 자신감 없는 글이 많다.

~했다고 해야 하나 도 무척 많았다.

아 참! 까먹을 뻔했다. 있기 마련이다 라는 말 역시 아주아주 많았다.

무엇보다 같은 말은 내 글의 또 하나의 특징이다. "무엇보다 가장 중요한 것은" 같은 문장으로 말이다.

~를 바라면서 이 글을 마친다 같은 말도 마지막 단락에서 습관처럼 썼다.

잘 알 터 라는 말은 아이들이나 어른들이 공감하는 부분에 자잘하게 남긴 말이다.

이렇게 보니, 사람의 글에는 각각 특징이 서려 있는 것 같다. 32개의 글을 다 일일이 읽어가느라 정말 눈이 지치는 줄 알았지만 이렇게 다 써서 다행이다. 이제 마지막이고 세 번째 쓰는데 빠꾸 좀 안 당했으면 좋겠다. 시험을 기다리며 이 글을 마친다.

뭘 그렇게 '바라는 거'가 많니?

이 모든 습관을 다 고칠 필요는 없다. 딱 세 가지만 바꾸어보길 권한다. 먼저, 접속사 줄이기다.* 두 번째, 글 앞머리에서 '~하는가' 라고 엄중하게 묻는 어투다. 쓸데없이 비장해 보인다. 세 번째, '~를 바라면서 이 글을 마친다' 로 끝내지 않기다. 뭐 그렇게 바라는 게 많니? 담백한 글을 위해선, 바라지 말거라. 바라더라도 더 멋진 말로 바랄 수는 없을까? 읽는 사람들이 자동으로 그 일을 하고 싶게 말이다. "내가 지금 한 단어만 혹사시키지는 않는지" 끊임없이 돌아보기 바란다.

---

* 3부 '불법금지 잡초금지' 중 〈2. 날라리야, 접속사에 중독된 날라리야〉 참조(220~232쪽).

계속 써서 나쁠 게 없는 좋은 문장도 있다. 앞에서도 말했듯, 아빠도 애용하는 '한마디로 얘기하자면' 이다. '한마디 정리' 는 복잡한 함수를 풀어내는 방정식과도 같다. 이럴 때는 주로 '비유법' 을 사용하기 마련이다. 그때그때 표현은 바꿀 필요가 있겠다. "~은 줄여 말하면" "~은 비유하자면" 등이 '한마디로 얘기하자면' 과 쌍둥이다. 그 '한마디 축약' 의 정신만 살리면 된다.

다음은 은서의 '자가 진단서' 다. 참고로, 세 번 만에 통과한 글이다.

은서 글 수다쟁이와 쉼표의 상관관계

그림을 그릴 때도 자신만의 그림체가 있다. '습관' 이다. 당~연히 내 글에도 습관이 있다.

내 글에서 자주가 아닌 매~일 매~일 나오는 습관은 쉼표(,)이다. 나는 저번 글에서 말했듯이 수다쟁이다. 그래서 랩을 좋아한다. 요즘 유행하는 아이유의 3단 고음을 불러서 물을 많이 마신다. 말이 많아서 그만큼 쉴 시간도 많아야 된다.

그리고 또 매일매일 나오는 습관은 물결표(~)다. 아빠는 나에게 "글을 재밌게 써라!!"라고 강요하신다. 난 표현만 재미있게 할 뿐이지, 글을 재미있게 쓰는 것은 못 한다.

예를 들자면 '어쨌든' 과 '어쨌~든' 중에서 무엇이 더 재미있어 보이는가? 1번을 택한 사람도 있겠지만, 2번을 택한 사람이 아마도 더 많을 것이다. 아마도…… 확실히 2번 글이 더 친근해 보인다. 그래서 나는 ~을 많이 넣는다. 내 글을 재밌게라도 보이려고…….

그리고 '예를 들자면'을 많이 쓴다. 아빠는 내 글이 이상하다고 하신다. 이해를 못 하겠다고 하신 적도 있는 것 같다. 나는 많은 독자들이 내 글을 이해할 수 있도록 '예를 들자면'을 쓴다. '예를 들자면'을 쓰면 많은 독자들이 이해를 잘한다. 명색이 작가인데…… 독자들이 내 글을 이해를 못 한다면…… 그건 상상도 하지 못할 일이다. 난 이해력이 잘 되는 글쓰기 연습을 좀 해야겠다…….

나는 말줄임표(……)도 많이 넣는다. 바로 위에서도 말줄임표를 썼다. 반에서 내 별명은 코맹맹이다. 목소리가 이상해서 그렇기도 하지만, 말끝을 흐릴 때도 있기 때문이다. 아…… 현실의 버릇이 글에 또 나왔다. 봐라! 바로 윗줄에서도 말줄임표를 넣었다. 인터넷에서도 그렇게 쓰는 아이는 말끝을 잘 흐리는 아이이다.

처음엔 잘 몰랐는데, 이 글을 쓰면서 내가 몰랐던 습관도 알게 되었다.

말줄임표는 코맹맹이 때문이라니

어설프다. 쉼표, 물결표, 말줄임표 따위의 부호가 과잉이란다. '예를 들자면'도 어렵게 하나 보탰다. 쉼표를 많이 쓰는 이유가 "가수 아이유의 3단 고음을 불러 물을 많이 마셔서"라고? 말줄임표가 말끝을 흐리는 코맹맹이 때문이라고? 어설픈데, 머리에서 전구가 켜지는 듯한 표현이다. 어른은 도저히 상상할 수 없는 이유를 찾아냈다. 앞으로 이런 초딩다운 비유와 상상력이 빛나는 글이 계속 나왔으면 좋겠다.

이번엔 은서가 준석보다 한 수 위였다. 준석은 자신의 버릇을 나열하기만 했다. 그 배경을 재밌게 찾아내지는 못했다. 은서에게는

'why'가 있고 준석에게는 없다. 아, 그렇다고 너무 골똘히 심각한 표정으로 글 버릇을 '뒷조사' 할 필요는 없다.

가령 은서 말투의 비밀은 단순하다. "아직 어려서"다. 말줄임표는 "덧붙일 말이 없어서"다. 준석의 문체는 일상의 말버릇이나 즐겨 읽던 책, 또는 근엄한 도덕정신(!)에서 비롯됐을 가능성이 높다. 사람들에겐 몸과 마음에 자연스레 깃든 규칙적 습관이 있는 법이고, 고리타분하고 지겨운 것만 조금씩 넘어서면 된다.

문득, 여기에 도움을 줄 만한 기계나 프로그램을 개발해도 좋겠다는 생각이 든다. 신제품 이름까지 떠오른다. 이거 어떤가? 질린 말 자동 변환기!

요즘 한글 문서 소프트웨어에는 교열 기능이 있다. 띄어쓰기를 포함해 맞춤법이 틀리면 자동으로 연한 빨간 밑줄이 그어진다. 이 프로그램 덕분에 일반인들도 맞춤법을 크게 틀릴 일이 없다. 오히려 고집쟁이처럼 완고해서 탈이다. 신조어인 'ㅎㅎ' 같은 글을 쓰려고 해도 두 번 정도는 'gg'로 변환되어 애를 먹는다. '맞춤법'에 없는 말이니 다시 입력하라는 경고다. 나라 이름을 억지로 바꾸기도 한다. 한때 오랫동안 '미얀마'의 옛 국호인 '버마'를 치면 '미얀마'로 스르륵 바뀌었다 (지금은 안 그렇다. 이용자들의 항의로 바뀐 듯하다. '미얀마'는 쿠데타에 성공한 그 나라 군부가 맘대로 지은 이름이라 국제 사회에서 인정받지 못하고 있다).

더 나아가면 안 될까? 한 편의 글에서 특정 낱말과 문장이 심하게 쏟아지면 자동으로 변환해주는 거다. 가령 은서처럼 "예를 들자면"이 한 편의 글에서 여러 차례 나오면 "질립니다. 예 좀 그만 드시오"라는 안내문과 함께 대안을 제시하는 식이다. 또는 특정한 입력자가 글을 쓸 때마다 "실소를 금할 수 없다"를 반복하면 "이 문장 한 달 새 열 번이다. 정말이지 실소를 금할 수 없으니 다른 말을 찾으시오"라고 안내한다. 대안으로는 "폭소를 참을 수 없다"를 내놓으면 어떨까? 질린 말 자동변환기, 누가 출시하면 꼭 주문하겠다.

결론으로 직행한다.

1. 질리면 잘린다.

단어와 문장의 편식은 영양의 결핍을 부른다. 비실비실 힘이 떨어진다. 맛이 없어지고 쉽게 질린다. 질리는 글 쓰지 말자. 독자한테 잘린다.

2. 지를 땐 지르자.

그렇다고 주특기마저 제거하랴? 획일성과 일관성은 구분하자. 획일성은 질리지만, 색깔 있는 일관성은 글 쓰는 이의 기를 살려준다. 가령 나는 이 책에서 한 편의 글을 마무리할 때마다 '결론'을 만들어냈다. 거의 예외가 없었다. 일관성이 재미없으면 '획일성'이 되지만, 괜찮은 반응을 얻으면 '획기적 개성'이 된다. 나의 '결론 맺기 버릇'이 '개성'에 해당한다고…… 나 혼자 우기는 바이다!

> **덧** 누군가와 인터넷 메신저 창에서 대화를 하다가 "말줄임표를 왜 그리 쓰느냐, 어지럽다"는 말을 들은 적이 있다. 그러고 보니 나는 문장이 끝날 때마다 마침표를 네다섯 개씩 찍고 있었다. 신기하게도 그때부터 다시는 메신저 대화를 할 때 말줄임표를 안 쓴다. 지적질은 아름다워라.

2

줏대 있게 경쾌하게

01

복사하면 경찰이 잡아간대

어린이 칼럼니스트 표절 사건

"다음엔 '창문 뚫고 다이빙' 이야."

MBC 시트콤 〈지붕 뚫고 하이킥〉 마지막 편에서 지훈(최다니엘)과 세경(신세경)은 어처구니없이 죽었다. 이를 시청한 아이들의 눈은 글썽였다. 초딩 은서는 눈물을 닦은 뒤 말했다. "아빠, 다음엔 제목이 뭐야?" "무슨 제목?" "응, 〈거침없이 하이킥〉 끝난 뒤에 〈지붕 뚫고 하이킥〉이었잖아. 다음엔 무슨 하이킥이야?" "두 번이나 하이킥을 했으니, 이번엔 다이빙을 해야지. '창문 뚫고 다이빙' 으로 한대."

천안함 46인과 함께 등장한 오토바이

은서는 뭔가 미심쩍은 눈빛으로 고개를 갸우뚱했다. 아빠의 의뭉스러운 표정을 읽었는지, 엄마와 오빠에게도 달려가 되물었다. 창문 뚫고 다이빙! 그럴 리가 있나. 농담이다. 투신자살을 부추기는 그런 반

사회적 제목을 지을 리는 없다. '창문 뚫고 낙하산'이라면 모를까.

'창문 뚫고 다이빙'은 내 어떤 마음의 병을 환기시켜주는 조어임을 고백한다. 7년 전 잡지에서 매주 시사풍자 칼럼을 쓸 때였다. 오로지 아이디어와 유머로 승부해야 했다. 어찌 매주 재기 넘치는 글들이 실타래처럼 풀려 나오랴. 나의 모자람에 절망할 때마다 홀로 이렇게 울부짖었다. '정말이지 창밖으로 뛰어내리고 싶어.' 또 언젠가 그런 충동이 찾아오지는 않을지 두렵다. 증상이 심각해질 경우를 대비해 엉덩이에 본드라도 붙이고 자판을 두드려야 할까. 나만 그렇지는 않다. 옛 직장 후배는 트위터에 이런 글을 올린 적이 있다. "수요일 밤만 되면 '건드리지 마시오' 혹은 '누가 날 건드려 볼 테냐' 모드가 된다. 여러분 글 쓰는 남자 사귀지 마요. 마감 날엔 사이코 혹은 미친개가 됩니다." 또 다른 후배도 댓글로 맞장구를 쳤다. "글 쓰는 녀자도 마찬가지. 그야말로 인간기뢰. ㅋㅋ"

한데, 요즘의 문제는 내 글쓰기가 아니다. 딸의 글이다. 두 손 두 발 다 들었다(오빠 준석은 그런 동생을 가리켜 '무소유'가 아니라 '무개념'이라며 키득거린다). 복장이 터져 '창문 뚫고 다이빙'하고 싶을 지경이다.

"돌아가신 분이 무려 46명이나 됩니다. 46명이면 그 크고 무거운 오토바이를 들 수 있는 수입니다. (중략) 나야 감동받아서 울지는 않았지만, 그 사람들의 가족들, 애인들, 친구들은 정말 너무 슬퍼서 울 것입니다." 뭥미? 웬 오토바이? 천안함 침몰 사고로 죽은 군인 아저씨들에게 보낸 편지인데 도무지 앞뒤가 맞지 않는다. 감동받아서 울지 않았다고? 뒤에 가선 울었다고 말을 바꾼다.

창문 뚫고 다이빙? 생각 좀 하며 하이킥!

"그 사건이 얼마나 크게 터졌으면 학교에서까지 사이렌이 울리겠습니까? 저도 이 사건을 다시 들으니 눈물이 다 나옵니다. 그분들께서도 슬퍼하시는 가족들, 애인들, 친구들을 보면 정말 너무 슬플 것입니다. 왜냐하면 그 슬퍼하는 사람들을 보면 죽은 것이 미안할 것 같기 때문입니다. 그곳에 계셔서 행복하십니까? 슬프십니까? 저 같으면 슬펐겠습니다. (중략) 남자로 태어나지 말걸, 이라는 생각도 들 것 같습니다. (중략) 고인의 명복을 빕니다."

솔직하고 자연스러운 추모의 마음이 묻어나기를 바랐지만 억지투성이다. 사건의 개요를 설명해주고, 궁금한 점은 인터넷 뉴스를 찾아본 뒤 다시 쓰라고 시켰다. 유감스럽게도 차이가 없었다.

은서야, 아빠가 창문 뚫기 전에 제발 생각 좀 하며 하이킥!

흉내 내면 지는 거야

(이 이야기를 써야 하나, 감춰야 하나. 어린이 명예훼손? 에라 모르겠다.)

은서는 결국 표절 사건을 부르고 말았다. 혐의를 포착한 아빠는 자신의 방에서 컴퓨터 게임을 하던 은서를 '피의자 신분'으로 연행했다. 조사는 거실 탁자에서 이뤄졌다. "이거, 네 생각대로 쓴 게 맞아?" 헤헤헤, 대답은 안 하고 배시시 웃기만 하는 은서. '내장 비만'에 관하여 이상한 글을 써놓고 시치미를 뚝 떼 왔는데, 역시 웃음에 죄책감이 스민다. 문제의 글을 요약했다.

 은서 글 **비만클리닉 ○○○ 원장은…**

난 내가 혹시 내장 비만이라는 생각을 종종 가지고 산다.

내가 내장 비만이라는 생각을 가지는 이유는 내가 내장 비만의 증세와 같기 때문이다. 내장 비만은 겉에는 살이 전혀 안 쪘다. 하지만 내장에는 기름기가 잔뜩 있는 것을 말한다. 그러니까 한마디로 말랐지만 비만이라는 것이다.

복부 비만과 내장에 지방이 많아지는 내장 비만은 건강의 적신호로 합병증인 고혈압, 고지혈증과 깊은 관련이 있고 뇌졸중이나 협심증, 급사의 원인이 되는 심근경색증의 발생을 늘린다. (중략)

즉 몸무게가 적게 나가더라도 다른 구성 요소에 비해 체지방이 많거나 복부 등 특정 부위에 체지방이 집중됐다면 비만 진단을 내리게 된다. 쉽게 비만도를 체크할 수 있는 대표적인 방법은 체중을 신장의 제곱으로 나누는 체질량 지수이다. (중략)

비만클리닉 ○○○ 원장은 "다이어트를 하고 있다면 목표를 전체 체중 감량보다 체지방률을 정상으로 만드는 것에 두어야 한다"고 조언한다. 즉 체지방량을 줄이고 근육을 늘리는 방향으로 노력해야 한다는 것. 잘 알려져 있듯 체중을 줄이기 위해 식사를 조절하고 유산소 운동을 함과 동시에 근육량을 늘리기 위한 근력 운동을 해야 한다. (이하 생략)

원본은 두 배가 넘는다. 가장 기가 차는 대목은, 비만클리닉 ○○○ 원장의 코멘트다. 전화로 취재까지 하셨나? 수준이 언제 이렇게 높아지셨나? 은서는 실토하고 말았다. "음…… 사실은 복사했어." 복사, 카피, 그러니까 Ctrl＋c에 뒤이은 Ctrl＋v 말이다.

"뭘 복사했어?"

"뉴스 있잖아, 인터넷 뉴스."

"몇 군데나?"

"두 군데. 그래도 글이 (두 팔을 한껏 벌리며) 이만큼이나 돼."

"그걸 왜 베꼈어?"

"내가 아는 게 없어서."

"베끼면 돼, 안 돼?"

"안 돼."

"왜?"

"발표하는 글이잖아."

"복사 같은 거 하면 경찰 아저씨가 잡아가. 왜 그런 줄 알아?"

"알아."

"왜?"

"그거 있잖아. 저작권."

"저작권이 뭔데?"

"남의 것 갖다 쓰는 것."

"잘못했지?"

"응, 잘못했는데 이것도 글로 쓸 거야?"

"창피한 건 아는구나."

"흥!"

초고가 미흡해 한 번 더 쓴 글이었다. 초고에선 자기의 경험에 기초한 내용만 담았다. "내장 비만에 관해 인터넷에서 더 알아보고 글을 보완하라"고 했더니 자기 에피소드에 관한 부분은 쏙 빼고 인터넷 뉴스만 짜깁기했다. 원래의 글보다 더 못난 꼴이 된 셈이다. 그럼 그 이전의 글을 보도록 하자.

 은서 글 먹어도 살 안 찌는데 혹시 내장 비만?

내장 비만에 관해 알았다. 오늘 아빠, 오빠와 함께 인라인스케이트를 타러 밖에 나간 날부터 알게 되었다. 우리는 돌아올 때 맛있는 떡볶이집에서 '오뎅'만 먹고 돌아왔다(그래도 떡볶이는 싸 왔다).

나는 오뎅을 먹으며 돌아올 때 오빠, 아빠에게 뽐내며 나는 아무리 먹어도 절대로 비만이 아니라고 말했다.

그랬더니 오빠가 헐~ 그러면서 "너, 그냥 비만이 아니라 내장 비만일 수도 있어"라고 했다. (중략)

아빠에게 내장 비만이 뭐냐고 물어보자, 아빠는 내장 비만이 안 좋은 것을 많이 먹는데, 겉으로는 살이 안 쪘고, 속(내장)이 기름기로 쌓인 것을 말한다고 가르쳐주었다. 나도 그럴 가능성이 있다. 나는 많이 먹는데도 별로 살이 찌지 않는다. 그 이유에는 2가지 이유가 있다.

첫 번째는 내가 겉은 아니고 속(내장)에 기름기가 쌓여 있다든가, 아니면 내가 너무 학원 갈 때마다 걸어 다녀서, 그 걸어 다니고 뛰는 것이 운동이 되어서 몸이 튼튼해졌든가, 그 둘 중의 하나이다.

사실 나도 살에 대한 고민이 조금 있다. 그 고민은 조금 이상하다. 사람들이 나보고 자랑한다고 말할 수도 있는 고민이다. 이 소원은 사람들이 날 미워할 소원이다. 나는 사실 살이 좀 쪘으면 좋겠다. 엄마도 나와 같은 소원이라고 하셨다. 사실 몸이 통통해지는 것도 쉬운 것이 아니다. 찌고 싶은 사람도, 찌지 못하는 경우가 많다.

난 비만이 되고 싶은 것은 아니다. 그냥 통통해지고 싶다. 내 친구 채원이나 선아 같이 통통하면 귀엽다. 예쁘다. 하지만 남자아이들은 통통한 것과 비만인 것을 구분 못 한다. 가끔 아이들은 통통한 애를 "야! 돼지갈비!"라고 놀리기도 한다. 통통해지는 것은 좋지만, 아이들이 놀리는 것은 싫다.

흠, 어차피 아이들이 놀리면 혼쭐을 내주면 되니까, 놀리는 것은 별로 신경이 안 쓰인다.

하지만, 더 걱정되는 것은 오빠가 내가 뚱뚱하다고 놀리는 것이다. 오빠가 놀리면 기분이 나쁘다. 때리고 싶다. 그렇다고 진짜 때릴 수는 없다. 못 때리는 이유는 오빠가 나보다 나이가 위이기 때문이다. 나이가 위여도 그냥 때리면 안 되냐고? 그냥 때려도 안 된다. 왜냐하면 내가 오빠를 때리면, 오빠도 나를 때리고, 계속 반복되기 때문이다.

제일 중요한 이유는! 오빠가 나보다 힘도 세다. 나보다 힘이 세면 반복되면서 맞을 때마다 배가 아프다. 그래서 오빠에게 시비 걸기와 싸우기는 싫다. 그런데 나도 내가 내장 비만인지 정확히는 모른다. 내가 내장 비만인지, 내장 비만이 아닌지, 구분이 안 된다. 난 안 좋은 것을 많

이 먹는다. (중략)

난 내장 비만이 되는 것이 싫다. 그냥…… 난…… 그냥 통통해졌으면 좋겠다.

부족해도, 자기 입으로 말하자

살이 좀 쪄서 통통해지면 좋겠는데, 뚱뚱하다고 놀림당하기는 싫고, 특히 오빠가 놀릴까봐 싫단다. 자신보다 힘이 세 혼내줄 수가 없어서란다. 결론적으로 살짝 통통해졌으면 좋겠는데, 내장 비만은 싫다는 내용이다. 조리는 없지만 나름 귀엽다. 영 말이 안 되지는 않는다. 이게 앞의 복사물, 즉 표절로 뒤범벅된 글보다는 백배 낫다.

"은서야, 흉내 내면 지는 거야."[*]

내용이 좀 달린다고, 인터넷에 남이 올린 걸 그대로 긁어다가 너의 글인 것처럼 꾸미는 일은 반드시 부끄러워해야 한다. 부족해도 자기 입으로 말해야 한다. 남의 입을 훔치면 안 된다.

며칠 후에는 준석에게서도 표절 혐의를 포착했다. 중학생답지 않은 글투가 이상한 냄새를 풍긴 탓이다. 은서보다는 조금 지능적인 표절로 보였다. 문제의 글을 보자.

---

[*] 글을 잘 쓰기 위한 훈련의 하나로 '모방'이라고 하는 흉내 내기의 효과가 없지는 않다. 훌륭한 작가들의 좋은 문장을 무작정 베껴 써보는 '필사'다. 이건 표절이 아니므로 함 해보시길. 단, 지루함은 참으시고!

아마 한국 사람이라면 거의 다 알고 있을 것이다. 특히 백령도에 살던 주민들이나 아니면 그 사건 때 사망한 해군들의 어머니들이 그럴 것이다. 바로 '천안함' 침몰 사건이다.

그 사건 때 해군들이 탄 초계함 천안함은 자그마치 1200톤급이었다. 그 천안함은 104명의 승무원을 태운 함대였는데, 2010년 3월 26일 저녁쯤에 서해 백령도 인근 해역에서 원인이 아직 밝혀지지 않은 충격으로 두 동강이 나서 침몰하고 만 것이다. 벌써 다섯 주가 넘게 지났고, 39일이 넘게 지났지만, 아직도 원인을 찾을 수 없어서 모두가 이렇게 슬퍼하고 있다. 원인이라도 알면 좋으련만.

이 천안함 침몰 사건은 여전히 미스터리로 남아 있는 사건이다. 그 '원인'에 대해 알아보려고 하지만 도대체 뭐가 뭔지 알 수가 없다는 것이다. 어뢰, 북한 공격 등의 많은 주장이 있지만 다들 정확한 것은 아니라고 봐야 한다.

그렇다면 확신이 가는 설은 무엇이라고 할 수 있을까. 정부는 이 침몰 원인을 북한의 어뢰 공격이나 버블제트 등 외부 공격으로 인해 발생하였다고 주장하고 있다. 천안함의 오래된 이유 등에 의한 피로 파괴나 선박의 건조 불량으로 인한 파괴 등 내부적인 원인을 서서히 배제하고 있는 실정이다. 그러나, 이런 결론은 지극히 역학적 사고에 어긋나는 비과학적인 추론 과정이다. 따라서, 정확하다고 단정 지을 수가 없는 것이다. (중략)

많은 사람들의 한숨 소리가 들리는 듯하다. 아무도 침몰 원인을 모르니……. 꼭! 이 사건의 원인은 밝혀져야 한다고 생각한다. 어쨌든, 천안함 사망 군인들을 추도하면서 이 글을 마친다.

대질신문 "버블제트가 뭔지는 아냐?"

준석이를 역시 '피의자 신분'으로 연행해 주방 식탁에서 대질신문을 벌였다.

"너 피로 파괴가 뭔지나 아냐?"

"그 노후…… 그러니까 배가 오래된 것 때문에 낡아서 망가지는 것."

"그럼 건조 불량은?"

"습기가 없는 것."

"습기?"

"네, 습기가 없는 환경이 돼야 하는데 그게 불량하다는 거죠."

"그건 물기가 없다는 뜻의 '건조(乾燥)'지. 이건 배나 건물을 짓는다는 의미의 '건조(建造)'야."

"(눈을 둥그렇게 뜨며) 그래요?"

"너 또 어려운 표현 썼더라. '배제하고 있는 실정'이라니. 그게 뭐냐?"

"(한참 머리를 긁적이다가) 음 그러니까 '배제한다'는 '나타낸다'는 뜻이에요."

"너 뭐 베꼈지?"

"음, 그러니까요. 인터넷에서 검색어를 쳤어요."

"뭐라고?"

"천안함 침몰 사건이 일어난 날, 이라고."

"인터넷에서 본 걸 네가 쓴 것처럼 하면 어떻게 해? 지난주 은서가 표절한 거 몰라?"

"표절이라뇨?"

"그럼 뭐야?"

"우와, 이건 그냥 참고한 거죠."

"인터넷에 오른 문장을 그대로 옮겼는데 뭐가 참고한 거야? 베낀 거지."

"전 모르는 일이에요. 이 글은 올리지도 마세요."

초딩과 중딩은 다르다. 순순히 자신의 죄를 인정한 초딩 은서와 달리, 중딩 준석은 뻔뻔스럽다. 본인의 부인에도, 준석의 글은 인터넷에 나온 뉴스로 대충 짜깁기해 썼음이 탄로 났다. 언론계에서 통용되는 은어로는 '우라까이'라고도 한다. 이 글 저 글 짜모아 자기의 글처럼 편집하는 경우를 말한다. 준석아, 동생에 이어 '표절소년'으로 데뷔한 것을 축하한다. 표절남매의 탄생이란 말인가.

초·중·고생들은 학교에서 글쓰기를 할 때, 베끼기의 유혹에 쉽게 노출된다. 공식적인 글쓰기대회에 작품을 낼 때도 그렇다. 2002년 직접 겪은 일이기도 하다. 시사주간지 〈한겨레21〉에서 '한국-베트남 어린이 문예대회'를 기획해 진행할 때의 일이다. '평화랑 뽀뽀해요'라는 주제로 두 나라 초등학생들의 시와 산문, 만화와 그림을 공모했다. 심사하는 과정에서 친구의 글이나 어린이 잡지에서 그대로 가져온 작품들이 적지 않았다. 문장이 거의 똑같은 글들이 3~4편 한꺼번에 들어온 적도 있다. 한국만이 아니었다. 베트남도 상황이 비슷했다. 베트남 쪽 심사위원들도 "순수해야 할 아이들이 너무 쉽게 남의 생각을 자기 생각인 것처럼 위장한다"며 아쉬워했다.

준석과 은서처럼 표절 전과(前科)를 지닌 이 땅의 소년·소녀들에게 이 말을 던지고 싶다.

모르면 쓰지 마라.

모르는 걸, 아는 척 쓰지 마라.

너의 논리로 소화한 다음에 써라.

아빠는 그 원칙을 실천한 편이었다고 자부한다. 아빠는 원래 어려운 이야기는 딱 질색이다. 웬만해선 골치 아픈 말을 으스대며 늘어놓지 않겠다는 신조로 살아왔다. 덕분에 남의 글 베껴놓고 고민할 일도 없었다. 표절 때문에 공직에서 사퇴한 사람도 꽤 된단다. 곤혹을 치른 소설가도 많고. 2010년에 개봉한 영화 〈베스트셀러〉는 표절 의혹을 받은 어느 소설가의 이야기를 모티브로 삼아 만든 거란다. 나중에 관람 적령기(!)가 되면 꼭 보기 바란다. 표절 때문에 별별 사건이 다 생기거든.

오늘의 결론이다. 표절, 아니 복사하면 경찰이 잡아간단다. 조심해라.

덧 카피레프트(Copyleft)라는 게 있다. 카피라이트(Copyright)로 불리는 지적재산권의 반대 개념이다. 지식과 정보의 독점을 반대하며 사안에 따라 저작권 보호를 고집하지 말자는 운동이다. 허나, 카피레프트를 주장하는 사람들도 글쓰기의 표절을 용인하진 않는다. '표절레프트'는 없다.

사또… '막쓰기'는 아니되옵니다

뼈와 살을 골라내는 요약

"응? 뭐가 어쩌고 어째?"

귀마개를 쓰고 과장스럽게 악을 쓰는 연예인. 상대방은 연신 고개를 갸우뚱하며 의아한 표정을 짓는다. 그러곤 뒤돌아 다음 사람의 귀에 대고 어떤 소리를 내지른다. 고함치기와 의아한 대꾸의 릴레이. 한국방송의 장수 오락프로그램이었던 〈가족오락관〉의 오래된 풍경이다. '고요 속의 외침'이라는 제목이었던가. 네댓 명으로 구성된 양 팀끼리 처음에 뿌린 특정 단어나 문장이 마지막까지 얼마나 정확히 전달되느냐를 놓고 겨루던 게임이었다. 다들 귀가 막힌 채 입 모양이나 감으로만 맞추다 보니 애초의 말이 생뚱맞게 바뀌곤 했다. 그럴수록 시청자들은 배꼽을 잡았다.

간결하고 센스 있게 '내용 배달' 하기

현실에선 어떨까. 귀마개를 착용하고 대화를 나누는 사람은 없다. 정상적인 소통 환경이라면, 사람들은 다른 이의 말을 무리 없이 옮길 수 있을까. 책이나 영화에서 본 내용을 제3자에게 쉽게 전할 수 있을까. 이번 주제는 '남의 말 요약하기'다.

〈가족오락관〉 게임에선 기껏 몇 개의 음절로 구성된 낱말이나 짧은 문장이었지만, 현실에서 오가는 것은 복잡한 사실관계가 얽힌 '이야기'다. 물리적인 듣기를 넘어 정확하게 이해하고 소화한 뒤 또 다른 이에게 간결하고 센스 있게 배달하는 일은 글쓰기 실력의 내공을 판가름하는 대목이다. 이 과정에서 에러가 발생하면 귀마개를 쓰지 않고도 악을 쓰게 된다. "무슨 말이야? 뭐가 어쩌고 어째?"

한낮에 이도령이 산책을 나가서 춘향이를 만났지. 둘은 본 순간 사랑을 하게 되었어. 또 어느 날 이도령은 과거 시험을 보러 서울에 가고 말았지. 춘향이는 슬펐어. 사또는 춘향이를 만났어. 춘향이가 수청을 거부하자, 춘향이를 엄청나게 괴롭혔지. 하지만 다행히도 이도령이 과거 시험에서 급제해서 암행어사로 돌아와 사또를 붙잡고, 춘향이를 구해서 춘향이와 사이좋게 오랫동안 살았대.

소설 『춘향전』을 읽고 초딩 은서가 요약한 내용이다. 은서는 무려 여섯 번을 줄였다. 처음엔 A4 용지 한 장 반을 채웠다. 절반을 줄이라고 했다. 그런 뒤 또 절반을 쳐내라고 했다. 그러길 여러 차례. 짧은 분량에 『춘향전』의 요점을 정리했지만, 어설프기 짝이 없다. '사또의 등장'은 특히 뜬금없다. 중딩 준석의 다음 글은 상대적으로 노련한 편이다.

열여섯 살 이도령은 방자와 함께 남원 광한루에 갔다가 춘향을 만나 사랑에 빠지지만 이도령이 과거를 보러 서울로 간다. 그 사이 새로운 사또가 등장, 춘향이에게 수청을 들라고 하지만 지조 있는 춘향이가 그것을 거절함으로써 감옥에서 칼을 쓰고 있게 되며, 이도령은 어사가 되어 옛 고향인 남원으로 오는데 그곳에서 춘향이가 감옥에 있다는 것을 알게 된다. 그래서 춘향을 구한 다음 사또를 혼내준다는 것.

복잡한 걸 간단하게 하는 건 '창의력'

준석의 글은 정확하고 조리 있는 편이다. 재미는 없다. "정확하게, 조리 있게, 재미있게"는 남의 이야기를 요약할 때 필요한 세 가지다. '정확하게'는 팩트(사실)의 엄밀성을 말한다. 더하지도 빼지도 않고, 객관적 사실을 있는 그대로 전파하기도 만만치 않다. 사소하게 어긋나는 부분이 꼭 생겨서다. '조리 있게'는 간추리는 능력이다. 뼈와 살을 잘 골라내 상대방이 알아먹기 쉽게 구성하기다. '재미있게'는 말을 흥미롭게 주무르는 테크닉이다. 여기선 생략한다.

복잡한 이야기를 간단하게 압축하기는 '창의력'에 해당한다. 창의적 요약은 튼실한 글쓰기의 첫걸음이다.

이야기를 넘어 맥락도 요약하라

"이리 오너라~ 업고 놀자~."

『춘향전』판소리 가사의 한 대목이다. 18금 뉘앙스다. 이렇게 바꿔 부르고 싶다. "저리 꺼져라, 알고 놀자~." 똑바로 알지 못하고 쓰기 때문이다.

은서가 그렇다. "이도령의 이름이 뭔지 알아?" "이몽룡." "근데 왜 도령이라고 해?" "……" 이때 준석이 끼어든다. "양반집 자제를 가리켜 도령이라고 하는 거잖아."

계속 은서에게 물었다. "이도령은 어느 시대 사람이니?" "음. (한참을 생각하다가 연필을 굴리듯) 조선시대요." "그런 건 왜 하나도 안 썼니? 최소한 어느 시대 어느 마을에서 벌어진 일인가는 알려줘야지." "……" 맘에 안 드는 은서의 글을 소개한다. 『춘향전』독후감 판본 중 그래도 제일 나은 한 편을 골랐다.

은서 글 수청 신청을 거부한 용감한 춘향!

이도령은 맑은 날씨에 산책을 나갔어. 길을 가다가 저 먼 곳에 한 처녀가 있었지.

그 처녀의 이름은 남원에서 제일 유명한 미인인 춘향이었어.

이도령은 춘향이에게 한눈에 반했지. 이도령은 하인에게 춘향이를 이

곳으로 데려오라고 했어. 춘향이는 고집이 세서 계속 하인의 말을 안 따랐지만, 몇 번이나 꼬셨기 때문에, 춘향이는 결국 이도령에게 가고 말았어. 하인이 꼬신 대로 귀티가 팍팍 났지. 둘은 사랑에 빠졌어. 이도령은 밤마다 춘향이의 집에 몰래 가서 놀았어.

어느 날, 이도령이 과거 시험을 보러 서울로 올라가야 했지.

춘향이는 슬펐지. 사랑하는 사람이 몇 달 동안이나 요 근처에 없으니 말이야.

춘향이와 춘향이의 엄마는 이도령에게 울며불며 매달렸어. 이도령은 꼭 돌아오겠다고 했지. 이도령이 간 후에 좋고 나쁜 소식이 있었어. 나쁜 소식은 남원에 나쁜 사또가 왔어. 여자만 밝히는 사또였지. 사또는 춘향이를 계속 찾았지. 춘향이는 가는 것을 계속 거부했지만, 끌려왔지. 수청도 거절해서 결국 춘향이는 큰 칼을 씌우고 기생 열녀가 됐지.

좋은 소식은 이도령이 암행어사가 되었다는 것이야. 다행히도 암행어사 마패를 꺼내서 춘향이를 구했지. 그 둘은 행복하게 영원히 살았다나.

이 책을 읽고 난 나의 생각은, 대부분 사람들은 사또가 수청을 원하면 임자가 있어도 무조건 수청을 드는데, 수청을 거부하니 춘향이가 참 용감하다고 생각했고, 나도 그렇게 용감해져야겠다는 생각이 들었다.

이해 못한 단어는 반드시 물어볼 것

은서의 글엔 맥락이 없다. 줄거리 요약만 있다. 최소한의 시공간 배경은 생략했다. 내친김에 『춘향전』에 등장하는 몇 가지 용어 테스트에 들어갔다. "수청이 뭐야?" "같이 자는 것, 아니 잠드는 것." "그게 뭔데?" "뭐긴 뭐야 잠드는 거지." "사또는 뭐야?" "높은 사람." "지금으로 치면? 아니 우리 동네로 치면?" "음, 고양시장?" "열녀는 뭐야?" "남자들이 수청을 신청하면 임자가 있다면서 거부하는 것." "암행어사는?" "자신의 신분을 가리고서 범행을 푸는 것." "범행을 풀어?" "범인을 잡는 것." "차라리 '나쁜 사람을 잡는 것'이라고 해라."

완전히 헛다리 짚고 쓴 글은 아니라 다행이다. 모르는 건 아는 척 위장하지 말고, 미리 아빠에게 묻거나 다른 경로를 통해 알아냈어야 한다. 자기 머리로 완벽하게 소화하지 못하고 쓴다면 그 결과물은 어설플 수밖에 없다.

칭찬할 만한 점도 있다. 남원에 나쁜 사또가 왔다는 것과 이도령이 암행어사가 됐다는 것을 '좋은 소식과 나쁜 소식'으로 분류해서 읽기 편하게 정리해주었다. 자기 식으로 기준을 세워서 설명한 것은 대견하다. 다음은 준석의 글이다.

준석 글 개론, 장화홍련, 춘향

『춘향전』내가 한 번도 읽어본 적이 없는 책이다. 〈전설의 고향〉이니 수업 시간 영상이니 등등 많이 보기는 했지만, 정작 한 번도 읽어본 적은 없는 책이다. 그러다 아빠의 권유로 읽게 된 이 책을 소개한다.

『춘향전』의 첫 부분은, 선한 사또의 아들인 이몽룡이 16세인 어느 날 춘향이와 사랑에 빠지게 된다는 것이었다. 내가 우리나라 사람이라서 그런지 이 내용은 지독하게 들어서 잘 안다. 『춘향전』하면 음악이나 국어에나 꼭 들어가니까 말이다. 그런데 이몽룡이 과거를 보러 서울로 집을 옮기자, 신관 사또가 와서는 제일 예쁜 기생을 잡아 수청을 들라 명한다. 그러니 예상했겠지, 누구겠는가? 당연히 춘향이지. 이 소설에서 춘향의 의미는 '아름다운 것들 중에서도 가장 아름다운 것'이니까 말이다. 그러나 굳센 마음을 가진 춘향이는 거절하고 결국 사또의 명으로 칼을 쓰고 있게 된다. 『춘향전』을 패러디한 개콘(개그콘서트) 코너를 시청하며 알 수 있었던 부분이랄까?

그 사이, 몽룡은 어사가 되어 원래 고향인 전라도 남원으로 다시 돌아온다. 그런데 춘향이 수청을 거부하여 칼을 쓰고 있다는 걸 알고 춘향을 만나본다. 결국 사또의 부정행위를 안 몽룡은 사또를 크게 혼내주고 다시 춘향과 사랑을 나누게 된다.

〈전설의 고향〉을 보아서 그런지 나는 이 소설에서 마치 장화홍련과 같이 춘향이 죽는 줄 알았으나, 결과적으로 그것은 '아니었다.' 다 읽어 보니 내가 내용을 다 아는 듯하다. 단 몇 부분만 모르는 듯하다. 하여튼 재미있었다. 이 소설을 읽으면서 확실히 느낀 것 하나. '책은 역시 많이 읽어야겠구나!'

첫째, 책을 읽으면 지식이 풍부해진다. 내가 이 책을 읽으면서 느낀 것. 이 책에서의 예를 들어 보자면, 조선시대에는 열여섯 살에 결혼을 한다. 양반이 기생과 결혼하는 것은 말이 안 되는 일이다. 기생은 천하고 양반은 높은 신분이었다. 사또, 어사라는 지금은 없는 직분이 존재하였다 등등.

둘째로는, 간접 경험을 할 수 있다는 것이다. 내가 직접 그 책 안에 들어가서 이몽룡과 춘향이 사랑을 나누는 것을 보는 듯이 말이다. 그러나 실제는 아니다. 그러면서 배경지식을 더욱더 많이 습득하게 된다는 것이다!

아니, 느낌도 조작하란 말이에요?

줄거리는 준석이가 세련되게 요약했다. "이 소설에서 춘향의 의미는 '아름다운 것들 중에서도 가장 아름다운 것'이니까 말이다"라는 부분처럼. 개콘이나 〈전설의 고향〉, 『장화홍련전』을 들먹이며 평가한 부분도 노련해 보인다.

그런데 말이다. 준석아, 결론이 성의 없기 짝이 없다. 가슴이 아플 정도다. 책을 읽으면 지식이 풍부해진다는 걸 느꼈다고? 간접 경험을 할 수 있다고? 우와, 이건 "하나 더하기 하나는 둘"이라는 말과 진배없다. 중학생이 유치원생이나 밝힐 만한 느낌을 표현했다. "뭔가 다른 이야기를 해야 한다"는 기대가 비정상적으로 높은 걸까?

아빠가 비분강개하며 성토하자, 준석은 일그러진 표정으로 울먹일 듯 대답했다. "저는 그걸 정말 절실하게 느꼈단 말이에요. 그런 걸 어쩌란 말이에요." 헉. 그럴 만도 하다. 얼마나 책을 안 읽었으면 『춘향전』을 처음으로 접했을까. 게다가 평소에 책하고는 담을 쌓고 사니 오랜만에 한 권 읽고 깊은 감동을 받은 셈이란 말인가.

결론을 맺을 때가 되었다. 두 가지만 말하겠다.

1. '맥락'도 요약하라.

'내러티브(narrative)'라는 용어가 있다. 인과관계로 엮어진 이야기 구조를 말한다. 준석과 은서는『춘향전』의 내러티브 요약에만 급급했다. 글의 앞에서든 뒤에서든 맥락을 정리해주는 일이 필수다. 그래야 내러티브에 대한 이해도 높아진다. 맥락은 배경이다. 그 기본은 시공간이다. 더 나아가 현재와 비교해 다른 특이점을 찾아낼 수 있다. 더 욕심을 낸다면 판소리와 비교할 수도 있으나 준석과 은서에겐 무리한 주문인 듯해 취소한다.

2. '느낌' 요약도 중요하다.

은서는 춘향이처럼 수청을 거부하는 용감한 여자가 되겠다고 결론을 맺었다. 은서의 평소 글쓰기 행태를 감안하면 이 정도는 선방이다. 거기에 비하면 준석의 마지막 부분은 거슬렸다. 어떻게 자연스러운 '느낌'을 억지로 조작하라는 거냐고 항의할지도 모른다. 맞다. 다만 내 지적의 핀트는 다른 곳에 있다. 느낌이란 주관적이지만 객관의 반영이다. 독서로 쌓인 지력의 거울이다. 책을 읽지 않으면 느낌은 정체된다. 준석, 네가 고작 그 정도로 느낀다는 것은 그만큼 너의 독서량이 한심하기 때문이다. 느낌을 창의적으로 요약하라는 말은 독서로 지력을 기르라는 뜻이다.

춘향은 수청을 거부했다.

준석과 은서야, 너희들은 사또의 부당한 수청을 거부할 처지는 아니다.

그럼 무엇을 거부할 것이냐.

너희들은 '막쓰기'를 거부해라. 제발 막 쓰지 마라.

둘 다 감옥에 가두고 칼 씌우고 싶다니깐.

무슨 이야기가 제일 중요하지? 무슨 이야기가 제일 재밌었지. 그 순서대로 요약을 하다 보면 가닥이 잡힐지도 모른다.

03

프리허그, 함부로 하지 말래요

골치 딱딱! 띄어쓰기 스트레스

'띄어쓰기' 작작 하자고 '떼쓰기' 하고 싶다.

자랑스러운 한글이 못마땅할 때가 있다. 영어가, 일본어가, 중국어가, 타이어가, 베트남어가 한글보다 더 훌륭해 보이다니! 머리 아픈 띄어쓰기 탓이다. 대부분의 외국어는 단어와 단어를 아예 떨어뜨리지 않거나(중국어·일본어·타이어), 하더라도 복잡하지 않다(알파벳을 쓰는 언어권. 가령 for와 you를 붙일지 말지 고민하지 않는다).

'쩝쩝조어'는 예외적으로 붙인다네

20여 년간 직업적으로 글을 썼지만, 아직도 띄어쓰기엔 젬병이다. 맞춤법 중에서 가장 난해하다. 경우의 수가 많아 법칙을 외운다고 되지도 않는다. 내가 아는 기자들 중 상당수도 글을 쓰며 '뗄지 말지' 헷갈려 한다. 가령 이런 경우를 보자. '다시한번'인가 '다시 한번'인가 '다시 한 번' 인가. '해볼만하다' 인가 '해볼 만하다' 인가 '해 볼 만하다' 인가 '해 볼 만 하다' 인가. 틀리는 일이 하도 잦다 보니 내가 다니는 신문사에선 편집국장이 극단적 처방을 내린 적도 있다. 매주 잘못 띄어 쓰는 기자들의 이름과 횟수를 공개했다. 교실에서 떠들다가 칠판에 이름 적힌 학생처럼 스트레스 뻗쳐 하던 후배 한 명이 생각난다.

먼저 1989년 개정된 한글 맞춤법 제5장 띄어쓰기 편을 요약해보자. 띄어쓰기의 대원칙은 한마디로 이렇다. "모든 낱말끼리는 떨어져 지낸다." 여기엔 두 가지 예외가 있다. 첫째 '접접조어' 는 붙인다. '접접조어' 는 내가 만든 말이다. 기왕이면 '쩝쩝조어' 로 발음하고 싶다. 접두사, 접미사, 조사, 어미는 각각 앞의 낱말과 붙인다는 이야기다. 둘째, 아예 한 낱말이 된 것은 붙여 쓴다. 가령 '띄어쓰기' 는 붙이지만 '띄어 쓴다' 는 뗀다. 전자는 하나의 낱말로 굳어졌고, 후자는 '띄어' 와 '쓴다' 라는 두 동사가 합쳐진 거라서다.

'쩝쩝조어' 는 '쩝쩝산중' 아니 '첩첩산중' 이다. 호락호락하지가 않다. 접두사와 접미사는 쉽게 구분할 수 있는데, 조사와 어미가 문제다. 띄어 써야 하는 의존명사가 조사 · 어미인 듯 보일 때가 많다. 가령 '졸업장을 따는 데 목적이 있다' 에서 '데' 는 의존명사인가 어미인가(의존명사라서 뗀다). '학부모의 고통이 큰데도' 에서 '〜ㄴ데' 는 의존명사인가 어미인가(어미라서 붙인다).

'하나로 굳어진 낱말을 붙인다' 는 원칙도 정황을 잘 살펴야 한다. '잘되다' 는 붙이지만 '잘 벌다' 는 붙이지 않는다. 앞의 '잘되다' 는 한 낱말이고 뒤의 '잘 벌다' 는 부사와 동사의 결합이다. '독립된 낱말로 인정받는' 기준도 모호하다. '사려깊다' '굶어죽다' '자리잡다' '이름하여' '쉼없이' '속시원하다' 는 한 낱말인가. 아니다. '사려 깊다' '굶어 죽다' '자리 잡다' '이름 하여' '쉼 없이' '속 시원하다' 로 떼야 한다.

이산가족 상봉시켜주면 안 되나요?

띄어쓰기 규정을 읽다 보면 낱말끼리의 짝짓기 중매 본능을 강하게 느낀다. '전 세계' 를 '전세계' 로 쓰고 싶다. 단위를 나타내는 명사들도 찰싹 달라붙어 포옹할 수 있게 해주면 좋겠다. "한 개, 차 한 대, 금 서 돈, 소 한 마리." "육 개월 이십 일 체류했다." 짜증난다. 서로 부둥켜안고 "우리 사랑하면 안 되나요?"라고 울부짖을 것만 같은, 이산가족이 된 불쌍한 낱말들.

그 낱말들이 북한 체제를 동경할지도 모르겠다. 북한은 남한보다 붙여 쓰는 경우를 훨씬 폭넓게 인정한다. '사회주의농촌건설속도' '리순신훈장' 처럼 명사들끼리 어울릴 때도 대개 붙여준다. '말할나위가 없다' '회의중이었다' 처럼 의존명사도 마찬가지다. 동사와 형용사도 붙는다. 관형사와 부사도 외롭지 않다. 북한이 옳다는 말은 아니다. 다만 과도한 띄어쓰기에 대한 사회적 논쟁은 필요해 보인다.

우리 인간적으로 40점은 받읍시다

헛수고다.

바로 앞글을 준석과 은서에게 읽게 했다. 그런 다음 두 남매에게 물었다. "무슨 뜻인 줄 알겠니?" "……" "아빠가 쓴 글을 한마디로 줄이면 뭐야?" "띄어쓰기를 잘하자. 흐흐." (은서) "뗄지 말지 고민된다. 헤~." (준석) "구체적으로 무엇을 말하는 거냐고." "나 알아! 과도한 띄어쓰기에 대한 사회적 논쟁은 필요해 보인다는 거잖아." 아빠 글의 마지막 문장을 그대로 읊은 은서의 머리에 알밤을 먹였다. 준석은 대놓고 이야기한다. "아빠, 솔직히 말해서 넘 어려워. 무슨 말인지 하나도 모르겠어." 순간, 머리가 띵~.

독해가 안 되는 글을 쓴 셈이다. 아이들은 접두사, 접미사, 조사, 어미가 정확히 무엇인지 이해하지 못한다. '의존명사' 는 더더욱 생경하다. 여기에 체언이니, 용언이니 하는 말까지 붙이면 "으악" 소리가 나올 것 같다.

그렇다고 국어 문법 강의를 하랴. 내 몫이 아니다. 아이들의 띄어쓰기 이해도와 실력을 테스트해보기로 했다. 스무 가지 문제를 내주고 시험을 보게 했다. 독자 여러분도 자가 진단해보는 셈 치고 한번 풀어보시라. 문제 나간다.

*** 준석과 은서를 위한 띄어쓰기 시험 문제지 ***

(다음 각 문항 중 띄어쓰기가 맞는 부분에 표시를 하시오.)

1. 나는 글쓰기 홈스쿨을 1년간 했지만 아직도 글을 참 ① 못쓴다 ② 못 쓴다.

2. 아빠는 오늘도 술을 마시고 새벽에 ① 오실 듯하다 ② 오실듯 하다.

3. 아빠는 늦게 들어와서도 내가 글을 잘 썼는지 체크한다. 글이 엉터리면 ① 잡아먹을 듯이 ② 잡아먹을듯이 화를 내신다.

4. 그러면 나는 열심히 글을 ① 쓰기는커녕 ② 쓰기는 커녕 뭐가 문제냐며 신경질을 낸다.

5. 에이, 그래도 결국 더 생각해서 다시 ① 쓸 수 밖에 ② 쓸 수밖에 없다.

6. ① 다시 한번 ② 다시한번 ③ 다시 한 번 쓰면 글이 좋아지게 마련이다.

7. 오빠는 ① 나보다 ② 나 보다 글을 잘 쓰는 것 같다.

8. 내가 오빠보다 글을 ① 못 쓸망정 ② 못 쓸 망정 공부는 더 잘한다

고 생각한다.

9. 나는 공부를 ① 잘할 뿐만 ② 잘할뿐만 아니라 춤도 잘 춘다.

10. ① 나 뿐만 ② 나뿐만 아니라 내 친구 영지도 공부와 춤에 만능
    이다.

11. 영지는 공부도 잘하고 춤을 ① 잘 출 뿐더러 ② 잘 출뿐더러 그림
    도 잘 그린다.

12. 이런 시험을 집에서 보는 것도 ① 얼마 만이냐 ② 얼마만이냐.

13. 이제 얼마 있으면 초등학교 ① 오학년 ② 오 학년이다.

14. 나도 ① 늙어간다 ② 늙어 간다.

15. 올해 크리스마스엔 선물을 ① 열 개 이상 ② 열개 이상 받으면 참
    좋겠다.

16. 내가 받고 싶은 선물은 엠피스리, 아이폰, ① 아이패드 등이다 ②
    아이패드등이다.

17. 선물을 못 받으면 나의 입은 ① 10센치가량 ② 10센치 가량 나

온다.

18. 크리스마스에 할머니를 만나면 좋을 텐데. ① 만난지도 ② 만 난 지도 오래됐다.

19. 할머니는 크리스마스에 ① 올지말지 ② 올지 말지 ③ 올 지 말 지 모르겠다고 하신다.

20. 띄어쓰기는 어렵다. 아빠는 ① 쓸 데 없는 ② 쓸데 없는 ③ 쓸데없 는 일을 다 하고 난리다.

결론부터 말하자면, 준석과 은서는 모두 낙제 점수를 받았다. 100점 만점에 준석은 열한 개를 맞춰 55점, 은서는 아홉 개를 맞춰 45점이다. 수도, 우도, 미도, 양도 아닌 '가'다. 이 점수가 지닌 의미를 좀 더 상대적으로 보기 위해 어느 40대 성인에게도 시험을 치르게 했다. 개인의 명예 보호를 위해 '가정주부 박 아무개 씨'라고만 해두자. 그녀의 점수는 충격적이게도 네 개를 맞춘 20점이었다. 학교에서 국어 수업을 듣는 초딩과 중딩의 점수가 그나마 낫다고 보아야 할까. 정답은 다음과 같다.

1. ② 2. ① 3. 둘 다 맞음 4. ① 5. ② 6. ③ 7. ① 8. ① 9. ① 10. ② 11. ② 12. ① 13. ②가 원칙이지만 ①도 허용됨 14. 둘 다 맞음 15. ① 16. ① 17. ① 18. ② 19. ② 20. ③

100퍼센트 습득 못해도 간이라도 봐두자

솔직히, 문제를 낸 나도 헷갈린다. 글쓰기 홈스쿨을 하면서 이렇게 공부를 많이 하기는 처음이다. 신문사 교열부 선배들의 '특별 지도'를 받으며 이 원고를 준비했을 정도다.

앞에서 이야기했듯 '쩝쩝조어(접두사, 접미사, 조사, 어미)'와 하나의 낱말로 굳어진 것은 붙이되 '의존명사'는 뗀다는 게 대원칙이다. 여기서 포인트는 낱말의 소속을 정황에 따라 잘 살펴야 한다는 점이다. 가령 17번 문제 '가량'의 경우 명사일 때도 있고 접미사일 때도 있다. 여기서는 '정도'를 나타내는 접미사라 붙였다. 19번 문제 '올지 말지'에서 '지'는 어미라서 붙지만, 18번 문제 '만난 지도'의 '지'는 기간을 나타내는 의존명사라서 뗀다. 1번 문제 '글을 못 쓴다'에서 '못'은 부사이므로 뒤의 '쓴다'와 떨어뜨린다. 한데 '그러면 못쓴다'라고 할 때는 '못쓴다'가 하나의 낱말이기 때문에 붙인다.

더 이상 구구절절한 정답 해설은 하지 않겠다. 띄어쓰기를 전문적으로 해야 할 필요성을 느끼는 이들은 표준국어대사전을 펴놓고 완전 정복해보시라. '쩝쩝조어'의 적용 예를 깊이 파다 보면 이런 외마디 한탄이 나올지도 모르겠다. "쩝~."

여기서 띄어쓰기를 논하는 목적은 '계몽'이나 '학습'이 아니다. 먼저 '뗄지 말지' 마음의 갈등을 일으키는 한글 맞춤법의 혼란상을 성토하고 싶었다. 얼마나 혼란스러우면 컴퓨터 한글 프로그램의 맞춤법 표시도 틀리기 일쑤일까. 이 글 속에서도 '안되다'라고 '안'과 '되다'를 붙였더니 (띄어쓰기 오류라는 의미의) 빨간 줄이 그어진다. '안되다'

는 어떤 경우에는 한 낱말로 국어사전에 등록됐기에 붙여 써도 되는
데 말이다. 컴퓨터도 두 손을 들고 만 띄어쓰기라니! 그러나 어쩌랴.
악법(!)도 지켜야 하는 것을. 악법을 고치려면 악법도 좀 공부해주는
센스가 필요하다. 100퍼센트 꼼꼼하게 습득은 못하더라도 간은 봐두
자. 위 시험 문제에서 최소한 40점 이상 받을 수 있는 상식은 갖추자.
40점은 준석과 은서, 가정주부 박 아무개 씨의 점수를 합쳐 평균을
낸 주관적인 수치다. 40점! 독자 여러분을 향한 기대치가 그 정도뿐
이라니 슬프다.

덧 신세대와 구세대를 가르는 기준 가운데 하나가 휴대폰 문자메시지의 띄어쓰기
여부라는 말이 있다. 은서야, 너도 문자 보낼 때 띄어쓰기 연습하면서 맞춤법을 익히
면 안 될까? (문자로 온 대답 : 시러안할래)

04

순수하게, 그러나 고지식하지 않게

『우리글 바로쓰기』에 대한 반역?

"지금 바로 써라."

저급 유머를 구사해보았다. 누군가 나에게 "우리글을 바로 쓰려면 어떻게 해야 하죠?"라고 묻는다면, 서슴없이 그렇게 대답하겠다. 지금 바로, 그러니까 '당장' 쓰라는 이야기다. 실전을 자주 체험해야 '바로 쓰기(옳게 쓰기)'에 필요한 구체적인 팁들을 자신의 감각에 담을 수 있다.

'그녀'의 '입장'은 '진검승부'다

지금 바로 쓰는 거 말고, 딴 '바로 쓰기'에 관하여 몇 마디 하련다. 내 기억으로는 1980~90년대엔 우리글의 오염도가 페놀을 방류한 낙동강 수준이었다. 지금도 외래어가 차고 넘치는 현실이지만, 어설픈 번역어 투의 글은 그때 가장 창궐했다. 난독증을 부르는 외국소설과 사회과학서적들이 많았다. 문맥이 뒤엉킨 영어식 만연체나 일본어 투를 여과 없이 가져온 부자연스러운 문장들이 지식인의 언어인 양 잘난 척을 하던 시대였다. 그 암울한(!) 때에 나온 보석 같은 책이 고 이오덕 선생의『우리글 바로쓰기』(1989)다.

'개안(開眼)'이라는 표현도 지나치지 않다.『우리글 바로쓰기』는 어린 시절, 글쓰기에 관해 큰 깨우침을 주었다. 그 뒤부터 솔직하지 않은 글짓기는 하지 말아야겠다고, 되도록 입말을 옮겨야겠다고, 어색한 한자어는 멀리해야겠다고 생각했다. 무분별하게 사용해온 외래어들도 돌아보았다. 그 영향 탓인지 지금도 '~에 있어서'나 '그럼에도 불구하고' '애매한' '다름아니다' 따위의 표현들은 쓰지 않는다. 주변의 문화센터 교열 강좌에서 강의하는 내용을 봐도 대개 이러한 이오덕 선생의 문제의식에 깊게 뿌리를 두고 있다.

그분에게 '반역'을 해본다. "선생님은 100퍼센트 다 옳습니까?" 그렇지는 않으리라. 세상에 절대권위란 없다. 개인적으로는, 다음 세 가지에 관해서 이오덕 선생의 주장에 강력히 반(反)한다. 첫째는 '그녀'고 둘째는 '입장'이며 셋째는 '진검승부'다. 셋 다 일본말이거나 일본 역사와 가깝다. '그녀'는 일본어 '가노조(彼女)'를 그대로 옮긴 말이라고 한다. 그냥 '그'가 옳다고 하는데, 일본에서 왔든 아프리카에서 왔든 '그녀'가 더 좋다. '그녀'가 드러내는 여성스럽고 섬세한 느낌을 사랑한다. 일상생활에서 나오는 입말은 아니지만, 책에서 볼 땐 하나도 이상하지 않다. '입장' 역시 일본어 '다찌바(立場)'에서 왔다. '처지' '태도' '생각' '선 자리'로 바꾸라는데 난감하다. '입장'은 그냥 '입장'이다. 이보다 더 뜻이 분명하게 함축된 단어가 없다. 김건모의 노래 〈평계〉 가사를 이렇게 바꾼다고 생각하니 마음까지 아프다. "처지 바꿔 생각을 해봐~ 니가 지금 나라면 넌 웃을 수 있니~." '진검승부'는 일본 사무라이 일대일 대결의 역사가 스며 있다. 그럼 로마제국 시대 콜로세움의 검투사 승부라면 괜찮은가. '전투적 용어'라는 비판이 있지만 '진검승부'만이 주는 비유의 힘을 포기하고 싶지 않다.

일본말 · 한자 · 영어도 훌륭한 문화유산

이오덕 선생이 제시한 우리글 바로 쓰기의 철학과 지침은 수십 년의 세월을 뛰어넘어 여전히 유효하다. 더 많은 사람들이 그분의 책을 읽고 글쓰기의 중심을 잡았으면 좋겠다. 다만 이제는 외국말에 대한 똘레랑스도 추가로 갖추었으면 좋겠다. 한자어로 뒤범벅된 글을 쓰면 읽기 흉하지만 한자어의 압축성을 적재적소에 활용하면 날렵한 문장을 구사할 수 있다. 우리말의 한계를 보완해주는 일본말이라면 가끔은 빌려 써도 된다. 그게 사대주의는 아니다. 우리말이 아름다운 것처럼 일본말도, 한자도, 영어도 다 훌륭한 문화유산이다.

허무맹랑한 그 발상을 지지함

이번엔 글 주제를 자유롭게 주었다. 지켜야 할 원칙도 만들지 않았다. 너희들 맘대로다. 은서는 요즘 새로 생긴 어떤 말투에 관해 썼다.

나는 하고 싶은 말을 할 때마다 혼나는 경우가 있다. 그래서 이 말을 꼭 붙인다. "이런 말 하기는 좀 그렇지만" "이런 말 하면 혼날 걸 알지만" "이 말 듣고 화내지 마" "이런 말 하면 엄마가 실망하는 걸 알지만" 이 말들을 쓰면 엄마에게 혼나지 않는다. "엄마, 오늘은 수요일, 과자 먹는 날이니까 과자 하나 사먹게 돈 좀 줘라."

　이렇게 말하면 엄마는 어떨 때는 "그래, 자 여기 돈. 먹고 싶은 과자 하나 사먹으렴" 하면서 돈을 줄 때도 있지만, 또 어떨 때는 "너 요즘 과자를 너무 많이 먹는 것 같다. 과자는 일주일에 한 번이야. 그리고 저번에 친구 생일 파티로 치킨, 피자 먹지 않았니? 엄마가 돈이 아까워서 안 사주는 게 아니라, 너 건강 생각하는 거잖아. 알겠지? 엄마가 다음 주 토요일에 사줄게"라고 충고를 한다. 또 "엄마, 나 내일 자전거 사는 일이 너~무 기대돼~"라고 말하면, 엄마는 "은서야. 엄마 좀 조르지 마"라고 한다.

　나는 그냥 자전거 사는 게 기대된다고 했을 뿐인데…… 엄마는 그것을 내가 조르는 것으로 알고 있다. 하지만! 이 말들을 붙이면 엄마에게 혼이 나지 않는다. "엄마…… 나 이런 말 하기는 좀 그렇지만……"과 "엄마, 이 말 듣고 절~대로 화내면 안 돼!" 등등의 말들이다.

　난 이제 드디어 엄마가 싫어하는 말을 해도 안 혼날 방법을 알게 되었다. 음하하하! 하지만 어린이 독자 분들, 제 글을 읽고서 자신의 엄마에게 이 방법을 시도하지 마라. 시도해서 오히려 봉변을 당하면, 그것은 내 탓이 아니다. 절~대로 아니다.

오빠에게는 이 말들이 안 통한다. 오빠의 지우개를 빌리려고 "오빠, 이 말을 해서 혼날 거라는 건 아는데, 나…… 지우개 좀 빌리면 안 될까?" "야! 혼날 줄 알면 빌리지를 마! 나 지금 공부하니까, 나가!!!!" 힝…… 이렇게 화만 돌려받는다. 오빠가 이렇게 화만 내는 이유는, 오빠 성격 때문에 그런 것 같다. 밖에서는 착하다고 소문이 나 있다(아닌데 ㅋㅋㅋㅋㅋ).

친구에게는 이런 말들을 안 쓴다. 아니, 쓸 필요가 없다. 친구들은 편안해서, 물건이나 식품을 살 돈이 부족할 때도 맘대로 빌려도 된다.

예의와 배려냐, 저자세냐

은서는 '눈치'라는 걸 본격적으로 익히기 시작했다. 말을 어떻게 해야 상대방에게 스스럼없이 먹힐지 이해하기 시작한 셈이다. 은서의 그 말투는 어른들도 많이 사용한다. 아빠가 얼마 전 읽은 어느 외국 작가의 소설에도 이런 구절이 나온다. "친구로서 한마디 해도 될까? 화내지 않는다고 약속해." "약속할게." 말의 눈치이자 예의다. 어쩌면 사과의 선불(선지급)이다. 오빠인 준석도 시도 때도 없이 말한다. "이런 말 하기에는 좀 염치가 없지만……." "이런 말을 하면 아빠의 기분이 상할 수도 있겠지만……."

이해는 한다. 아쉬운 소리를 해야 하는 어린 자식의 처지에서 부모의 화를 돋우지 않고 원하는 걸 얻어야 할 필요가 있으니 말이다. 근데 좀 자제해주지 않을래? 너희들은 지나치게 잦아. 정말 아빠도 이런 말 하기 뭐하지만, 말머리마다 그런 말로 눙치면 비굴해 보인다.

'저자세'가 몸에 밸까봐 두렵다. 잘 사용하면 예의와 배려를 갖춘 세련된 장신구가 되지만, 잘못 쓰면 스스로를 모욕하는 족쇄가 된다. 쓰지 마라. 아예 그런 말 쓸 상황을 만들지 않기를 바란다. 이런 말 하기 좀 그렇거들랑…… 하지 마! 은서에게 필요한 '일상어 바로 쓰기' 제1항이라고 못 박는 바이다.

똑같은 사례는 아니지만, 이런 경우도 있다(조금 우스갯소리다). 사회 생활 하면서 겪은 이야기다. 혼례를 치르거나 집안의 상을 당한 분들이 잠시 휴가를 다녀온 뒤 회사로 복귀하여 전체 사원들에게 감사의 이메일을 보낼 때가 있다. 보통 이런 글로 운을 떼더라. "한 분 한 분 찾아뵙고 일일이 인사를 여쭙는 게 도리인지 아오나……." 의례적인 메일을 읽다가 한번은 엉뚱한 생각이 피어올랐다. '그게 도리인 줄 알면 일일이 인사를 하든가…… 아님 최소한 일일이 따로 감사의 이메일을 쓰든가.' 준석아 은서야, 아빠의 직업병이자 신경과민이란다. 아빠는 참 삐딱하다.

다음은 준석의 글이다. 중학교에 입학한 뒤부터 '로봇 마니아'가 됐다. '로봇 예찬론'을 풀었다. 아빠는 준석이 논리적으로 '바로 쓰는' 지 순서대로 단락마다 시비를 걸어보았다.

 준석 글 내 제사상에 트랜스포머를

남자아이들은 로봇을 즐긴다. 어려서부터 엄마가 사주시는 변신 로봇을 자랑하면서 다니는데, 그 반면에 여자아이들은 인형을 즐긴다. 바비 인형 같은 인형을 마치 친구 대하듯 갖고 논다. 두 성별은 다른 점이 있다. 바로 '여자는 시간이 흐르면 인형을 버리지만, 남자는 시간이 지나도 언젠가 다시 한 번 로봇을 사랑하게 된다' 라는 것. 내가 그랬다.

▶ "여자는 시간이 흐르면 인형을 버리지만"의 근거가 뭐니? 준석한테 물어보았다. 버리는 아이도 있고, 안 버리는 아이도 있단다. 쉽게 일반화를 시키면 안 된다. "버린다"고 한 건 너의 일방적인 예단이잖아. 어떤 사실을 적었다면, 그 뒷받침을 해줘야 한단다. 안 그러면 무책임한 말이 된다.

나는 어릴 적에 다른 아이들과 다를 바 없이 엄마가 로봇을 사주셔서 로봇을 갖고 놀았다. 비행기 로봇, 기차 로봇, 크레인 로봇 등등 참 많이도 갖고 놀았었는데, 언젠가인지는 기억이 가물가물하나, 로봇과 인연을 끊었다. 그러나 내가 첫 중학교에 입학하던 해, 나는 다시 로봇을 사랑하게 되었다. 바로 '트랜스포머' 때문에.

▶ '첫 중학교'가 있으면 '두 번째 중학교'도 있니? 그냥 "중학교에 입학하던 해"라고 하면 되지.

사실 '태권브이'나 '마징가 제트' 같은 유치한 로봇 만화를 봐서 '로봇의 매력이 이런 거구나!' 하고 깨닫기는 어렵다. 내가 이 '트랜스포머'를 사랑한 이유는 '내 수준' 즉 중학생 수준에 맞는 변신 과정과 멋진 모습을 갖고 있기 때문이었다. 태권브이 같은 경우는 중학생 수준에는 쨉도 못 미치기 때문에 좋아하기가 어렵다. (중략) 한마디로 태권브이는 참새, 트랜스포머는 황새이다. 현실성 있는 변신 과정, 그리고 실제 차를 이용해서 그런지 더욱 멋지다고 할 수 있다. 결국, 나는 하나를 사게 되었다. (중략) 이 생각만 해도 즐겁고 허무맹랑하지만, 나는 어른이 되어서 버는 월급의 일부분을 로봇에 갖다 바칠 것이다. 수집이다. 우표나 병뚜껑 수집보다는 더 돈 들고 수준 높은 로봇 수집. 한 달마다 두세 개 사서, 갖고 놀고 싶다. 그럴 시간이 있을지는 아직 알 수가 없지만.

▶ "유치한 로봇 만화를 봐서 '로봇의 매력이 이런 거구나!' 하고 깨닫기는 어렵다"고? 더 명료하고 쉽게 쓰면 안 될까? 그냥 "유치한 로봇 만화로는 로봇의 매력을 깨닫기 어렵다"고 하면 되잖아? 또 태권브이는 중학생 수준에 왜 쨉도 못 미치지? 맨 끝에 이유를 적었지만, 어렵다. 중요한 포인트는 '변신'이잖아. 한마디로 트랜스포머가 셀 수조차 없이 여러 가지 모양으로 변신을 해서 훨씬 역동적이라는 거잖아? "현실성 있는 변신 과정" 어쩌고 하는 말은 난해하다.

나는 아들이 좋다. 아들은 나와 같은 남자고, 내 취미에 맞는 물건을 가지고 싶어 하고(예외도 있겠지만) 내 가문의 대를 이어 줄 새싹이니까. 또 개인적인 생각으로는 남자아기가 대체로 귀엽다. 그래서 아들을 낳아 그 로봇들을 줘야겠다. 로봇이나 바비 인형이나 둘 다 유치하다고 생각하는 아들이 있는 아비가 무언가를 사주어야 한다면 그나마 로봇이다. 딸이 태어나서 바비 인형만 왕창 사줘버리면 엄마는 몰라도 아빠는 좀 곤란하고 재미가 없지 않을까 하는 생각이 든다.

▶ 가문의 대를 이어? 준석에겐 마초 소년, 아니 신보수 청년의 싹이 보인다.

그 다음에 노후생활로 이어진다. 솔직히 아버지라면 몰라도 노인네가 로봇을 만진다…… 좀 이상하고 어색하지 않나 싶다. 이제 노후생활 대비로 로봇을 좀 팔아먹어야겠다…… 라고 말하고 싶지만 아들, 그것도 애기 시절의 아기가 갖고 논 로봇은 기스는 물론이고 부러진 부분도 그 코가 석 자일 텐데, 팔아먹을 수는 없을 듯하고, 손자를 줘야겠다. 로봇을 아꼈다가 손자를 주어야겠다.

▶ 벌써 노후생활을 걱정하다니. 로봇을 아꼈다가 손자에게 주겠다는 발상은 재밌긴 하다.

좀 무서운 생각인가?? 내가 만약 죽게 된다면, 유치원에다가 멀쩡한 로봇을 기부해야겠다. 안 된다면 말고. 그럼 제사상에 올릴 과일과 함께 로봇을 올려놓게 해야겠다. 어쨌든 생각만 해도 재미있다. 오늘도 나는 돈을 모은다.

▶ 제사상에 로봇을 올려놔? 코믹하다. 이건 너의 독창적인 상상력인가? 흠, 웃기다 웃겨!

'순수 박물관'에 전시하고 싶은 것들

오랜만에 준석의 글에 파동이 보인다. 고여 있지 않고 생동하는 느낌이다. 특히 뒷부분이 가슴을 촉촉하게 샤워해준다.

결론을 내릴 시간이다. 이번엔 다른 형식으로 해보련다. 세 개의 후보를 선정해본다. 독자들이 마음속으로 투표를 해도 좋다. 짜잔, 후보 발표!

후보 1. 우리글을 바르게 쓰자.

후보 2. "이런 말 하기는 좀 그렇지만……"은 뚝! 그건 '바로 쓰기'가 아니다.

후보 3. 제사상에 로봇을! 마음 노화 결사반대!!

셋 중 독자들이 지지하는 결론 후보는 무엇일까. 나는 3번을 지지하련다. 만약 준석이 가슴속에 순수 박물관(오르한 파묵의 소설 『순수 박물관』처럼)을 세운다면, "로봇을 아껴 손자에게 물려주고, 손자가 자신의 제사상에 변신 로봇을 올려놓길 바란다"는 깜찍한 발상을 로봇과 함께 전시하고 싶다. 준석이 그 소년다운 열망의 빛깔을 오래 지켜갔으면 좋겠다. 쉽게 말하자면, 마음이 늙지 않았으면 좋겠다는 소리다. 마음이 늙지 않아야 유연한 눈으로 세상을 보고 고지식한 판단과 행동을 하지 않는 법이다. 그래야 창의적인 글도 쓴다.

멀리 돌아왔다. '바르게 쓰자' 이야기를 시작했다가 '마음의 노화'까지 걱정하고 말았다. 어떻게, 마음의 성형수술은 안 될까?

덧 〈한겨레21〉 편집장 칼럼을 쓸 때 '그녀를 탄압하지 마세요'라는 제목으로 글을 냈다가 '우리글 지킴이'를 자처하는 분으로부터 준엄한 훈계를 들은 적이 있다. '그녀'는 '그'라고 써야 한다는 거였다. 그분은 한겨레신문사의 정체성까지 들먹이며 나를 욕했다. 나는 그분께 '국수'는 좋지만 '국수주의'는 정말 싫어한다고 답했다.

05

정의란 무엇인가, 무식이란 무엇인가

선악주식회사를 상상하다

정의가 통탄할 일이다.

아이들에게 거대한 질문을 던졌다. "정의란 무엇이니?" ('무엇인가'라는 심각한 말투가 아니었다. ㅎㅎ) 은서는 잠시 생각에 잠기더니 풍선 바람 빠지는 답을 내놨다. "음, 오랫동안 쌓인 우정 같은 거." 맙소사. "정이란 무엇이니?"로 알아들은 모양이다. "정…의!"라고 발음을 확실히 해주었다. "아하, 남을 용기 있게 구해주는 행동?" 중딩 준석이라고 심오한 대답이 나올 리는 만무하다. 한참 인상을 찡그리다가 도깨비 같은 한마디를 던진다. "슈퍼맨 같은 거 아닐까?"

도식적 관점에선 도식적 글이 나온다

'정의'에 관해 생각해본다. 하버드대 마이클 샌델 교수의 『정의란 무엇인가』 따위를 들먹일 생각은 없다. 어른도 읽기 힘든 책이다. 주변에 이 책을 산 사람은 많았지만, 완독했다는 이는 만나기 쉽지 않았다. "머리가 아파 진도가 잘 안 나간다"고 했다. 소년·소녀들의 눈높이에서 '정의'에 관해 쉽게 설명해줄 방법은 없을까.

나는 '선과 악'을 택했다. 이 키워드가 '정의'에 관해 중요한 힌트를 준다고 보았다. 매주 일요일 교회를 다니는 준석과 은서에겐 더욱 필요해 보였다. 준석에겐 '선과 악, 그리고 9·11'에 관해 글을 써보라고 했다. "9·11이 뭐였더라." 준석은 고개를 갸우뚱거리며 투덜거렸다. "알아서 써." 은서에겐 좀 더 단순해 보이는 주제를 줬다. 그냥 '선과 악에 관하여'.

에덴동산에서 아담은 '선악과'를 잘못 먹고 원죄의 주인공이 됐다. 아이들이 '선악관'을 잘못 소화했다 체하면 이상한 신념의 화신이 된다. 정의를 도식적으로 판단하면, 도식적인 글이 나온다.

"지금은 알 카에다 측과 이라크 등이 '악'이고, 미국 측이 '선'일지 모르나, 그들이 테러를 가한 원인을 찾기 위해 과거로 가면 미국이 '악'이었고 이라크가 '선'이었다는 것을 알 수가 있다." 준석은 흑백논리를 뛰어넘는 듯 보인다. 과거 역사까지 따졌지만 촌스럽다. 지금도 알 카에다와 이라크를 '악'으로만 분류하고 덮을 수 있을까? 전혀 다른 생각을 지닌 미국은, 선과 악의 이분법을 전쟁의 깃발로 올렸다. 증거도 없이 9·11을 꼬투리 삼아 알 카에다와 이라크를 악마(불량 국가)로 몰아세웠다. 아프가니스탄과 이라크에 직접 쳐들어가 아작을 내기도 했다. 두 나라가 정말 악마였을까?

'마녀사냥' 이라는 중세시대 웃기는 짬뽕

선과 악의 이분법은 '웃기는 짬뽕' 이다. 세상엔 수백 가지의 빛깔이 있다. 흑과 백으로 분류하기 힘든 노랑, 파랑, 빨강, 회색도 있다. 노랑 하나만 해도 명도와 채도에 따라 수백 가지다. 세상엔 좋은 사람과 나쁜 사람만 있을까? 그 스펙트럼은 무수하다. 그런데 "너는 무조건 악"이라며 마구 죽였다. 중세 유럽의 종교재판* 때다. 교회는 마녀사냥이라는 이름으로 수천 명을 학살했다. 꼬맹이들까지 '악마적 요소'를 찾아냈다며 살해했다. 마녀로 몰린 자들보다 지고지선(至高至善)한 척했던 교회가 더 악마적이었음은 의미심장하다.

악마를 만날 기회가 생기면 인터뷰 한번 해보고 싶다. 악마로 몰린 사연을 꼬치꼬치 캐물어 봤으면 좋겠다. 배경과 상황을 브리핑 받는다면 이해심이 발동할지 모른다. '본래 나쁜 사람' 은 없음을 재확인할지도 모른다.

한데 은서는 엉뚱한 사람을 '악' 으로 지목했다. "나에게 악은 아빠이다. 나는 글에 소질이 없다. 아빠는 수준 높은 글을 쓰라 하고, 잘 가르쳐주지도 않으면서, 못 쓰면 화낸다." 헉, 뒤통수를 맞았다. 선악관 교정이 시급하다~.

---

* 13세기 로마 가톨릭교회가 이단자(異端者)를 탄압하기 위해 전 그리스도교 국가를 대상으로 하여 제도화한 비인도적인 재판.

100퍼센트는 없다.

어쩌면 51퍼센트만으로 족하다. 주주(株主)의 출자로 이뤄지는 주식회사에서 대주주의 요건이 100퍼센트 지분율*은 아니다. 51퍼센트만 있으면 충분히 대주주 구실을 할 수 있다.

'선악주식회사'를 상상해본다. '100퍼센트 선'으로만 충만한 인간이 있을까. '100퍼센트 악'의 화신도 없다. 조금 더 선하거나, 조금 더더더 선하다. 조금 덜 악하거나, 덜덜덜덜 악하다. 직장에서는 선한 상사인데, 가정에서는 폭군처럼 행세하는 가장도 있다. 가정에서는 자상한 엄마지만, 직장에만 나가면 후배들을 괴롭히는 여자도 있다. 직장과 가정에서 좋은 상사와 아빠로 살지만 제3의 장소에서 나쁜 짓을 일삼아 남에게 해악을 끼치는 이도 있다. '선악주식회사'에서 인간의 심리를 간파하고 행동 결과에 점수를 매겨 지분으로 계산한다면 재밌는 결과가 나올지도 모르겠다. "아, 그 형은 선의 지분율이 63퍼센트네. 되게 착하다." "뭐가 착하긴 착해. 그건 37퍼센트가 악하다는 얘기잖아. 무지 악하구먼." 내 선의 지분율은 어떻게 될까. 많이 바라지도 않는다. 51퍼센트면 된다.

은서는 아빠가 51퍼센트 악하다고 보았는가 보다. 그러면서도 49퍼

---

* 공유물이나 공유 재산에서, 공유한 사람들 각자가 소유한 몫의 비율.

센트 선하다고 평가한 것 같아 다행이다. "나에게 악은 아빠이다"라는 폭탄선언을 해놓고 선한 부분도 있다고 감싸주었다. 결과를 겸허하게 받아들인다. 왜 이렇게 썼냐고 물었더니 "엄마가 더 착할 때가 많다"고 했다. 아이들에겐 늘 옆에 있는 사람이 천사다(물론 들볶는 정도가 심하면 악마지만). 은서의 글은 단순하기 짝이 없지만 진실을 담았다. 트집 잡을 염치가 없다.

은서 글 엄마는 선, 아빠는 악

선과 악이라는 것은 착하고 나쁘고가 아니다. 선과 악은 착하게 보이고이고, 나쁘게 보이고이다. 나에게 선은 엄마이다. 어떨 때는 나를 막 혼내지만, 어떨 때는 나를 사랑으로 감싸주신다.

다른 친구들은 우리 엄마가 착하다고 한다. 쯧…… 아직 뭘 모르는군……. 그런데 조금은 맞다. 우리 엄마도 착한 부분이 있다. 그렇지만, 엄마는 공부를 좀 몇 번 틀리면 소리를 팍팍 낸다. -_-

나에게 악은 아빠이다. 나는 글에 소질이 없다. 게다가 아빠가 수준 높은 글을 쓰라 하고, 잘 가르쳐주지도 않으면서, 못 쓰면 화낸다. 하지만, 어떨 때는 친근감이 느껴진다. 내가 만화책 사달라 하면 사주고, 선물도 종종 가져오고, 다른 나라 과자를 가져오기도 한다. 난 아빠의 이런 점이 좋다.

엄마는 착하게 보이고, 아빠는 나쁘게 보인다. 하지만 엄마의 속은 조금 나쁘고, 아빠의 속은 조금 착하다.

순두부와 참기름을 좋아하지만…

은서의 말이 맞다. 아빠와 엄마는 각각 좋을 때도 있고 나쁠 때도 있다. 오로지 잘해주거나, 오로지 구박만 하지는 않는다. 그러나 사람들은 절대적인 표현을 즐겨 쓴다. 아, 순두부와 참기름이 생각난다.

'순두부'를 좋아한다. 보통의 두부보다 콩 단백질이 덜 응고된, 야들야들한 두부다. '순복음'은? 야들야들 말랑말랑 순한 복음이라는 뜻일까? '진짜 순수한 복음'이란 의미로 이름을 붙였으리라. 순도 100퍼센트의 복음? 내 종교적 취향과는 아무런 관련이 없는 얘기다. 아집이 스며 있는 듯한 이름에 괜히 시비를 걸어보았을 뿐이다.

'참'도 그렇다. '참기름'은 좋아한다. 김치볶음밥에 '참기름 한 방울'은 필수다. (특정 비스킷을 들먹여 미안하지만) '참크래커'도 맛있다. '참언론'은? 몇 년 전 어떤 언론사에서 이 말을 캐치프레이지로 내건 적이 있다. 내가 좋아하는 언론사였고 그들이 돌파해야 하는 상황을 이해했지만, '참언론'이라는 말은 목에 생선 가시처럼 걸렸다. '참언론'은 존재하지 않는다. '거짓'과 대비되는 '참'의 절대성과 극단적 우월성이 싫다. 세상에 '도를 깨우친 사람'이란 없는 법이다. '도를 깨우치려고 노력하는 사람'만이 있을 뿐이다.

준석이도 진실을 깨우치려고 노력했다. 글을 보자.

 준석 글 9·11 테러, 그리고 선과 악

미국에서 소방차 부를 때 쓰는 그 911이 아니다. 기억하는가? 2001년에 일어났던, 그리고 21세기에 최고로 큰 대참사인 9·11 테러를 말이다. 아마 질문한다면 대부분 다 안다고 대충 대답한다. 왜냐하면 세종대왕이 너무 큰 업적을 남겨서 우리나라 대부분의 사람들이 알고 있듯이 9·11 테러도 우리 세계인들에게 엄청난 충격을 가져다주었기 때문이다. 대부분 '9·11' 하면 '알 카에다'를 떠올리게 된다. 그럼, 그 알 카에다라는 것이 대체 무엇인가?

알 카에다를 알려면 우선 오바마가 아닌, 오사마 빈 라덴이라는 사람을 알아야 한다. 그는 자신이 직접 가서 테러를 일으킨 것이 아니고, 그가 지시만 해도 테러가 일어나게 되어 있는 것이다. 힘쓰지 않고 테러를 일으키는 주범인 빈 라덴은, 대체 무엇 때문에 테러를 일으키는 것일까?

빈 라덴은 주장한다. 9·11 테러를 비롯해서, 지금도 계속되는 테러들은 그들이 수십 년 동안 맛보았던 대량 학살에 비하면 새 발의 피만큼이라고. 그들은 거의 100년 가까이 되는 시간 동안 무슬림 세계가 포위공격을 당하고 있다고 믿는다. 그런저런 이유를 토대로, 결국 빈 라덴이 말하는 이 미국에 가하는 집중적인 테러의 핵심 낱말은, 바로 '신성한 행위'이다.

하지만 미국은 당연히 좋을 리가 없다. 3000명이라는 어마어마한 수의 사람들이 죽어나갔다. 전혀 '신성한 행위'라고는 받아들여지지 않는다. 그것은 '파괴적인 행위'이지 '신성한 행위'가 아니라고 주장한다. 왜냐하면, 무고한 미국 시민들을 보복의 의미로 대량 학살하는 것은 정당한 '테러'가 아니기 때문이다.

그러고 보면, 세상에는 '어느 한 쪽'이 옳다고 할 수 있는 그런 논쟁이 없다. 다들 충분한 근거와 함께 옳은 반박을 하기 때문이다. 이 테러는 당연히 무슬림들에게는 '선'이고, 그 당시, 그리고 지금도 테러를 당하는 미국에겐 '악'이다. 그런데 국제 테러들에는 공통점이 있다. 그 나라에 대한 '원한'이 있는 것이다. 대충 말하자면, 미국은 석유로 중동 지역을 꼭두각시처럼 갖고 놀았고, 또 예를 들어서 중동 지역의 적인 이스라엘의 팔레스타인 민간 학살을 눈감아주는 미국을 보면 '아, 정말 공격할 만하구나' 한다. 하지만, 다음을 보자. (중략)

죽은 사람만 얼마인가? 대략 3000명이 넘는다. 무엇보다, 그들은 라덴이 제시한 테러의 타겟이 된 사람들이 아닌 무고한 시민들이다. 그런데도, 이 테러라는 것이 과연 옳다고 할 수 있는가?

따라서 결론은, 지금은 알 카에다 측과 팔레스타인, 이라크 등이 '악'이고, 미국 측이 '선'일지 모르나, 그들이 테러를 가한 원인을 찾기 위해 과거로 가면 미국이 '악' 그리고 이라크가 '선'이었다는 것을 알 수가 있다. 하지만, 무기를 자랑하려는 듯 이라크전쟁을 일으킨 미국은, 이라크나 미국이나 결국 참담한 결과를 낳고 말았다. 나는 이 전쟁에 대해 매우 안타깝게 생각한다. 협상해서 전쟁을 일으키지 않으면 좋았을 것을, 결국 저렇게 사람을 죽이는구나.

준석아, 근거를 대라 근거를

이 글은 공정하지 못한 전제에서 출발했다. 뉴욕의 세계무역센터 쌍둥이 빌딩을 비행기로 공격한 9·11 사건을 알 카에다와 오사마 빈 라덴, 또는 이라크가 일으킨 것처럼 묘사했다. 공정한 척 폼은 다 잡았다. 미국이 과거에 공격당할 만한 짓을 했다고도 썼다. 테러를 가한 원인을 찾기 위해 과거로 가면 미국이 악, 그리고 이라크가 선이라는 거다. 그러면서도 보복 테러로 인해 무고한 사람들이 죽어, 정당한 테러가 될 수 없다고 한다. 복잡하다. 헷갈린다. 도대체 결론이 뭐냐?

9·11 테러가 알 카에다 또는 오사마 빈 라덴과 관련됐다는 설은 미국의 추정일 뿐이다. 명명백백 밝혀진 사실은 없다. 미국은 2003년 이라크를 침공했고, 사담 후세인 대통령을 체포한 뒤 사형장에서 죽였다. 대량살상무기를 찾는다는 명분으로 이라크로 쳐들어갔지만, 대량살상무기는 끝내 찾지 못했다. 이 전쟁으로 인해 9600여 명의 이라크 정규군과 경찰이 전사했고, 무려 10만여 명의 이라크 민간인이 생명을 잃었다. 미군도 4000명이 넘게 죽었다. 누가 선이고, 누가 악인가.

'선악주식회사 프로그램'에 역사적 사실의 데이터들을 깡그리 모아 모아 집어넣고 돌려보고 싶다. 양쪽에서 죽은 사람 숫자로만 선악의 지분율을 매긴다? 미국 쪽은 9·11 때 3000여 명의 인명 피해(미국 국적의 사람만 있지는 않았지만)와 미군 피해 4000여 명, 총 7000여 명이 죽었다고 치자. 이라크는 10만 명이 넘게 죽었다. 열 배가 넘는다. 아니다. 먼저 공격을 한 자에게 책임이 있다. 한국전쟁도 '남침'이라는 이유 하나만으로 모든 책임을 북한에 돌리지 않는가. 근데 이라크가 전쟁을 일으켰나? 땅에 묻힌 후세인이 벌떡 일어나 "자다가 왜 봉창을 두드리냐"고 할 것만 같다. 이런 논리라면 이라크의 사담 후세인 전 대통령은 무고한 피해자이다. 후세인은 선인가? 그는 23년간 이라크를 쥐고 흔든 독재자였다. 민간인을 학살했다는 비난도 받는다. 그렇다고 미국이 주권국가인 이라크를 멋대로 침공하고 대통령까지 처형한 일을 정당화하긴 힘들다. 게다가 1980년대 이란과 이라크가 대립할 땐 이라크 후세인 편을 들어줬던 미국이었다. 그럼 뉴욕 세계무역센터 빌딩은 누가 때렸느냐고? 그걸 내가 어떻게 알아! 미국을 왕 증오하는 세력이 했겠지.

9·11은 준석에게 버거운 주제였다. 이 정도 쓴 것만으로도 격려를 해줘야 할지 모른다. 선악이 명쾌하게 구별되기란 쉽지 않다. 법원의 판결이 수시로 뒤집어지는 것도 그런 이유 때문이다. 검사가 징역 10년형을 구형했던 피의자가 법원의 1심 판결에선 무죄를 받기도 한다. 2심에서는 다시 유죄가 되었다가 3심인 대법원에서는 무죄가 될 때도 있다. 이렇게 어떤 사건의 최종 판단을 내리는 일은 어렵다. 글도 마찬가지다. 그래서 엄정한 '근거'를 가지고 써야 한다. 준석의 글엔 근거가 없다. 그냥 어디서 주워들은 이야기들을 진실이라 단정해버렸다. 9·11을 알 카에다나 빈 라덴, 이라크가 일으켰다는 논거 말이다. 네가 붙인 선악의 딱지는 딱지치기할 만한 가치도 못 된다. 논리의 중심이, 세계무역센터 빌딩처럼 무너져버린 글이 돼버렸다.

이제 '선악관'의 요점을 정리해보자.

1. '절대'가 아니라 '상대'다.

절대 선도 없고, 절대 악도 없다. 그 평가 기준도 시대 상황에 따라 바뀐다. 19세기 미국에서 노예제도를 옹호한 남부를 악으로, 노예제도를 반대한 북부를 선으로 단순하게 갈라 말할 수 있을까? 북부가 노예제도를 반대한 이유는 자본주의 생산 관계의 성숙 때문이었다고 한다. 경제적 필요성이 서로 달랐을 뿐이다. 요즘 어른들이 많이 사용하는 '진보'와 '보수'라는 개념도 마찬가지다. 진보와 보수는 절대적 개념이 아니다. 아무리 진보적인 사람이더라도 보수적인 기질이나 측면이 있고, 아무리 보수적인 사람이더라도 진보적인 측면이 있다.

2. 누구 입장에서 볼 것이냐.

세상을 '보는 자리'가 중요하다. 어디서 보느냐, 누구의 입장에서 보느냐에 따라 그림이 다르다. 부자의 입장에서 볼 때와 가난뱅이의 입장에서 볼 때는 하늘땅 차이다. 권력자의 입장이냐, 힘없는 서민의 입장이냐에 따라서도 그렇다. 누구의 시선으로 보느냐는 결국 '철학'의 문제다. 다른 말로는 '세계관'이라고도 한다. 세계를 어떻게 볼 것이냐!

대부분 자기가 선 자리에서 세상을 보려고 한다. 상식적으로 그게 맞는 듯 보인다. 하지만 자신과 다른 사람 처지에서, 특히 자신보다 못한 사람 처지에서 세상을 보고 행동하는 사람들도 있다. 어려운 말로 "존재가 의식을 배반한다"고 하는데, 이런 걸 '정의'라고도 부른다. 아, "정의란 무엇인가"에 관한 해답이 나왔나? 그런 사람들이 많이 나올수록 세상은 건강해진다.

이제 결론이다. 이분법적인 선악관에서 벗어난다는 건 한마디로 '합리'다. '근대'란 그러한 합리적 이성의 시대다. 휘어지지 않은 선악관은 합리적인 글의 첫 단추다. 결론으로, 그 화두 하나를 던진다.

"무식이란 무엇인가."

맨 앞에선 『정의란 무엇인가』라는 책 이름을 예로 들었다. '정의'와 '무식'의 관계는 뜨악하게 보인다. 무식이란 지식의 많고 적음으로만 결정되지 않는다. 정의와 불의를 구분하는 눈이 어두운 것도 무식이다. 외국의 유명한 대학에서 박사 학위까지 따고도 무지몽매한 글을 쓰는 경우가 있다. 여기서의 '무식'이란 천박한 세계관이다. 정의와 불의, 선과 악의 경계를 단선적으로 이해하고 얼토당토않은 기준을 들이대는 경우다. 미국은 무조건 선, 북한은 무조건 악으로 보려는 시각이 그중 하나다. 거꾸로 진보는 무조건 선, 보수는 무조건 악으로 몰아세우는 태도도 문제가 있다.

오늘, 무식한 글을 쓴 준석아. 무식해지지 않으려면 역사적 이야기들을 많이 알아야 한다. 세상이 돌아가는 원리를 이해하되, 누구의 편에 서서 볼지도 생각해야 한다. 무식, 노(NO)!

덧 "(미국인들의) 68퍼센트가 악마의 존재를 믿는다. 대졸 학력자의 68퍼센트, 대학원 이상을 졸업한 고학력자의 55퍼센트가 악마의 존재를 믿는다."(제러미 리프킨의 『유러피언 드림』 중에서) 미국이 맘에 안 드는 국가에 대해 '악의 축' 운운하며 악마로 모는 데엔 이런 바탕이 있는지도 모른다.

06

'묘사'를 박대하는 더러운 세상!

카메라 클로즈업에서 배우기

빙글빙글 카메라가 돌아간다.

입술 죽인다. 클로즈업, 더더 클로즈업. 아래로, 아래로 내려간다. 손에 밀착. 카메라 뒤로 뺐다가, 이번엔 발이다. 위로 위로 눈. 동작 좋고. 바로 밑 콧구멍 오케이. 다시 아랫입술 클로즈업~.

손·눈·코·입·발에 담긴 은서의 감정

진짜 동영상은 아니다. 눈으로 찍고 문장으로 출력하는 그림이다. 대충 스케치하면 다음과 같다. "식당 앞에서부터 초딩 은서는 어깨를 앞뒤로 흔들었다. '난 싫어. 국수 싫다고.' 반강제로 앉았다. 평소보다 입 부위가 돌출한 상태. 아랫입술이 5밀리가량 더 나왔다. 반쯤 감긴 두 눈은 45도 오른쪽 아래 방향만을 주시하고 있다. 왼손으론 턱을 괬다. 시간이 갈수록 아랫입술이 더 삐져나온다. 오른발은 10초

간격으로 식탁 다리를 찬다. 콧구멍은 5초 간격으로 벌렁벌렁. 젓가락을 주자 고개를 젓는다. '싫어. 안 먹는단 말이야.' 이번엔 눈을 15도 위 방향으로 치뜬다."

뭐 이리 복잡할 필요 있느냐고? 다음과 같이 간단하게 줄여도 된다. "은서는 국수가 싫다고 투정 부리며 피자를 먹자고 떼썼다." 짧은 설명만으로는 허전할 때가 있는 법. 앞에서는 "투정을 부렸다"에 그치지 않고 은서의 머리·손·눈·코·입·어깨·발의 움직임을 전했다. 각 신체기관의 변화가 꼬마의 감정을 반영한다. 이를 통해 독자는 "은서가 삐쳤다"는 상황을 더 깊이 받아들인다.

'묘사'에 관해서 말하고자 한다. 흔히들 글쓰기 책에선 "서술하지 말고 묘사하라"고 권한다. 왜 그럴까. '실감' 때문이다. '실감'이란 피부에 와 닿는다는 뜻이다. 귀동냥으로 전해들은 느낌보다 '보았다'는 느낌에 가깝다. 다르게 말하면 '생동감'이다. 정지된 스틸보다는 움직이는 동영상!

중딩 준석도 처음에는 실감 나는 글을 썼다. 글쓰기 홈스쿨을 처음 시작할 땐 묘사가 썩 괜찮았다. 가족여행 다녀온 소감문에서 남이섬 펜션에 있던 개의 미세한 움직임을 탁월하게 그려 칭찬을 받기도 했다. 날이 갈수록 '불감'의 글로 변했다. 묘사하지 않고, 서술하고 논(論)하려고만 했다. 뭉뚱그려 설명하려고만 했다. 망하는 글의 지름길이다. 학교 수련회를 다녀온 준석에게, 다시 한 번 '묘사'를 강조하면서 소감문을 적게 했다.

"(앞 생략) 결국 한 놈이 걸렸다. 교관 선생님은 역시나 호되게 혼을 내셨다. '야, 내가 정직하게 바로바로 내라고 말했어 안 했어!!!' 아이는 고개만 떨구고 있을 뿐, 아무 말도 안 했다. 어쩌면 그 애는 교관 선생님보다 아이들의 따가운 시선이 더 무서웠을 것이다. 결국 선생님이 '여러분, 제가 기회를 주었습니까, 안 주었습니까?' '주었습니다.' '소리가 길다!!' '주었습니다!' '그런데 이 친구는 그걸 알고도 약속을 지켰습니까, 안 지켰습니까?' '안 지켰습니다!' 모두 침을 삼켰다. 과연 어떤 벌을 줄 것인가. (뒤 생략)"

들이대는 거야! 가까이, 더 가까이!

와이드 샷이 아니다. 클로즈업이다. 2박 3일 수련회 중 입소 과정에서 벌칙 받는 순간에 90퍼센트 이상을 할애했다. '묘사'는 글의 질서를 바꾼다. 2박 3일을 다녀왔다고, 전체의 시간을 공평하게 보여준다면 오히려 산만하다. 단 1분에 불과하더라도, 가장 인상적인 순간을 집중적으로 묘사하는 편이 효과적이다. 인물이나 심리에 관한 묘사도 그렇다.

유명한 사진가 로버트 카파는 '있어 보이는' 말을 남겼다. "당신의 사진이 만족스럽지 못하다면, 그것은 충분히 가까이 가지 않았기 때문이다." 쉽게 말해서 이거다. "들이대라, 가까이 들이대라." 들이대서 묘사해야 성공한다.

내 마음속에 내시경을 넣어

입속으로 카메라가 들어간다.

어린이와 청소년 여러분은 경험할 기회가 드물다. 어른들은 일정 시기가 되면 정기 건강검진 때마다 입속에 카메라를 쑤셔 넣는다. 으아아악!!!! 입속에 들어가 뱀처럼 꿈틀거리며 식도를 넘은 카메라는 안테나처럼 쑥쑥 늘어나며 위(胃)를 향해 밑으로 기어들어간다. 위 촬영 임무를 맡은 내시경*이다. 카메라에 몸을 허락한 이들은 병상에 누워서 침을 질질 흘리기 일쑤다. 그래도 이건 양반이다. 똥꼬로 들어가는 카메라도 있지 않은가. 대장 내시경이다. 으흐흐 생각만 해도 몸이 움찔움찔!

은서에겐 마음속에 내시경을 넣어보라고 했다. 쉽게 말해 '심리묘사'다. 감정의 변화를 촬영하고 기록하는 일이다. 앞에서 잠깐 묘사한 식당에서의 투정 사건을 상기시켰다. "그때 너의 생각을 행동에 옮기기까지 과정을 꼼꼼하게 적어봐."

 은서 글 수제비 좀… 담엔 피자, 콜?

우린 일요일 점심시간에 점심 메뉴를 정하고 있었다.

---

* 사람 몸속으로 들어가 내장 장기의 영상을 전송해주는 의료용 촬영 기구.

다른 사람들도 이런 걸 하는지 안 하는지는 잘 모르겠지만, 우리 가족에게는 흔한 일. 오늘은 아빠가 ○○국수를 먹고 싶어 하신다. 하지만 저번에도 이러셔서 내가 한 번 봐줬지만, 이번에는 절대로 봐줄 수 없다. 나는 볼을 풍선으로 만들어 "흥! 이번에는 절대로 못 봐줘!"라고 했다.

아빠는 한 번만~이라고도 말하고, 급기야 담엔 피자를 먹겠다는 이야기도 나왔다. 나는 피자 이야기에 솔깃했지만 그래도 수제비라니!!! ○○국수집이 싫었다. 그 집 메뉴 중 하나인 수제비는 그래도 봐줄 만한데 들깨, 게다가 내가 싫어하는 검은 콩도 갈아서 넣었다.

나는 반항했지만 아빠한테 억지로 끌려갔다. 아빠가 접시를 주고, 휴지를 주고, 젓가락, 숟가락을 줘도, 나는 흥! 하면서 고개를 돌렸다. 받고도 싶고, 배도 고팠다. 하지만, 삐짐 스킬 마스터의 힘을 보여줘야 했다. 내가 숟가락과 젓가락을 줘도 안 받은 이유가 이 때문이다.

수제비가 나오고, 주먹밥이 나오고, 떡 구이가 나오고, 홍합짬뽕이 나와도 볼을 풍선으로 만들고 아무 말도 하지 않고, 아무것도 먹지 않고 있었다. 그런데 몇 분이 지나자 배도 고프고, 꼬르륵 소리도 났다.

내 마음이 두 개로 갈라졌다. 하나는 '아니야, 안 돼, 빨리 화를 풀고 맛있게 밥 먹고, 다음에 피자 먹어야지~'였다. '왜 이때까지 참아서 일을 커져버리게 해! 그냥 빨리 먹어~.' 그리고 또 다른 하나는 '아니야, 아니야, 삐짐 스킬 마스터 제1을 다 써먹어야지. 보여주는 거야. 그래, 잘 봐라 이게 삐짐의 힘이라고 말이야. 그럼 사람들은 이제부터 아, 삐짐이라는 게 바로 이런 것이었구나. 다음부터는 은서가 하고 싶은 걸로 해줘야지, 라고 느낄 거야. 응?'

하지만, 난 여리고 착하기 때문에 첫 번째 마음이 이겼다. 그래서 나는 아빠한테 말했다. "수제비 좀……." 그러자 아빠가 "그래그래" 하시면서 웃는 얼굴로 수제비를 떠주셨다. 그 다음에 아빠한테 또 말했다. "다음에는 피자…… 응?" (하략)

"흥"에 담긴 열 가지 복잡한 감정

"글 쓸 땐 배드걸~ 먹을 땐 굿걸~." 걸그룹 '미스에이'의 〈배드걸 굿걸〉의 가사를 비틀어보자면 그렇다. 먹고 놀 때만 '굿걸'인 은서도 자신이 원치 않는 걸 먹어야 할 땐 '배드걸'이 된다. 글에 나오듯 '볼을 풍선처럼' 만든 뒤 '삐짐 스킬 마스터'를 발휘하려 한다.

한 번 퇴짜를 놓고 다시 쓴 글이지만 신통치 않다. 심리묘사보다는 행동을 설명한 부분이 압도적이다. 마음 내시경은 갈라진 두 개의 마음을 보여줄 때만 작동했다. 건성으로 대충대충 찍었다. 사실, 다 안 찍어도 좋다. 한 군데만 집중적으로 찍어도 된다. 아무튼 마음 내시경을 넣고 헛구역질 나올 때까지 촬영하면 안 되겠니?

그런 의미에서 은서에게 숙제를 하나 냈다. 글 속에 "흥"이라는 의성어 한 음절이 있다. 여기에 깃들었던 마음을 열 가지 적어보라고 했다.

1) 지금 여기서 지고 시키는 대로 먹으면 자존심 Down 소녀.

2) 잘 포기하는 애로 알지도 몰라.

3) 날 쉽게 볼지도 몰라.

4) 그냥 수제비 먹을까?

5) 근데 배고프다.

6) 향기도 좋은걸.

7) 꿀이다. 떡 구이 찍어 먹으면 맛있을 텐데.

8) 주먹밥이 아주 연기가 모락모락~ 맛있겠다.

9) 와, 수제비다.

10) 다 맛있겠다.

'흥'이라는 한 글자 속엔 여러 욕망과 아빠에 대한 거부감, 쉽게 포기할 수 없는 자존심이 복잡하게 얽히고설켜 있다. 이걸 맛있게 반죽해서 묘사하면 실감 나는 글이 될지도 모른다. '흥' 하나에 수십 가지 심리 해석을 끌어다 붙이고 전후의 상황을 전하면서 글 하나를 통째로 요리해도 좋다. 내시경으로 '흥'의 속살만 찍어도 좋다는 이야기다. 마음의 클로즈업이라고나 할까. 다음은 준석의 글이다. 중학교에서 수련회 다녀온 소감을 적었다.

준석 글 전체 반 좌향좌… 모두 침을 삼켰다

"하나, 둘, 하나, 둘!" "또 느려진다 느려져!" "전체 귀 잡아!" 교관님의 말씀 중 가장 기억에 남는 말이었다. 항상 신속함과 함께 한 치의 어긋남도 없는 정확함, 정직함을 요구하는 이곳, 중학생이 따르기는 참~ 힘든 이곳, '○○○ 수련원'을 소개한다. 뭐 4, 5학년 때도 수련원을 다녀와서 그렇게 낯설지는 않다. 하지만, 다른 수련원보다 훨씬 넓은 방과 함께 고급 음식, 고급 시설의 '수련원의 이데아'인 ○○○ 수련원을

준석이가 그린 수련원 벌칙 장면. 엉거주춤해서
웃겼지만, 뼈아픈 자세가 아닐 수 없다.

간 건 매우 좋았다. 무엇보다 가장 기억에 남는 일을 말하라고 한다면, 단연 '벌칙'을 뽑을 것이다.

특히 '이상한 포즈'를 잊을 수 없다. '이상한 포즈'는 우리가 수련원에 갔을 때부터 시작되었다. 교관님들이 아이들의 위험한 물건이나 사진기를 걷을 무렵, 우리들은 조용하였다. 교관님들은 몇 번이고 "정직하게 내거라"를 반복하셨다. "안 내면 전체 벌칙이다." 위협적인 말로 부드럽게 이야기하셨다. (중략)

결국 한 놈이 걸렸다. 교관 선생님은 역시나 호되게 혼을 내셨다. "야, 내가 정직하게 바로바로 내라고 말했어 안 했어!!!" 아이는 고개만 떨구고 있을 뿐, 아무 말도 안 했다. 어쩌면 그 애는 교관 선생님보다 아이들의 따가운 시선이 더 무서웠을 것이다. 결국 선생님이 "여러분, 제가 기회를 주었습니까, 안 주었습니까?" "주었습니다." 소리가 길다!!" "주었습니다!" "그런데 이 친구는 그걸 알고도 약속을 지켰습니까, 안 지켰습니까?" "안 지켰습니다!" 모두 침을 삼켰다. 과연 어떤 벌을 줄 것인가.

벌칙령이 시작되었다. "전체 반 좌향좌." 엉거주춤 좌향좌를 하는 아이도 있고 우향좌를 하는 아이들도 있다. "여러분 반 좌향좌 모릅니까? 반 좌향좌!" 결국 아이들은 반 좌향좌를 시도하였다. "팔을 높이 태극기를 향해서 드세요." 들었다. "고개를 하늘로 향해!" "허리 굽히고!" 그랬더니 이게 뭔가. 정말 뼈아픈 자세가 아닐 수 없다. 목의 통증에, 등뼈에서 울리는 통증, 무엇보다 자세가 웃겼다. 힘들어하면서도 아이들의 자세를 보면서 웃기만 했다. 몇 분 뒤, 교관이 물었다. "다시 한 번 이런 일이 일어나야겠습니까?" 우리들은 "아니오!"라고 대답했다. 결국, 앉았다. "편히 앉으세요"에 "감사합니다!!"라고 했다.

그동안은 여자애들이 벌 서는 것을 구경하였다. 역시 재미있었다. 학생들이 자꾸 걸리니까 신뢰가 안 가서인지 교관님들은 계속 "자~ 더 없어? 내가 기회 준다고 했다~"고 한다. 아, 낼 애들은 좀 그냥 내라. 그런데 결국 안 낸 한 학생이 걸려버리고 말았다. 그리고 그의 성별은 '남'이었다~!!

결국, 다시 벌칙을 받게 되었다.

예상은 모두들 하고 있다. "안 내는 이유가 뭐죠?" "다시 좌향좌, 두 손 들어, 허리 굽혀, 고개 천장으로 들어!" 아 이런 멍청한 놈 같으니. 자신도 그렇게 당해보았을 텐데 아직도 내지 않다니 그놈은 참으로 멍청한 놈이었다. 이제 몸이 좀 풀리려~ 하는데 또다시 이런 불상사를 내다니. 아이들은 전부 다 그 아이를 보고 짜증내듯 "아~~ 진짜!"라고 말했다. 하지만 선생님도 사람인지 "너희들도 그런 일이 일어날 수 있으니까 격려해주어라"라고 말씀하셨다. 결국 벌칙은 이걸로 다행히 끝이 났다. (하략)

뭐야? 교관은 어떻게 생겼는데?

좋다. 다 좋다. 수련회를 다녀온 준석에게 가장 인상적인 순간은 입소할 때의 벌칙이었다. 이 상황을 묘사하는 데 승부를 걸었다. 이 상황의 중요한 등장인물은 교관이다. 교관의 말 한마디에 아이들은 울고 웃었다. 한데 교관은 어떻게 생겼나? 교관의 생김새와 복장, 특징을 묘사한다면 더 생생하지 않을까? 한마디로 결정적인 '인물묘사'가 빠졌다는 말이다.

글을 읽고 난 뒤 준석과 대화를 주고받았다. "교관은 어떻게 생겼나?" "잘 못 봤어요. 벌 받느라고……." "정말 하나도 안 봤어?" "음, 그건 아니고." "봤어, 안 봤어?" "멀리서 봐서……." "하나도 안 보여?" "아니 보긴 봤죠." 알고 보니, 준석은 교관의 인상착의를 정확히 알고 있었다. 봤으면서도 왜 안 썼을까? 빼먹은 거지 뭐~. 은서에게 했듯, 교관의 인물묘사 역시 열 가지로 정리시켰다.

1) 검은색과 빨간색이 어우러진 유니폼을 입었다.

2) 검은 모자를 썼다.

3) 안경을 안 썼다.

4) 나이는 약 45세가량 돼 보였다.

5) 키는 175센티미터 정도?

6) 뚱뚱하지는 않았다. 호리호리했다.

7) 꾹 다문 입으로 볼 때 엄한 표정이었다.

8) 목소리는 크고, 굵고, 짧았다. 위협적이었다.

9) 아이들이 실수할 때마다 다시 하게 했다.

10) 군인 출신 같다. 학교에서 만나기는 싫다.

　이런 내용들이 녹아들었어야 했다. 그래야 문장 위에 중딩들이 벌칙받는 광경이 스크린처럼 흐르지 않겠니? 친구들에 대한 묘사도 부족하다. 체육복을 입었는지, 교복을 입었는지, 사복을 입었는지도 안 나와 있다. 무리가 몇 명이었는지도, 구체적인 반응들도 더 궁금하다. 이건 기본이다.

　추리소설을 떠올려본다. 살인 사건을 추적하는 경찰 수사팀을 떠올려본다. 단서를 찾고 실마리를 풀려면 범인의 인상착의가 필수적인 단서다. 어떻게 생겼는지, 무슨 옷을 입었는지, 목소리가 어떤지, 행동할 때 습관은 무엇인지 등등. 글로 상황을 묘사할 때 주요 인물들의 인상착의로 실마리를 잡아봐라. 의외로 글이 풀린다. 준석아, 상황묘사하기 전엔 반드시 인물묘사부터!(중학교 수련회에서 체벌이 올바른지에 대해서는 여기서 논외로 한다.)

그림에서도 데생이 기본이지~

　초 · 중 · 고교의 국어나 논술 시험엔 "~에 관해 서술하시오"나 "~

에 대하여 논술하시오" "~를 설명하시오" "~를 입증하시오"로 끝나는 주관식 문제는 많다. "~의 광경을 묘사하시오"로 끝나는 문제는 못 들어봤다. 논리적인 능력은 강조하지만, 이를 탄탄히 받쳐주기 위한 묘사 능력은 중요히 여기지 않는 느낌이다. 그림 같은 묘사를 거친 사실관계에서 나오는 추론이나 판단이야말로 읽는 이를 끄덕이게 한다. 묘사는 그림으로 치면 데생이나 스케치 능력이다. 데생을 잘해야 나중에 고도의 테크닉을 요하는 추상화나 정물화나 인물화도 잘 그린다. 묘사가 있다는 것은 결국 '이야기'가 있다는 말과 같다.[*]

자, 결론은 다음 한마디다.

'뽀샵'은 하더라도… 잘 좀 찍어보자꾸나.

인간의 눈은 카메라 렌즈와 다름없다. 스틸, 동영상 둘 다. 카메라는 입에도, 위(胃)에도, 똥꼬에도, 마음에도 쑥쑥 들어가서 활동한다. 중요한 부분을 선택해 초점 분명하게 맞춰서 셔터 흔들리지 않게 잘 찍어라~잉. 카메라로 찍은 듯한, 살아 있는 너희들의 글을 보고 싶다. 퇴고하면서 '뽀샵'은 하더라도 말이다.^^

> **덧** 이왕이면 어린 시절부터 실제 카메라 찍는 법을 익혀도 좋다. 카메라는 관찰력을 높여주는 유용한 장난감이다.

---

[*] 1부 '따라하면 재미없지' 중 〈6. 미친 꼬마에게 이야기가 있다네〉 참조(103~114쪽).

07

'심심한 엘리베이터'를 거부함

계단을 달리는 소년의 정신

"불굴의 백수처럼 써라."

인상적인 글을 쓰고 싶은 이들에게 전하고픈 말이다. 그냥 '백수(실업자)'가 아니다. '불굴의 백수'다.

잠시 백수로 지낸 경험에서 체득한 교훈이다. 그때 나의 장난스러운 좌우명은 이러했다. "심심하면 지는 거야." 남는 시간을 주체하지 못하는 티를 역력하게 내거나 '무슨 건수 없나' 여기저기 기웃거리는 꼴은 저렴한 인간으로 추락하는 지름길이라고 생각했다. 누군가가 전화로 불러주기만 하면 언제든 즉각 '5분 대기조'처럼 '출동'할 듯한 자세는 백수의 존엄성을 훼손한다는 철학이었다. 나는 놀면서도 바쁜 척했다. 이런 '불굴의 백수정신'과 글의 운명은 닮았다. 정말, 심심하면 진다.

앞부분일수록 빠른 리듬으로!

학창 시절의 선생님들을 떠올려본다. '지루한 수업'에 강했던 분들의 얼굴이 스쳐 지나간다. 말 한마디 한마디가 수면을 유도했다. '유쾌한 수업'에 강했던 분들의 얼굴도 함께 지나간다. 점심시간 직후라도 눈꺼풀이 내려앉기는커녕 똘망똘망해졌다. 어떻게 졸리지 않도록 지루함을 타파할까. 세 가지로 정리해본다.

첫째, 처음이 심심하면 지는 거다. 첫 문장도 중요하지만, 첫 단락도 마찬가지다. 앞 대목을 흔히 '리드'라 부른다. '리드'는 말 그대로 글 전체를 '리드'해야 할 막중한 책임을 지닌 승부처다. 첫 대목에서 '뭔가 있다'는 인상을 결정적으로 주지 않으면 독자의 시선은 곧장 이탈한다. 더더욱 '단문'이 필요한 이유다. 사람들은 롱테이크를 잘 참아내지 못한다. 글의 앞부분일수록 빠른 리듬으로 문장을 전환해야 한다. 숏컷! 처음이 활기차야 전체가 활기차다.

둘째, 구구절절하면 지는 거다. 너도 알고 나도 알고, 혹은 우리 집 강아지조차 귀띔으로 알고 있을 당연한 말들은 절대 장황하게 나열하지 말자. 이거야말로 '심심 올림픽'의 금메달감이다. "새삼 재론하지 않겠다" "생략하겠다" "여러분도 이미 잘 알듯이" 등으로 툭툭 가지를 치는 편이 낫다. 가령 "요즘 친구들이 얼마나 학원 때문에 등이 휘는지는 길게 이야기하지 않겠다"라는 식으로.

셋째, 머리 아프면 지는 거다. 다른 말로 하면, 비유가 없으면 지는 거다. 전문적이거나 낯선 이야기일수록 그렇다. 어려운 고담준론을 생활 속의 가볍고 사소한 에피소드처럼 끌어오자. 2010년 11월 발생한 연평도 포격 사건을 '또라이 친구'에 빗대듯이.

'언제, 어디서'를 뭐 그리 길게 늘어놓나

이런 관점에서 준석과 은서의 글을 읽는다. "이건 내가 유치원 때 겪은 일인데, 그때는 참으로 신기했다. 유치원을 다니던 12월 크리스마스이브였다. 아니, 어쨌든 크리스마스에 나는 산타에게 선물을 받았다. 내가 받기 전, 어떤 아이는 장난감을 좋아하는데……."(은서) "한창 신원당 아파트에 살 때였다. 엄마는 유딩들이나 믿을 괴담을 해주시곤 하였다. '지하로 내려가면 망태 할아범이 잡아간다!'"(준석)

산타 할아버지의 진실을 폭로하는 글의 첫 대목이다. 은서는 '언제, 어디서'에 관해 뭐 그리 길게 늘어놓는가. 준석도 "한창 신원당 아파트에 살 때였다"라며 역시 시공간 설명으로 시작한다. 쓸데없이 머뭇머뭇 어슬렁거릴 이유 없다. 핵심을 내포할 만한 엉뚱한 키워드를 들이대거나, 최소한 냄새라도 피워야 한다. 딴청 피우는 척하면서, 확 치고 나가는 거다(참 말은 쉽죠~잉).

심심한 글들에게, 심심한 유감을 표하는 바이다.

왜 뛰지? 걸어가면 지루하니깨!

엘리베이터 노땡큐!

준석이는 뛰어 내려간다. 13층이나 되는데도, 엘리베이터는 안중에 없다. 위험하다고 아무리 말려도 소용없다. 서너 계단을 한꺼번에 성큼성큼 뛰기에, 한 층씩 내려올 때마다 '쿵' 하는 거대한 발자국 소리를 낸다. 아침 등교 시간마다 한결같다. 엘리베이터보다 늘 빨리 1층에 도착하는 준석. 왜 그러느냐 물으면 "기다리기 지루하다"는 대답이 돌아온다. 그 사이를 못 참다니! 나쁘게 말하면, 인내심이 없는 '이상한 소년'이다. 좋게 말하면, 지루함을 거부하는 '활기찬 소년'이다. '시간을 달리는 소녀'에 빗대자면 '계단을 달리는 소년'이랄까(그러나 올라올 때는 절대 뛰어오지 않는다는 거).

아이들은 본래 뛰어다니기를 좋아한다. 왜? 걸어가면 지루하니까! 준석과 은서는 야외에서도 틈만 나면 서로 '잡기 놀이'를 한다며 망둥이처럼 뛰어다닌다. 뛰면 스트레스가 풀리나 보다. 호흡이 가빠지지만, 깔깔깔 웃음이 터진다. 그래 뛰자. 글도 이왕이면 뛰는 리듬감을 유지하면 어떨까. 준석아, 산타클로스의 비밀을…… 뛰면서 폭로해봐! 은서도 함께!

 준석 글 망태 할아버지와 산타클로스

이 글을 쓰려니, 망태 할아범이 생각난다. 추억의, 아니 공포의 대상이었다. 물론 지금 이것을 믿을 사람은 없다. 뭐 하나 잘못하면 "망태 할아범한테 잡아가라고 한다!"라는 어른들의 말은 유년의 기억 속에 남아 있을 것이다. 나 역시 가끔 싫은 사람이 있으면 '망태 할아범이 잡아갔으면 좋겠다'라는 생각을 한 적이 유년에 있었고, 망태 할아범이 두려웠다. 이제 동양의 망태 할아범과 너무나 너무나 유사한 모습을 지닌 서양의 그분을 리뷰하겠다. 산타클로스!

둘이 뭐가 같냐고? 둘 다 망태(물론 용도가 다르지만)를 하나씩 가지고 다닌다. 또 할아버지라는 거. 다른 점도 있다. 아이들에게 망태 할아범은 귀신 같은 존재로 여겨지지만, 산타클로스는 아이들에게 선물을 나누어주는 고마운 존재로 여겨진다. 또 망태 할아범은 나쁜 아이를 잡아다가 착한 애로 만들어주는 소년원 같은 사람이지만, 산타클로스는 착한 아이에게만 선물을 주고 보상하는 사람이다. 아이들은 순수하다. 그렇기 때문에 어른들은 항상 '순수한' 방식으로 아이들에게 접근하여 다스린다. '순수한 방식'이란 것은 폭력과는 무관한, 동심을 자극하는 그런 것을 말한다. 예를 들면 엉덩이에 이름 쓰기라든가 '이거 안 사줄 거야' 같은 협박(?) 등이 있지만, 아무래도 최고의 예는 '망태 할아범'이나 '산타클로스'이다.

내 생각에는 산타클로스가 더 최고의 예 같다. 더욱더 '동심'을 자극한 것에 대하여서 말이다. 날개 없지만 날아다니는 루돌프를 타고 다니는 산타클로스는 아이들에게 선물을 나누어준다.

정말 아이들의 동심을 자극하는 것은 '착한'이다. 오직 착한 아이들에게 선물을 나누어준다는 소문이 나돈다. 우리 같은 청소년은 "에이 설마 나쁜 짓 해도 산타가 알겠어?" 한다. 이상하게 아이들에게는 통한다. 어른들이 연극을 하기 때문이다.

그 연극의 대표적인 예가 '위장'이다. 내가 어릴 적, 태권도를 마치고 왔을 때, 친구들과 엄마가 있었다. 그 속에는 '산타 할아버지'가 있었는데, 정말로 선물을 나누어주신다. 그리고 하늘을 본다. 하늘에는 아무

것도 없는데 "어 저기 보이네 보여, 루돌프가 보이네!" 하면서 아이들의 호기심을 자극한다. 그럴수록 아이들의 믿음은 무서울 정도로 굳건해진다. '산타클로스는 정말로 있다!' 고. 하지만 사필귀정이다. 모든 일은 정상적으로 되돌아간다. 나는 그때 사진의 산타클로스 할아버지를 보면서 '이분은 산타 할아버지가 아니고 산타 아저씨구나' 라는 걸 느꼈다. 아주 세밀한 '검은 구레나룻' 때문이었다. 또한 가짜 수염을 고정시키기 위한 고무줄 선, 하얀 눈썹에 가려진 검은 눈썹. 늙으신 분은 개뿔, 아주 젊으신 분이라는 것을 알게 되었다.

정말 당연한 거지만, 산타클로스나 망태 할아버지 따위는 없다. 아직도 '산타클로스가 실제로 있다' 라는 생각을 가진 사람은 멍청한 거고. 그들은 오직 '아이 교육 수단' 일 뿐이다. 한번 보자. 뭐든지 '안 착해서' '착해서' 이런 일이 일어나는 거라고 어른들은 말한다. "안 착하게 굴면 망태 할아버지가 잡아가!" "착한 일만 가득 해야 산타 할아버지가 선물 주신다!" 그래놓고는 자기가 선물 다 사놓고 위장술을 한다. 고마운 거지만. 그분들은 '가상 인성 교육 담당자' 라고 해야 할 듯싶다.

또 이 글을 읽는 독자들에게 전하고 싶은 말이 있는데, 만약 당신 옆에 산사모(산타클로스를 사랑하는 모임)에 가입한 아이가 있다면, 절대 이 글을 읽게 하지 말아라! 인성 교육을 위한다면, 또 아이의 동심을 깨고 싶지 않으시다면!

 은서 글 족집게 할아버지, 이젠 안 속아요

나는 족집게 할아버지에 속은 적이 있다. 유치원을 다니던 12월 크리스마스이브였던가? 나는 산타에게 선물을 받았다. 내가 받기 전, 유난히 장난감을 좋아하는 친구가 있었다. 산타 할아버지가 그 아이한테 장난감을 주며 "너 장난감 좋아하지?"라고 물어보았다. 나는 반찬 투정을 많이 하는데, 들통 날까봐 초조했다. 선물을 받는데 정말 산타 할아버지가 "너 반찬 투정하지? 다 알아!"라고 말씀하셨다. 산타 할아버지는 족집게 할아버지였다.

아이들은 산타가 있느니 없느니를 갖고 싸우기도 한다. 지금의 나는 없다고 생각한다. 유치원의 그 산타 할아버지는 그냥 어떤 아저씨가 변장한 거였다는 거 안다. 족집게처럼 내가 반찬 투정하는 걸 맞춘 것도, 유치원에서 일하는 어떤 사람이 우리 생활 모습을 보고 말한 것이다.

하긴, 진짜 산타일 리 없지. 만화에서 보면 뻔하지 않나? 꼬마는 산타 할아버지에 대한 기대가 부풀어 오르고 있는데, 어떤 아저씨가 분장하는 거 보고 기대감이 급하강.

사실 말이 안 된다. 뭐 날아다니는 사슴, 날아다니는 썰매, 굴뚝으로 들어가는 거. 산타가 굴뚝에 들어가서 인간이 아니면 살지만, 인간이면 타 죽는다.

아이의 엄마, 아빠들은 아이들 몰래 밤에 아이들이 좋아하는 거 사서 편지 써서 놓고서는 "이거 산타가 널 위해 굴뚝으로 내려오셔서 갖다 주신 거야"라고 뻥을 친다. 그렇게 하는 이유는 알겠다. 애들 울거나 싸우고 있는 거 말리기엔 효과가 짱이라는 것이다.

아이들이 싸우다가 "이러면 산타가 안 오시지"라고 말하면 급 착한 척. 애 울고 있는데 "이러면 산타가 안 오시지"라고 말하면 바로 뚝.

나도 어른이 돼서 애를 낳으면 이 방법을 써봐야겠다.

산타클로스가 반찬 투정을 맞힌 이유

은서 글은 여전히 지루하다. 두 번이나 도로 물리게 하고 구박을 하고 다시 쓰라고 했음에도 달라지지 않았다. 글 도입부에서 '언제, 어디서 벌어진 일인지'를 길게 설명한 부분을 쳐버리고, 중간에 배치해 놓은 '족집게 할아버지' 이야기를 곧장 꺼내도록 유도했다. 대폭 '수리' 했음에도 밋밋하다. 단순히 산타한테 속았다는 이야기만 했다. 초딩 저학년의 수준에서도 소화할 만한 내용이다. 글 속의 사실관계도 예리하지 못하다. "족집게처럼 내가 반찬 투정하는 걸 맞춘 것도, 유치원에서 일하는 어떤 사람이 우리 생활 모습을 보고 말한 것"이라는 분석은 잘못 짚었다. 사실은, 엄마가 은서가 받을 '산타 선물'을 유치원으로 보내며 앞으로 고쳐야 할 점을 적어줬는데 말이다. 은서에게 점수를 하사한다. (강아지에게 던지듯) 옜다 44점! 흑흑.

준석의 글은 여전히 재미있다. 은서와 마찬가지로, 첫 도입부가 마음에 안 들어 한 번 다시 쓰게 하긴 했다. 처음에 쓴 글도 영 '꽝'은 아니었다. 두 번째 원고에서 중복되는 여러 부분을 살짝 쳤을 뿐이다. 망태 할아버지와 산타클로스를 동서양 대표로 비교한 부분이 인상적이다. "둘 다 망태를 들고 다닌다"거나 "망태 할아범은 나쁜 아이를 잡아다가 착한 애로 만들어주는 소년원 같은 사람이지만, 산타클로스는 착한 아이에게만 선물을 주고 보상하는 사람"이라는 대목은 날카롭다. 준석의 글은 지루할 틈이 없다. 비유와 함께 '산타클로스 위장술'에 관한 분석과 관찰도 슬며시 들이댄다. 그럴듯하다. 오랜만에 웃었다. 원고량이 조금 길다는 게 흠이라면 흠이다. 준석에게 점수를 하

사한다. (상을 수여하듯) 옜다 88점! 호호.

산타클로스의 비밀을 알아챈 이상, 크리스마스의 설렘과 감동이 절반으로 줄지도 모르겠다. 그렇다고 하여 크리스마스 선물을 조르지 않을 놈들은 아니다. 산타클로스가 썰매를 끌고 오든 말든, 크리스마스 시즌만 되면 캐럴에 맞춰 반짝이는 트리의 불빛에 준석과 은서의 가슴은 마구 뛴다. 이브의 밤을 밝히는 케이크 초 불빛에도 뛴다……뛴다…… 뛴다.

이번 결론은 바로 그 두 음절이다.

뛰.자.

'뛰는 감각'으로 글을 쓰자. 날렵하고 경쾌하고 시원하게 쓰자. 엘리베이터를 거부하고 13층에서 곧장 계단을 뛰어 내려오는 준석의 그 넘치는 활력을 그대로 글 속에 심어보기 바란다. 단지 속도의 문제만은 아니다. 엘리베이터를 기다리고…… 문이 닫히기를 또 기다리고…… 내려가다 또 중간에 문이 열리고…… 또 닫혔다가 열리고…… 마지막 1층에서 또 열리기를 기다리는 지루한 심정. 그 심정을 남의 글을 읽다 느낀 적이 있겠지? 네가 쓰는 글에 '엘리베이터가 지루하게 열렸다 닫히는 듯한' 대목이 없는지를 성찰해보기 바란다. 남들도 뻔히 알거나, 같은 말을 반복하거나, 무슨 뜻인지 알아들을 수 없는 내용이라면 '심심한 엘리베이터'가 따로 없다. 기분 좋게 '쿵쿵' 계단을 울리며 뛰어 내려가듯, 보는 이들을 흥미진진하게 하고 호기심을 부추기면 읽는 이들의 가슴도 '쿵쿵' 뛴다.

그런데 말이다. 웬만하면 아침에 엘리베이터 좀 타면 안 되겠니? 급하게 뛰어가다 다칠까봐 겁나거덩. 아침마다 은근히 조마조마하거덩.

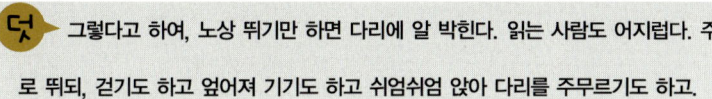

덧 → 그렇다고 하여, 노상 뛰기만 하면 다리에 알 박힌다. 읽는 사람도 어지럽다. 주로 뛰되, 걷기도 하고 엎어져 기기도 하고 쉬엄쉬엄 앉아 다리를 주무르기도 하고.

3

불법금지 잡초금지

01

숨이 가빠와요, 제발 엔터키를…

비문 금지, 빡빡한 단락도 금지

비문을 보고 소스라치게 놀랐다.

내 인생에서 가장 슬픈 순간에 벌어진 해프닝이다. 17년 전 아버지를 떠나보내는 고향의 어느 산 중턱 장지에서였다. 땅에 관이 들어가는 절차가 끝난 뒤 비석을 세우는 작업이 이어졌다. 미리 확인할 기회가 없었던 나는 눈물이 쏟아지는 와중에도 직업적 본능을 발휘하며 비석에 새겨진 문구를 샅샅이 훑었다. '혹시 오자는 없나?' 아니나 다를까. 네 글자로 잘못 기재된 아버지의 한자 이름이 눈을 후비듯 다가왔다. 엥? 이게 뭐야? 가슴이 덜컹 내려앉은 시간은 불과 1분여! 나의 '무식'이 웬수였다. 고인의 성과 이름 사이에 '공(公)'이 들어가는 법인데 이를 착오로 판단했기 때문이다. 비문(碑文)에 비문(非文)이 들어간 줄 착각했던 그때를 떠올리면, 한편으론 슬프고 한편으론 우스꽝스럽다.

'미친넘에'와 '미친넘의'

　준석과 은서에게 "비문이 뭐냐?"고 물었다. '비석에 새겨진 글자'라는 답이 돌아온다. "다른 뜻은 또 없냐"고 재차 물었다. '비밀의 문' 아니냐고 한다. 문장이 성립되지 않는다는 의미의 비문(非文)은 잘 모르나 보다. 그 마지막 '비문'을 말하고자 한다.

　서울 시내 어느 건물 꼭대기에 나부끼는 플래카드를 보다가 한숨을 쉰 적이 있다. "미친넘에 장난질에 미쳐가는 지역주민." 강제철거와 재개발 정책을 비난하는 내용이었다. 혼자 눈을 찌푸렸다. 원색적이어서가 아니다. '아이 참, 이왕이면 맞춤법 좀 지키지.' '미친넘'이 아니라 '미친놈'이 바르다고 우기지는 않겠다. '미친넘'은 그냥 놔두더라도('넘'이 주는 고유한 느낌을 존중해서) 방향을 나타내는 '에'라는 조사는 잘못 들어갔다. "미친넘(의) 장난질에 미쳐가는 지역주민"이 미치지 않은 표기다. 절박한 생존권을 앞에 두고 한가한 소리 하느냐는 공격을 받을지도 모르겠다. 욕을 퍼붓더라도, 맞춤법은 지키자. 안타까워서 하는 소리다. 비문이 담긴 비난과 주장은 두세 배 더 격이 떨어진다.

　'비문'은 주변에 널렸다. 아파트 경비실 안내문에서, 식당 메뉴판에서, 시민단체 성명서에서, 방송 자막에서 사소하지 않은 잘못된 문장들과 자주 만난다. 우리집 아이들도 예외가 아니다. "태어날 때 내 얼굴 밑의 왼쪽에 작은 점이 있었다. 4, 5살 때는 얼굴이 커지면서 왼쪽 밑 점이 같이 커졌다."(은서) 앞의 플래카드처럼 조사를 잘못 사용하거나 은서처럼 맞춤법이 어긋난 경우는 교통 관련 법률에 비유하자면, 기초질서 위반 사항이다. 다음의 경우는 더 고차원의 엉터리다. "은서의 비밀이 있다면 이를 매우 매우 잘 닦지 않는다는 점, 밥을 더 럽게 먹는다는 점이 있다."(준석) "나는 많이 먹는데도 별로 살이 찌지 않는다. 그 이유에는 2가지 이유가 있다."(은서) 주어와 술어가 따로 놀거나 추돌하는 것은 문장의 교통질서를 해친다. 보는 이의 눈을 어지럽히는 '불법 행위'다. 엄하게 처벌받을 수 있다.

'문장 신호등' 안 지키면 리스트 아웃!

실제로 그렇다. 신문사 경력기자 채용 때 지원자들의 자기소개서를 심사한 경험이 몇 번 있다. '불법 문장'들은 눈에 거슬린다. 아무리 번지르르한 내용이어도 표기가 틀리고 주술 관계가 엉망이면 신뢰에 금이 간다. 결국 짧은 서류심사만으로 극형에 처해지기 일쑤다. "리스트 아웃(List out)!"

자라나는 아이들은 미리미리 문장 신호등을 잘 지키는 버릇을 익히기 바란다. 어른이 돼 맞춤법 경찰 아저씨들한테 딱지 끊는 일 없도록.

데스크 준석, 개념 상실 여동생을 지도하다

'크로스 체킹'을 시켰다.

준석에게는 동생의 글을, 은서에게는 오빠의 글을 주었다. 글을 읽고 잘못된 표현이나 맞춤법, 비문을 바로잡으라고 했다. 덧붙여 종합 평가서를 작성하도록 했다.

은서의 반응은 미미했다. 오빠가 쓴 '나의 인생'과 '나에게 동생이란 무엇인가'를 읽으며 빨간 볼펜으로 뭔가 체크를 하는 듯했지만 '물려주는(물려주는)' 따위의 오타 몇 개뿐이었다. 더구나 소감문의 결론도 달랑 "오빠는 글을 참 재밌게 쓴다"였다.

은서의 글에 대한 준석의 '품평' 일부를 소개한다. 준석은 은서가 쓴 '나의 인생'을 읽고 꼼꼼하게 틀린 부분을 바로잡았다. 그리고 이를 기록했다. 준석은 은서를 위한 글쓰기 훈련의 '조교'가 된 셈이다. 먼저 은서가 쓴 '나의 인생'을 보자('나에게 동생이란 무엇인가'는 생략).

 은서 글 내가 1살 때 놀란 사연

나는 태어날 때 무척 작았다. 엄마는 작아서 귀여웠다. 라고 했다. 그리고 기뻐서 내가 나올때 아픈걸 잊어버렸다고 했다.

태어날 때 내 얼굴 밑의 왼쪽에 작은 점이 있었다. 1살때 내 목소리가 컸다고들 했다. 울 때는 4~5시간씩 울었다. 4, 5살 때는 얼굴이 커지면서 왼쪽 밑 점이 같이 커졌다. 나는 오빠와 사이가 나빠서 맨날 싸웠다. 그래서 혼난 적도 많았다. 5~6살 때에는 난 유치원에서 인기가 많았다. 왜냐하면 목소리가 드세고 힘도 셌기 때문이다. 유치원 때 아이들 대부분은 딱딱한 종아리를 때리면 운다.

하지만 난 안 울었다. 힘이 세서 별로 안 아팠기 때문이다. 그래서 아이들은 내가 지켜줄 것이라 생각하고 내 말을 잘 따랐었다. 7살 때는 이사를 갔다. 원당에서 일산으로 가는 것이었다. 여경이와 나는 새끼손가락을 걸며 말했다. "우리 어른 때 만나면 우리 우정처럼 우정유치원을 만들자~!"라고 말했다. 1학년 때는 일산의 문촌의 문촌초등학교에 입학하게 되었다. 그리고 1학년 때의 첫 중간고사 였다. 역시나 올 백이었다. 이번엔 기말고사 였다. 이번엔 젓가락을 젖가락이라 써서, 95점이었다. 그래서 2학년 때에는 아이들이 질투하기도 했다. 어떤 애는 "은서야! 내가 너보다 점수가 더 잘 나왔다~!"라고 기뻐서 나에게 잘난척을 한 적도 있었다.

2학년의 어느 날 원당으로 놀러가 여경이를 만났다. 만난 다음 몇 분 후 나는 느꼈다. 7살 때의 약속은 못 지키겠다고. 왜냐하면 만나서 말다툼을 했기 때문이다.

물론 지금은 어른이 아니지만 지금 사이가 나쁘니 그게 계속 가서 어른 때 만날 때 사이가 안 좋을 수 있기 때문이다. 다투고 나서 3학년이 됐다. 난 정말로 핸드폰을 가지고 싶었다.

그래서 엄마께 졸랐다. (중략) 나는 기분이 너무 너무 좋았다. 나는 여경이에게 이 폰을 꼭 자랑하겠다고 다짐을 했다. 5~6살 때 쯤인가? 난 한겨레 표지에 나왔다. 무엇보다 좋은 건 과자에 파 묻혀있어서였다. 그리고 내가 한 1살 때 오빠가 할아버지께 언제 장례식 치러요? 라고 물을 때 놀랐다. 근데 더 놀라야 될 것은 정말로 며칠 후 장례식을 치뤘기 때문이다.

난 오빠가 미웠다. 칫! 나라면 안 했을 텐데…….

그리고 어느 날 어떤 아줌마가 나보고 누나냐고 물었다. 난 동생인데…… 그날은 정말 재밌었던 날이었다.

준석에게 "이 글의 점수를 매겨보라"고 했다. 준석은 "완전 엉터리" 라며 45점을 주었다. 글이 어떻기에 이토록 점수가 야박할까. 준석의 종합평가서 중 윗글에 대한 부분을 보겠다.

 준석 글 절반이 오타와 이상한 글, 45점!!!

'나의 인생', 은서가 쓰기에는 뭔가 좀 애매한 글이다. 이제 초등학교 고학년 코스를 밟은 어린아이인데 말이다.

은서의 '나의 인생'은 절반이 오타와 이상한 글이었다. "엄마는 작아서 귀여웠다. 라고 했다." 오타가 보이지 않는가? 맞춤법을 다 꿰뚫은 사람이라면 말이다. "엄마는 작아서 귀여웠다. 라고 했다"가 아니라 "엄마는 작아서 귀여웠다고 했다"라는 것이다. 덧붙여 예의범절까지 가린다면 "엄마는 나에게 작아서 귀여웠다고 하셨다"가 맞을 듯하다. 은서가 이런 실수를 범할 아이인가? (중략)

"태어날 때 내 얼굴 및의 왼쪽에 작은 점이 있었다." 실수가 두 가지나 있는 문장이다. 너무 어이없는 실수이다. '얼굴 및'이 아니고 '얼굴 밑'인데 말이다. 그리고 '태어날 때'라고 할 때, 누가 태어났는지를 정확하게 써주어야 한다. 실수는 맞지만, 그러나 이것은 은서의 실수로 한 실수가 아닌 자신의 개념을 바탕으로 한 고의의 실수이다. 다른 부분에도 '얼굴 및'이라고 쓴 이유 때문에. (중략)

"난 정말로 핸드폰을 가지고 싶었다." 언제? 언제 갖고 싶었는데? 어제? 내일? 여기서도 역시 제대로 된 날짜나 사람 이름을 말하지 않았다. '3학년 때'라고 해야 하지 않을까? 그리고 그 다음에 "그래서 엄마께 졸랐다"에서 바로 붙여 써야 할 텐데 또!! 엔터를 일일이 해서 문장의 맥락을 제대로 맞추지 못한 우리 은서는 앞으로 문장의 배치 방식을 배워야 할 듯하다. (중략)

"나는 여경이에게 이 폰을 꼭 자랑하겠다고 다짐을 했다." 다음에 엔터도 안 치고 "5~6살 때 쯤인가?" 띄어쓰기를 해야 한다는 것이다. 그리고 은서는 너무나 실수라고 할 수도 없는 이상한 문장을 구성하였다. "그리고 내가 한 1살 때 오빠가 할아버지께 언제 장례식 치러요? 라고 물을 때 놀랐다." 여기서 나에 대한 진실을 말하자면 내가 정말로 이런 말을 했지만, 나는 8살 때 말한 것이고, 그때 은서는 5살이었다. 고은서가 무슨 귀신인가? 신인가? 옥황상제인가? 그때는 고은서가 분명히 5살이었을 텐데, 1살의 고은서라니. 실수라고 할 수도 없는 짓. 5의 바로 옆 칸인 4나 6을 쳤으면 또 모르겠다. 5에서는 꽤 먼 편인 1을 찍다니! (중략)

자, 내가 쓴 이 오답 체크와 동시에 진행하는 소감문을 통해 독자들도 자신의 맞춤법에 무언가 문제점을 몇 가지 정도 느꼈을 것이라고 생각한다. 다 정리하고 보니, 맞춤법이 가장 잘 맞기로 소문난 나도 잘못된 맞춤법이 있다는 것을 깨달았다. 그리고 은서가 글을 쓰는 것에 대한 느낌을 얘기하자면, 은서는 우선 글을 쓰는 '방법'을 모른다. 문장 배치의 잘못된 점, 단어, 정확한 대상 미표시(표시하지 않음), 특히 엔터를 적절히 사용할 줄 모른다. 그리고 아직도 자신이 알고 있는 단어임에도 불구하고 이상하게 쓰는 오타, 단어의 부적절한 사용, 그리고 이상한 문장의 배치. 은서는 사고력이 일단 부족하며, 글을 쓰는 성의가 부족하다.

퇴고란 무엇인가

앞의 은서 글은 아빠와 함께 글쓰기를 처음 시작하던 2010년 2월에 완성했다. 그래서인지 준석의 말대로 엉망진창으로 이상한 글이다. 주제는 '나의 인생'인데 내용은 조잡하기 짝이 없다. 심지어 꼬맹이 주제에 외할아버지 장례식 때 자기가 몇 살이었는지도 헷갈려 한다. 오타에 맞춤법도 오락가락이다. 준석이가 빨간 볼펜을 들고 연신 혀를 차며 한숨을 내쉰 것도 무리는 아니다.

준석과 은서에게 다른 사람의 글을 확인하고 수정하도록 한 것은 '퇴고(推敲)'의 기본에 관해 알려주기 위해서였다. 퇴고란 사전적으로 "글을 지을 때 여러 번 생각하여 고치고 다듬는" 일이다. 그러기 위해서는 먼저 비문이나 틀린 맞춤법부터 돌아봐야 한다. 그 다음에 더 자연스럽고 창의적인 표현을 찾으면서 글을 가다듬는다. 기본이 이뤄져야 고차원적인 퇴고가 가능한 셈이다. 준석이 지적한 부분은 은서가 '퇴고'할 때 반드시 심사숙고해야 할 사항이다.

그중에서 딱 한 가지만 부각시켜 말하고 싶다. 바로 '엔터'다. '엔터'키는 컴퓨터의 한글 프로그램에서 행을 다시 시작하게 하는 자판이다(원고지나 공책에 쓴다면 그냥 행을 바꿔 단락을 다르게 나눠주라고만 해야겠다). '엔터'키에 관한 내용은 준석의 평가 중에서 '강추'하고픈 대목이다. 이를 두 가지로 정리해보았다.

1. 엔터키를 '자주' 누르자.

은서는 그래도 엔터키를 자주 눌렀다. 엉뚱한 시점에 눌러서 탈이었을 뿐! 은서와는 정반대로 글 한 편 쓸 때 엔터키를 한 번도 안 누르는 경우가 있다. 눌러도 아주 인색하게 누르는 어린이들이 많다. 어른도 예외가 아니다.

엔터키를 누른다는 것은 행과 단락을 나눈다는 의미다. 단락을 바꾸는 '행갈이'가 하나도 안 된 글을 보면 숨이 가빠온다. 여유 0퍼센트의 글이다. 그 빡빡한 글을 숨 참고 단박에 읽으라고? 엔터를 누른다 함은 읽는 독자에게 잠깐 쉬면서 호흡을 가다듬으라는 신호다. 정확한 기준은 없겠지만, 최소한 200~400자 정도 쓰고 난 다음엔 반드시 엔터를 한 번 눌러주자. 다만 너무 자주 누르면 단락이 잘게 쪼개질 수도 있으니 조심!

2. 엔터키를 '적절하게' 누르자.

준석의 말처럼, 은서는 '나의 인생'을 쓰며 엔터키를 어지럽게 눌렀다. "유치원 때 아이들 대부분은 딱딱한 종아리를 때리면 운다"고 해놓고 "하지만 난 안 울었다"를 쓰기 전 엔터를 눌렀다. 이 엔터키 작동으로 인해 흐름이 어색해졌다. 당연히 두 문장은 서로 가까운 이웃이 되어야 하는 관계다. 엔터키를 적절한 시점에 잘 눌러야 전체 글을 작은 뭉치 단위로 잘 조직할 수 있음을 보여주는 사례다.

글을 물길로 친다면, 엔터키란 곡선의 흐름에 비유할 만하다. 물이

한없이 직선으로만 흐르면 재미없다. 왼쪽이나 오른쪽으로 굽이치는 전환이 없으면 지루하다. 이건 글의 호흡과 리듬과 관련된 이야기다. 논지를 전개하다가 살짝 숨을 돌릴 땐 엔터키를 눌러줘야 이해하기 쉽게 읽힌다. 엔터란 '알아먹기 쉬운 글'을 위한 일종의 서비스. 엉뚱한 곳에서 아무 때나 누르면 난해한 글이 되기 십상이고 독자들의 머릿속은 꼬인다.

비문으로 시작해 엔터키로 끝났다. 비문에도 새기지 말아야 할 비문, 그리고 적극 권장해야 하는 엔터키 작동. '엔터키 잘 누르기' 캠페인이라도 벌이고 싶다. 무엇을 위해? 부드럽게 흘러가는 글쓰기의 강을 위해!

덧 ─ 더불어 '←'로 표시되는 백스페이스(Backspace)키와 딜리트(Delete)키도 자주 누르기 바란다. 자꾸 지우고 또 지워야 좋은 글이 나온다.

날라리야, 접속사에 중독된 날라리야

그러나 & 그리고 척결 캠페인

난 과자 먹는 날이 따로 있다. 1) □□□ 과자 먹는 날에 아이스크림을 먹기도 한다. 아이스크림과 과자는 맛있다. 2) □□□ 몸에 좋지는 않다. 3) □□□ 일주일에 2번씩은 꼭 과자, 아니면 아이스크림을 먹는다. 4) □□□ 어떨 때는 날씨가 좋은 날이 과자를 먹는 날이다. 5) □□□ 그런 날일 때마다 나는 고민한다. 과자를 먹을까? 아이스크림을 먹을까?

질질 흐르는 볼펜 똥 같아

은서의 글이다. 네모 칸엔 어떤 접속사가 들어가야 적당할까. 이 퀴즈는 어느 포털 지식검색 사이트에서 본 다음과 같은 질문 내용을 그대로 흉내 낸 것이다. "이 문장에는 어떤 접속사를 쓰나요? : 나는 태어나서 처음으로 아버지에게 대들었다. 그 어떤 것보다도 맨날 같은 음식만 먹고 사는 건 싫었기 때문이다. □□□ 아버지는 잠시 방으로 들어가시더니 굳은 표정으로 오천 원 한 장을 들고 나오셨다." 바로 밑엔 누군가의 답변이 달려 있었다. 상황을 시간 순으로 살펴볼 때 '그러자' 가 가장 자연스럽다고 했다. 독자 여러분은 어떠신가. 맨 위의 글까지 포함해서 말이다. 그러나? 하지만? 그런데? 그리고? 그래도? 음, 맞기도 하고 틀리기도 하다. 나의 답은 단 하나다. "다 필요 없어!" 위의 두 예문 모두 접속사가 없다고 생각하고 읽어보시라. 부자연스러운가?

은서는 맨 위의 글에서 접속사를 남용했다. 네모 칸별로 1)하지만 2)하지만 3)그래도 4)그리고 5)그래서 순이다. 중딩 준석도 글을 쓸 때 비슷한 빈도로 접속사를 남발한다. 한 단락에 네댓 개씩 사용하기도 한다. 준석에게 "왜 꼭 그래야 하냐"고 물었다. 대답이 퉁명스럽다. "필요하니까 쓰는 거죠. 연결을 시켜야 하잖아요." 이 말을 듣자마자 즉각 명령을 내렸다. "다음번 글은 반드시 접속사를 하나도 넣지 말고 써봐." 준석은 대뜸 더 까칠한 표정을 짓는다. "아니 그런 걸 글이라고 할 수 있어요?" 당연히, 글이라고 할 수 있다. 신문이나 잡지, 소설을 읽을 때 실험해보라. 문장과 문장, 단락과 단락을 매끄럽게 '접속' 시켜주기 위해 쓰이는 '그리고' '그러나' '그런데' 따위들이 꼭 필요한지. 그것들을 빼고 다시 읽어보라.

꽃밭에 잡초도 있다. 잡초가 많으면 당연히 꽃밭의 품위는 떨어진다. 나는 접속사가 글밭을 지저분하게 하는 잡초 중의 하나라고 생각한다. 다르게 비유한다면 공책에 필기할 때 묻는 볼펜 똥 같은 것이다. 잡초를 뽑아주자. 볼펜 똥을 지우자.

안 쓰면 불명확할까 불안하니?

　무라카미 하루키의 소설 『1Q84』를 읽은 적이 있다. 작품성에 대한 찬반 논쟁이 있었지만, 민망한 독후감을 말하고 싶다. "참 '그리고' 가 많더라." 그 다음에 읽었던 주원규의 소설 『열외인종 잔혹사』에 대해서도 비슷한 평을 하고 싶다. "엄청나게 '하지만' 이 등장하더라." 『1Q84』와 『열외인종 잔혹사』 두 소설 곳곳의 잡초를 뽑고 볼펜 똥을 지워주고 싶었다. 3분의 2 정도 치우면 더 깔끔해질 것 같았다.

　'접속사' 란 어떤 충동이다. 글을 쓸 때마다 나 역시 그 충동에 시달린다. 여기도 써야 하고, 저기도 써야 할 것 같다. 안 쓰면 괜히 의미가 불명확해지지는 않을까 불안해진다. 정갈한 글을 쓰기 위해서는, 그 충동을 억제하는 습관을 기르는 게 바람직하다.

　접속사는 글을 구차하게 만들고 늘어지게도 한다. 명확한 사실이나 근거를 제시할 수 없을 때, 말을 빙빙 돌려야 할 때 찾게 되는 게 바로 접속사다. 요지가 분명하면 '접속사' 에 의존할 일이 별로 없다.

아니, 나도 모르게 접속사를 여섯 개나!

　나는 접속사에 특별한 감정이 없다. 접속사 박멸주의자도 아니다. 그저 적절히 써야 한다고 생각하는 사람이다. 언젠가 나의 글에 접속사가 불필요하게 남발된다는 사실을 우연히 깨달았다. 그 뒤로는 퇴고 과정에서 꼭 접속사가 몇 개인지 세보는 습관까지 생겼다. 신문과 잡지에서 데스크 역할을 할 때도 후배나 외부 필자의 원고에서 접속 사부터 걸러냈다.

준석과 은서의 글에서도 접속사부터 거슬렸다. '그러나' '하지만' '그런데' '그리고'는 아이들 문장의 절대적 존재처럼 보였다. 완전 접속사 중독이었다. 앞에서도 밝힌 것처럼, 이번엔 접속사를 사용하지 않는 조건으로 글 한 편씩을 쓰도록 했다. 처음에는 둘 다 "그게 말이 되는 소리냐"며 반항했지만, 밀어붙였다. 준석은 '날라리에 대하여', 은서는 '모르는 사람이 끌고 갈 때는'이라는 제목으로 납치대응수칙 에 관해 썼다. 먼저 준석의 글을 보자.

 준석 글 이 땅의 날라리들에게 고함

우리는 흔히 놀기만 하고 패거리로 몰려다니는 아이들을 날라리라고 한다. 나의 시선으로 보았을 때, 날라리란 그냥 한마디로 재수가 없는 아이들이다. 그리고 나는 날라리란 것 자체가 없었으면 좋겠다.

많은 사람들이 잘 노는 아이들을 날라리라 하나, 그렇지 않다. 날라리 는 욕도 하고 삥도 뜯고 아주 위험하게 논다. 가령 책상을 바닥으로 아 는지 밟고 다니기 일쑤다. 정서적으로 문제가 있는 아이들이다. 보통 아이들은 날라리를 좋아하지 않는다.

날라리들의 특징 : 손에서 핸드폰을 뗄 줄 모른다. 체력이 좋다. 활발 하다. 인맥이 넓다. 패션이 독특하다.

날라리들은 아주 통제 불능이다. 수업 시간이나 학원 시간이나 언제나 손에서 핸드폰을 떼어놓을 수가 없는 그들은 항상 문자를 보내고 있다. (중략) 날라리들은 선생님께 걸려도 몇 번이고 문자질을 반복한다. 그들은 문자질 통제 불능이다. (중략)

이건 뭐 당연히 알 것이지만, 날라리들은 대부분 전부 다 욕을 한다. 이런 거다. 욕을 잘하는 날라리는 좀 날라리 중에서도 리더십이 있다. (중략)

날라리들은 인맥이 넓다. 아주 먼 학교라도, 날라리들은 관계를 맺는다. 초등학교 날라리가 원래 같은 초딩 날라리를 중학교에 오면서 다른 초등학교에서 온 날라리들에게 초등학교 친구 날라리를 소개시키면서 날라리들의 관계가 형성이 되는 것이다. 조금 복잡한가? 그러면 이렇게 설명해본다. 두 날라리가 있는데, 두 날라리는 친구 날라리가 한 명씩 있다. 그런데 친구 날라리 두 명은 서로 모른다. 그러다가 두 날라리가 서로 전부 한 명씩 날라리를 소개시킨다. 그러면서 날라리는 모인다. 그중에서 날라리들 중 좀 세거나 한 아이들을 바로 '일진'이라고 하는 것이다.

날라리들은 패션이 독특하다. 뭐, 다들 알겠지만 좋은 패션은 아니다. 남자는 분홍 슬리퍼나, 좀 짧은 바지를 입는다. 그리고 대부분 머리를 반삭하거나 중딩답지 않게 머리를 기르기도 한다. 여자는 아주 짧은 바지를 입거나 바지를 말아 올린다. 정말 여자로서, 중딩으로서 재수 없는 점은 벌써부터 화장하고 립스틱 바르고 한다는 것이다. 날라리들 때문에 화장하지 말라는 학교 규정이 생긴 것이다.

날라리들이 날라리가 되는 시기나 사유 : 날라리들의 전도(?), 사춘기, 충격.

아까 전에도 말했지만 날라리가 보통 아이를 날라리로 만드는 경우가 많다. 또는 사춘기 역시 날라리가 될 수 있는 사유가 될 수 있다. 내가 이런 경우를 아는 이유는 사춘기 때문에 날라리가 된 S양이 같은 수학 반이기 때문이다. S양은 초등학교 때 평균 99점 정도 맞고 수학경시대회 1등, 영재원에다가 UCC상, 그 S양은 어느 샌가 매일 체육복 바지를 말아 올리며 자신을 날라리라 표시한 날라리가 되어버렸다. 그 이유를 조사해보니 그 S양이 사춘기라더라. 그렇다. 혹, 그 S양의 친구가 전교 1등을 하여 S양이 충격을 먹어 그렇게 된 것은 아닐까 생각한다.

날라리가 되는 시기 역시 따로 있다. 날라리가 되는 시기는 빠르게는 4학년쯤, 그리고 대부분은 중1 때 날라리가 되고는 한다.

날라리들에게 하고 싶은 말 한마디로 딱 잘라서 : 사회에 피해를 주는 사람이 되지 말고, 사회에 도움이 되는 사람이 되도록 노력이라도 해라.

(중략) 특히 나쁜 원조 날라리로부터 갑작스레 날라리가 되어버린 날라리들. 이렇게 전해주고 싶다. 그딴 식으로 살 거면 아예 살지 말라고. 좀 심한 말이라고? 너희들은 나라에 도움이 되라고 탄생한 꿈돌이들인데, 너희들이 그렇게 살아봐야 사회나 경제에 피해나 가지 않겠느냐는 것이다. (중략) 제대로 좀 살아라. 최대한 사회에 도움이 되도록 노는 건

적당히 하고 공부도 좀 해라, 라고 전해주고 싶다. 좀 심했나? 그러나 날라리들은 이 말을 들어야 한다. 뭐, 바라지만, 될 수도 없지만, 나는 날라리가 사라졌으면 하는 바람을 갖고 있다.

다음엔 날라리들의 사연을 취재해봐

준석에게 접속사를 하나도 안 썼냐고 물었다. 자신 있게 고개를 끄덕인다. 검사를 해보았다. 한글 프로그램의 '찾기' 기능으로 검색을 했다. 먼저 '그리고'. 세 번이나 나왔다. 준석은 놀라는 표정을 지었다. "아니, 나도 모르게 써버렸네?" 더 있었다. '그러나'와 '그런데', '그러면'이 각각 하나씩 있었다. 무의식중에 총 여섯 개를 쓴 셈이다. 이건 양반이다. 그 전에 비슷한 분량(200자 원고지 기준 12매, 10포인트 글자로 A4 용지 1과 3분의 1)으로 썼던 다른 글과 비교해보았다. 그 글에 쓴 접속사를 검색해보니 '그리고'가 일곱 개, '그러나'가 네 개, '하지만'이 세 개, '그런데'가 세 개, '그래서'가 일곱 개였다. 총 스물네 개였다. 이번엔 그 6분의 1을 쓴 셈이다. 선방했다고 오히려 칭찬해 줘야 할까?

준석은 "의외로 힘들지 않았다"고 평했다. 그동안 접속사를 너무 많이 쓰지 않았나 하는 생각이 든다고 했다. 많이 써도 이상하고 적게 써도 이상한 것이라고 했다. 적당히 글에 배분해주어야 한다는 것이다. 아니다 준석아. 그런 말은 모호하다. 불필요한 접속사는 아예 쓰지 않아도 된다. 하나도 없어도 문제 될 거 없다. 정 필요할 때만 쓰면 된다.

접속사와 관계없이 글에 대한 평을 하자면, 날라리를 너무 단편적으로만 묘사하는 느낌이다. 왜 그 아이들은 그렇게 옷을 입고 다니고 아이들이 보기에 부정적인 행동을 할까. 준석은 알려고 노력하지 않았다. 이른바 '날라리'로 통하는 아이들에게도 남모르는 사연이 있을 거야. 걔들이 그렇게 되기까지는 여러 가지 원인과 단순하지 않은 배경이 있는 거야. 그런 걸 무시하고 무조건 "날라리는 재수 없다"고 해버리면 설득력을 주지 못해. 세상은 그렇게 간단하지 않거든. 다음엔 네가 날라리라 생각하는 친구 한 명을 붙잡고 심층 인터뷰를 해보길 바란다. 이 말에 준석이는 고개를 가로저으며 완강히 거부 의사를 밝힌다. "내가 왜, 내가 왜 그래야 해요?"

다음은 은서의 글이다. 은서는 "모르는 사람이 끌고 갈 때는"이라는 제목의 노래를 자신이 작사·작곡했다며 흥얼거렸다. 내친김에 그걸 주제로 '접속사' 없는 글을 써보라고 했다.

 은서 글 위험하면 거시기를 차세요?

내가 노래를 작곡·작사를 했다. 가사는

모르는 사람이 끌고 갈 때는~ 안 돼요, 싫어요, 도~와 주세요~ 모르는 사람이 길 물어볼 땐 죄송해요 다른 사람에게 물어보세요!~ 내 몸을 소중히 지킵시다~(간주~).

안 돼요, 싫어요, 도~와 주세요~ 그것도 안 되면 갖고 있는 물건을 던지거나, 발을 밟으세요(간주~).

모든 것이 안 먹히면 마지막 방법~ 발로 거시기를 차~세요.

마지막 부분에서 "발로 거시기를 차~세요"가 좀 이상하다. 나는 배운 것이지만.-.-

내가 이 노래를 만들게 된 이유는 학교에서 아동 안전에 대한 동영상을 봤기 때문이다. 거기에서는 안 돼요, 싫어요, 도와주세요를 외치라고 했다. 선생님께서 거시기를 차라고 했다.

납치범은 아이들을 어떻게 유혹할까. 유혹을 하거나 끌고 가거나 길을 물어본다. 난 한 번도 그런 유괴를 당할 뻔한 적이 없다. 며칠 전에 한 아이가 학교 운동장에서 이상한 사람에게 끌려간 적이 있다고 했다. 도망치면 됐지만, 또한 몸이 안 움직였을 터이다. 당한 그 아이는 6시간 동안이나 수술을 했다고 한다. 나도 조심해야겠다. 유괴는 한순간에 일어난다는 것을 엄마에게 들었다. ㅎㄷㄷ 내가 유괴당하면 어떨까? 엄마가 울고불고 난리를 치겠지? 거짓말~이라고 소리치겠지. 장난은 하면 안 된다는 것을 안다.

접속사가 없다. 비슷한 분량의 다른 글에선 대여섯 개 나왔는데 말이다(내가 볼 때 은서가 완벽하게 접속사를 청소한 것은 글이 너무 짧았던 덕분이다ᄉᄉ). 은서는 "'그러나'와 '그리고'를 안 쓰니까 글이 이상하다"고 했다. 그건 고정관념이다. 그걸 이상하다고 느끼는 네 생각이 이상하다.

글의 내용은 글쎄~. 거시기를 차라고? 극적인 위험 상황에선 효과적인 대응책이 될지도 모르겠으나, 잘못 찼다간 두 배 세 배의 보복을 당할 수도 있다. 더 이상은 노코멘트!

아무튼 이번 주제는 '접속사' 다. 많이 쓰는 게 '그러나' '하지만'

'그런데' '그리고' '그래서' 이다. 종류별로 분석해보자.

그러나, 그는 쓰지 않았다

'그러나'와 '하지만'은 앞의 이야기를 번복할 때 쓴다. '그런데'도 전혀 다른 상황의 전개를 암시하는 용도다. '그리고'는 앞부분의 내용에 뭔가를 덧붙이려 할 때, '그래서'는 인과관계를 설명할 때 사용한다. 여기서 소설가 김훈의 말을 들어보자.

나는 접속사를 쓰지 않는 것이 아니라 거의 못 써요. '그러나'를 쓰는 것은 무지 어려운 일이죠. '그러나'를 쓰기 위해서는 앞에서 전개한 사유를 번복해야 하잖아요? 그렇지 않으면 '그러나'를 쓰면 안 되죠. 그런데 사실 한국에서 '그러나'가 똑바로 쓰이는 경우라는 것을 나는 잘 보지 못했어요. 왜냐하면 앞에서 전개한 사유를 번복하는 새로운 사유가 뒤에 나오지 않는데 '그러나'를 쓰니까, 이런 것을 쓰면 안 되는데 왜 쓰나 싶어요. 그러니 '그러나'를 쓴다는 게 나에게 얼마나 힘든 일이겠어요. 그것이 무서워서 안 쓰는 거예요. 사유의 번복이 사실상 이루어지지 않았는데 그런 놈들이 왜 '그러나'를 쓰냔 말이에요.*

거개의 사람들은 사유를 번복하지 않으면서도 '그러나'와 '하지만'과 '그런데'를 소비한다. 자꾸만 읽다가 걸린다. '그리고'와 '그래서'

---

*〈문학동네〉 2004년 여름호 중 대담에서.

도 마찬가지다. 없을 때가 훨씬 깔끔하다. '그리고'와 '그래서'는 글 쓰는 사람을 구차하게 만드는 느낌이다. '그래서'가 가장 그렇다. 이 번엔 김훈의 무공해 문장을 감상해보자.

노목희가 대파를 썰어서 냄비에 넣었다. 파가 끓는 국물에 잠기면서 김 속에서 단내가 풍겼다. 노목희는 레인지 불을 끄고, 달걀을 풀어넣 었다. 냄비 속에 남은 잔열에 달걀이 익었다. 달걀은 반쯤 익으면서 국 물 속으로 풀어졌다. 달걀이 풀어지자 대파가 익는 단내가 부드러워졌 고 파의 날카로움이 숨을 죽였다.

노목희가 라면 한 개를 두 그릇에 나누어 펐다. 김이 피어오르고, 냄 새가 방 안에 가득 찼다. 대파와 달걀이 국물 속에서 익어가면서 서로 스민 냄새였다. 문정수가 비닐봉지에서 김밥과 겉절이김치를 꺼내 식 탁 위에 놓았다. 경찰서 구내식당에서 김밥을 살 때 얻어온 김치였다. (중략)

노목희가 젓가락으로 겉절이김치를 집어들었다. 배추가 너무 커서 한 입에 넣을 수 없었다. 문정수가 젓가락을 뻗어서 김치를 잡았다. 문정 수의 젓가락과 노목희의 젓가락이 배추 한 조각을 맞잡고 세로로 찢었 다. 찢어진 김치를 각자 라면 위에 얹어서 먹었다. 문정수는 그릇을 들 어서 국물을 마시고 입을 휴지로 닦았다.

장편소설 『공무도하』의 한 장면이다. 남녀 주인공이 라면을 끓여 먹는 광경을 손에 잡힐 듯 정겹게 묘사했다. 라면을 끓일 땐 파를 먼 저 넣고 달걀을 넣어야 한다는 논리도 그럴듯하다. 문장들 속에다

'그러나' '그래서' '그리고'를 우겨넣고픈 충동을 느낄 수 있겠지만, 접속사는 실제 찾을 수가 없다. 김훈의 소설에선 그것들을 만난 기억이 없다.

이제 결론을 요약해본다.

접속사와 자주 접속하면 불량 글쓰기.

날라리를 싫어하는 준석아.

접속사와 친하게 지내면 너도 '날라리' 필자가 되는 거다.

> **덧** 『훈민정음』에 접속사는 없다. 접속사는 근대 이후의 버릇이다. 아이들은 초등학교와 중학교 국어시간에 '그러나' '그리고' 따위를 자주 써야만 완벽하고 명쾌한 문장을 구사하는 것인 양 선생님들에게 교육받는다. 선생님, 아니되옵니다!

그런 말은 정말·너무·진짜·별로야

'부사 금단증상' 치유클리닉

"정말 너무하네, 진짜 별로야."

네 가지 단어로 조합해보았다. 정말, 너무, 진짜, 별로. 내 맘대로 선정한 이 부사 4총사를 꼬마들이 '정말' '너무' 사용해서다. 이 4총사가 글을 '진짜' '별로' 깔끔하지 않게 해서다.

앞의 글에 이어 두 번째로 글밭의 잡초를 뽑는다. 공책을 더럽히는 볼펜 똥을 지운다. 지난번 주인공이 접속사, 즉 접속부사였다면 오늘은 화자의 태도를 나타내는 부사들이다. 국어사전에 따르면 '양태부사'라 한다. 동사나 형용사 앞에 놓여 그 뜻을 분명하게 하는 역할을 한다. 분명한 건 좋은데 구차해서 문제다.

분명해서 좋은데 구차해서 탈

그 냄새만 없다면 빨래란 것이 정말 즐거울 텐데, 엄마가 고생하시는 이유를 알 것도 같다(엄마가 냄새 때문에 고생하시는지는 진짜 모르겠으나……). 그리고 그 냄새를 맡으면 마법에 걸린 듯하다. 생각하면, 정말 멀미해서 진짜 토할 것 같은 기분이 든다. (준석의 '실내화를 빨며')

　모르는 문제가 자꾸 나왔다. 너무 어려웠다. 그 수학 문제는 '몇의 절반은?' 같은 거였다. 4만의 절반, 2만의 절반을 푸는 문제는 너무 쉬웠다. 하지만 5십만의 절반, 7십만의 절반은 안 배워서 너무 어려웠다. (은서의 '수학은 골치 아파')

　병이다. '정말'이라고 해야 내 맘을 정말로 표현할 것만 같다. '진짜'라고 해야 독자들이 진짜 이해할 것 같다. '너무'라고 해야 내가 말하는 심각성이 드러날 것 같다. '별로'라고 해야 내 시큰둥함이 전달될 것만 같다. 오, 거대한 착각이여.

　벌써 두 번이나 본 영화 〈드래곤 길들이기〉. 한 번 본 영화여서 다시 보면 별로 재미가 없을 줄 알았다. 물론 영화관 크기가 엄청 작았지만 그래도 긴장감을 늦출 수가 없었다. 역시, 용을 좋아하는 탓인가? (준석의 '드래곤 길들이기')

　엄마한테 아부를 할 때 정말 오빠가 밉다. 큰 여동생이라면 벌써 사춘기라서 신경을 안 쓰고, 그 사춘기가 된 여동생의 오빠도 당연히 사춘기이니, 싸울 일이 별로 없겠지만, 나같이 어린 동생은 아직 사춘기에 안 들어간 오빠가 아부할 때 정말 싫다. (은서의 '나에게 오빠란 무엇인가')

'콤플렉스 덩어리'를 드러내는 품사

'정말, 너무, 진짜, 별로' 말고도 많다. 위 예문에 표시한 것처럼 자꾸, 벌써, 물론, 엄청, 아직, 역시 따위가 보인다. 아이들이 쓴 다른 글을 꼼꼼히 분석해보니 줄줄이 사탕이다. 막상, 바로, 매우, 거의, 비록, 아직, 비교적, 대충, 가장, 일단, 의외로, 당연히, 특히, 왠지······. 이들을 빼고 글을 읽어보았다. 어색하지 않았다('결코 어색하지 않았다'라고 쓰려다가 깜짝 놀란다. 안 돼~^^). 아끼며 쓰면 된다.

부사는 일종의 습관이다. 나 역시 자유롭지 않다. 부사들을 안 쓰면 글이 밍밍하고 불명확하지는 않을까 조바심이 난다. 그런 점에서 부사는 어쩌면 '콤플렉스 덩어리'의 품사다('날카롭게' '굳게' 등 상황을 더 묘사하려 몸부림치는(!) '고차원 부사'들은 생략한다. 아이들의 글에선 찾기 힘들었다).

너무 · 엄청 대신 상황을 그리자

애들아, 이제 부사를 빼고 써봐라.

윗글에서 밝혔듯, 아이들의 문장에서 삐져나왔던 부사들을 종이에 적어둔 뒤 절대로 사용하지 말라고 했다. 목록은 다음과 같다. "진짜, 정말, 너무, 별로, 벌써, 물론, 엄청, 자꾸, 당연히, 아직, 역시, 막상, 바로, 매우, 거의, 비록, 비교적, 대충, 가장, 일단, 의외로, 특히, 왠지."

아, 그 전에 '고치기'부터 했다. 아빠가 문제를 지적한 아이들의 문장을 다시 주고 스스로 바로잡아보게 했다. 먼저 준석이부터.

그 냄새만 없다면 빨래란 것이 정말 즐거울 텐데, 엄마가 고생하시는 이유를 알 것도 같다(엄마가 냄새 때문에 고생하시는지는 진짜 모르겠으나……). 그리고 그 냄새를 맡으면 마법에 걸린 듯하다. 생각하면, 정말 멀미해서 진짜 토할 것 같은 기분이 든다. (실내화를 빨며)

▶ 그 냄새만 없다면 빨래란 것이 재미난 일이 될 텐데, 엄마가 고생하시는 이유를 알 것도 같다(엄마가 냄새 때문에 고생하시는지는 알 수 없으나……). 그 냄새를 맡으면 그 자리에서 토해버릴 것 같다. 생각해보면, 빨래할 때 이상한 회색 거품이 나왔다. 그 거품은 썩은 물에서 나온 것 같이 냄새가 지독했다. 힘쓸 일은 별로 없었다.

"정말 즐거울 텐데"를 "재미난 일이 될 텐데"라고 고쳤다. 아쉽다. '즐거움과 재미'를 생동감 있게 보여줄 다른 단어가 없을까. 가령 "룰루랄라 신바람 나서 할 텐데"라고만 바꿔줘도 감도가 다르다. "정말 멀미해서 진짜 토할 것 같은 기분이 든다"는 제대로 고쳤다. "이상한 회색 거품" 어쩌고 하면서 세밀하게 상황묘사를 했기 때문이다. 어정쩡한 부사가 아니라 눈에 잡힐 듯한 스케치가 실감을 더하게 마련이다.

벌써 두 번이나 본 영화 〈드래곤 길들이기〉. 한 번 본 영화여서 다시 보면 별로 재미가 없을 줄 알았다. 물론 영화관 크기가 엄청 작았지만

그래도 긴장감을 늦출 수가 없었다. 역시, 용을 좋아하는 탓인가? (드래곤 길들이기)

▶ 두 번이나 본 영화 〈드래곤 길들이기〉. 한 번 본 영화여서 다시 보면 재미가 없을 줄 알았다. 영화관 크기는 영화관도 아닌 것 같았고, 영상이 나오는 화면도 작았다. 더빙이라 실망했지만, 긴장감을 늦출 순 없었다. 드래곤을 내가 좋아해서 그런가?

이건 부사만 잘라냈다. 끝 부분만 문장을 다듬었다. 덥수룩한 머리를 단정하게 커트하고 나온 느낌이 든다. 다음은 은서 차례다.

은서야 '아주아주' 답답하구나

모르는 문제가 자꾸 나왔다. 너무 어려웠다. 그 수학 문제는 '몇의 절반은?' 같은 거였다. 4만의 절반, 2만의 절반을 푸는 문제는 너무 쉬웠다. 하지만 5십만의 절반, 7십만의 절반은 안 배워서 너무 어려웠다. (수학은 골치 아파)

▶ 모르는 문제가 계속 나왔다. 아주 어려웠다. 4만의 절반, 2만의 절반을 푸는 문제는 아주 쉬웠다. 하지만 5십만의 절반, 7십만의 절반은 안 배워서 아주 어려웠다.

엄마한테 아부를 할 때 정말 오빠가 밉다. 큰 여동생이라면 벌써 사춘기라서 신경을 안 쓰고, 그 사춘기가 된 여동생의 오빠도 당연히 사춘기이니, 싸울 일이 별로 없겠지만, 나같이 어린 동생은 아직 사춘기에 안 들어간 오빠가 아부할 때 정말 싫다. (나에게 오빠란 무엇인가)

▶ 엄마한테 아부를 할 때 아주 오빠가 밉다. 큰 여동생이라면 사춘기라서 신경을 안 쓰고 그 사춘기가 된 여동생의 오빠도 무조건 사춘기이니, 싸울 일이 많지는 않겠지만, 나같이 어린 동생은 곧 사춘기가 될 오빠가 아부할 때 아주아주 싫다.

아이고. "너무 어려웠다"를 "아주 어려웠다"로 바꿔놓았다. 뒤에 나오는 '너무' 두 개와 '정말' 두 개도 '아주'로 고쳐났다. 심지어는 "아주아주"도 있다. 흑흑, 은서는 '아주아주' 답답하다. 왜 다를 게 없는 '아주'로 했느냐고 다그치니 "아빠가 알려준 금칙어 중에 '아주'는 없었다"고 자신 있게 말한다. 그래 내가 잘못했다. 히잉~ 금칙 부사 하나 추가요, 아주!!

'사용금지 리스트'를 만든 것은 버릇처럼 굳어진 부사들에 대한 경각심을 일깨워주기 위해서였다. 이것들의 남발만 자제해도 깔끔하고 쿨한 글이 나온다. 부사가 많다는 건 글이 추상적이라는 의미이기도 하다. 먼저 준석의 글을 읽고 이야기하자.

 준석 글 동생은 이가 아프고, 난 배가 아프고

며칠 전 은서가 다쳤다. 이를 다쳤다. 친구가 밀어서.

은서가 학교에서 다치고 엄마가 은서를 데리고 가서 치과에서 진단을 받았다. 다시 진단을 받아야 한다는 판단이 나왔다.

은서는 계속 아파 아파, 한다. 엄마는 은서를 걱정해주신다. 나는 그렇지 않다. 나는 은서를 그렇게 돌보아주지 않는다. 필요성을 못 느끼니까. 이건 이 글에서의 주제이다. 은서가 다친 것은 주제가 아니다.

은서는 엄살을 피우면서 엄마에게 모든 것을 다 시켰다. 물 떠 달라, 의자 갖다 달라, 음식을 잘라 달라, 등등. 여기서 당신은 말도 안 되는 현상을 느낄 수 있었을 것이다. 물 떠 달라, 의자 갖다 달라, 음식을 잘라 달라. 팔이 없거나, 오체불만족인 오토다케 히로타다 같은, 다리가 없는 사람들이 하는 요청이 아닌가? 은서는 오토다케 히로타다 같은 오체불만족이 아니다. 은서는 이를 다쳤다. 이가 팔, 다리와 관계가 있다는 과학적 증거가 입증되기라도 하였는가?

엄마가 그런 것을 아셨는지는 모르겠으나, 엄마는 은서가 요청한 일을 다 해주셨다. 은서가 불쌍하니까, 은서가 아프니까, 은서가 고통 받고 있으니까. 생각해보았다. 은서가 그렇게 도움을 받아야 할지. 내 대답은 '아니오'였다. 나는 엄마가 은서를 그렇게 접대해주는 것에 대해 비판을 하였다. (중략)

은서는 고통과 동시에 기쁨을 누리고 있을 것이다. 생각해보자. 은서는 그때 다침으로써 고통을 느꼈다. 인간으로써 못 느끼면 비정상이니 느꼈다고 봐야 될 것이다. 이 글에서 말하는 기쁨이란, 자신이 무슨 왕이 된 듯이 엄마에게 명령을 막 하는 은서의 모습이다. 아프면서 가냘픈(그렇다고 가냘프지 않음) 모습으로 보이며 엄마에게 명령하는 모습은 즐거워 보인다. 다시는 장난을 하지 말아야겠다는 생각은 한 걸까? 그럴 리 없다. 왜냐하면, 고은서는 활발한 성격의 아이니까. 성격이란 것은, 제일 바꾸기 어려운 것 중의 하나이다. 성격을 바꾸지 않는 한, 은서의 장난기는 변하지 않을 것이고 앞으로도 사건을 예상해야 할 것이다.

부사를 안 쓰니 감을 살릴 수 없어요?

준석은 글을 쓰고 나서 고개를 갸우뚱했다. "글이 이상해진 건 아닌데 뭐랄까, 감을 살려서 말할 수가 없어요." 정도와 수준을 표현하기가 모호하다는 뜻이다.

준석은 이 글의 첫 문장에서 "며칠 전 은서가 다쳤다. 이를 다쳤다"라고 썼다. 그냥 "다쳤다"라고 하니 심심했을 것이다. 평소 같으면 '많이'나 '매우' 같은 부사를 사용했을 텐데 말이다. 안 써도 된다. 대신, 다친 정도를 구체적으로 알아내서 적으면 된다. "의사 선생님은 은서가 1년간 신경 치료를 받아야 할지도 모른다고 말했다"라거나 "뿌리가 상해 이가 변색될지도 모른다는 진단에 엄마는 우울해하셨다"라고 쓰면 더 생생하게 다가온다. 문제는 부사 나부랭이가 아니라 눈에 보일 듯이 사실을 적시하는 데에 있다. 그러면 독자들이 더 잘 알아먹는다.

"은서는 엄살을 피웠다"에서도 준석은 "무척 엄살을 피웠다"라는 충동을 느꼈다고 했다. 뒤에서 상세하게 묘사를 해주면 된다. "저녁을 먹을 때 물 떠 달라, 의자 갖다 달라고 온갖 떼를 썼다. 저녁을 먹은 뒤에도 약 세 시간 동안 징징거리며 엄마를 괴롭혔다"는 식으로 세밀한 부분들을 터치해준다면 '무척' 따위는 필요 없다. 준석은 그동안 쉽게 부사를 쓰다 보니까 '금단증상'을 느낀 듯하다. 뒷부분에서는 '제일'이 부사인 줄도 모르고 썼다.

은서도 글을 쓰고 나서 찝찝해했다. 글이 이상해진 것 같다는 말까지 했다. '엄청'과 '많이'를 여러 번 쓸 뻔하다가 참았다고 했다. 다음은 은서의 글이다.

오늘 치과에서 있었던 일.

나는 학교에서 어떤 일이 있었다. 목요일 6교시가 끝나 실로폰을 친구들과 함께 정리해두고 있는데, 친구 두 명이 장난으로 밀었는데 콰당 넘어져서 두 개의 영구치가 흔들흔들거린다. 나는 유명하다는 동네의 큰 치과병원에 갔다.

두 개의 영구치 진료가 끝나고 내 이 진단서를 받으려고 소파에 앉아서 기다리고 있었는데, 늙은 큰 소리가 났다.

한 할아버지가 말씀하셨다. "너 나이 몇이야?! 내가 너보다 나이 많아! 사회생활도 내가 잘 알고, 사회 경험도 내가 더 많이 해봤어!!"

경비원들이 우루루 몰려왔다. 마지막 경비원은 나이가 많아 보였다. 연예인과도 조금 닮은 것 같았다. 그 연예인 이름은…… 까먹었다. 늙은 연예인이다. 나이가 많아 보이는 경비원과 닮은 연예인은 못생겼다.

그 할아버지는 이렇게 소리쳤다. "나도 학사 학위는 있어!" 이건 자랑을 하는 것 같다. 그 할아버지는 70대 정도 되어 보였다. 그리고 엄마 말로는 자신이 가지고 있는 지팡이를 휘두르면서 원장 아저씨를 때리려고 했다고 한다. 내 옆으로도 왔다. 할아버지는 소리쳤다. "이 개새끼야!" 원장 ○○○이라는 아저씨가 "이 사람이 어디에다가 쌍욕을!"이라고 소리쳤다. 나는 무서워졌다. 내 옆으로 점점 더 가까워졌다. 원장 아저씨는 "나도 열심히 했어, 나도 못한 거 없어"라고 말했다. 원장 아저씨는 수염도 많았다. 엄마 말로는 환갑은 안 되셨을 거라고 했다. 그 할아버지의 부인이 모두를 말렸다. "저도 열심히 했습니다. 당신! 당신이 잘못한 거야!"라고 할아버지에게도 말했다.

주인공은 원장과 할아버지의 부인, 할아버지밖에 없다. 싸운 이유는 불치병 때문에 그런지, 돈 때문에 그럴 수도 있겠다. (하략)

아빠가 사용을 금지한 부사는 쓰지 않았다. '조금, 우루루, 점점'이 눈에 띄는데 꼭 불필요하지만은 않다. 아무튼(요것도 부사다. 이렇게 생각하다 보면 정신병 걸리겠다) 열심히 썼다. 세 번 만에 오케이한 글이다. 은서는 정확한 상황묘사에 서툴다. 열 살 어린이의 눈으로는 사건의 맥락을 이해하기가 버거웠는지도 모른다. 할아버지와 치과 원장의 행동, 말들을 지켜보고 어슴푸레하게 썼다. "늙은 큰 소리가 났다"거나 "싸운 이유는 불치병 때문에 그런지" 따위의 표현을 보면 이 어린이의 수준을 가늠할 수 있다.

살아 있는 표현과 비유 대신 부사로 '땜빵'하려는 관행적 글쓰기를 넘어서자. 결론은 다음과 같다.

부사 없이도 생생한 글을 쓰려면
1. 눈에 보일 듯 상황을 구체적으로 묘사한다.
2. 자신의 경험과 지식을 통해 적절한 비유를 구사한다.

중딩 준석에 비해 초딩 은서가 모자란 점은 바로 이것이다. 묘사와 비유에 관해서는 이 책의 다른 장*을 살펴보도록 하자. 이 장에서의 메시지는 단순하다.

부사를 자제하자.

구호라도 만들어볼까? 부사자제! 묘사촉구!!

> **덧** '부사'는 사과의 품종 이름이기도 하다. 국광, 홍옥, 아오이, 부사 중에 '부사'
> 가 가장 비싸다. 글의 세계에서 '부사'는 비싼 티가 안 난다. 쓸수록 저렴한 글이 되
> 나니.

---

* 2부 '줏대 있게 경쾌하게' 중 〈7. 묘사를 박대하는 더러운 세상〉(185~196쪽)과
4부 '함 시도해볼까?' 중 〈2. 대포 쏘기, 누가누가 잘하나〉(330~339쪽) 참조.

04

솟구치지 마라, 리바이벌 본능

'365일 무사고 운전'에 질리다

　어린 학생들이 보는 건전한 난에서 술 이야기를 해도 될는지 모르겠다. 정확히 말하면 '술버릇'이다. 아마도 초·중딩 자녀들이 아빠에게 고개를 절레절레 흔들 음주 습관일 수도 있다. 바로 '동어반복'이다. 다르게 표현하면 '횡설수설'이다. 술 취하면 집에 돌아와 곱게 잘 일이지, 아이들 앉혀놓고 지루한 훈계를 늘어놓는 철없는 어른들이 있다. 괴롭다. 인내심이 필요하다. 했던 이야기 또 하고, 했던 이야기 또또 하고……

A4 용지 반 장에 '자전거'가 30번이나

　잡초 뽑기 시리즈 3탄이다. 거추장스러운 것들은 죄다 솎아내는 거다. 오늘의 주인공은 동어, 즉 같은 단어다. '고장 난 녹음기'라는 놀림을 당하지 않기 위해서는 한 번 쓴 말을 되도록 아껴 써야 한다. 아이들이든 어른들이든, 이런 문제를 잘 의식하지 않는다.

날라리들은 인맥이 넓다. 아주 먼 학교라도, 날라리들은 관계를 맺는다. 초등학교 날라리가 중학교에 오면서 다른 초등학교에서 온 날라리들에게 친구 날라리를 소개시킨다. 친구 날라리 두 명은 서로 모른다. 그러다가 두 날라리가 서로 전부 한 명씩 날라리를 소개시킨다. 그러면서 날라리는 모인다.(준석의 '날라리에 대하여')

'날라리' 범벅이다. 중딩 준석은 A4 용지 한 장 반 분량에서 62번이나 썼다. 아무리 '날라리'가 주제여도 그렇지, 62번은 심했다.

우리 오빠의 자전거는 크다. 차라리 내 자전거 이야기를 하지, 왜 남의 자전거 이야기를 하냐고? 그 이유는 오빠의 자전거가 나의 자전거이기 때문이다. 나는 내 자전거를 따로 안 산다. 아빠는 오빠의 자전거를 펌프질만 하고 연습해서 타면 된다고 우기신다. 하지만 그 자전거는 내 나이에 맞지 않는다.(은서의 '자전거 이야기')

초딩 은서는 더 가관이다. A4 용지 반 장도 안 되는데 역시 주제어인 '자전거'를 30번이나 사용했다. 제발 생각 좀 하자! 단어를 엄선하자!!

그 밖에도 준석과 은서의 글에선 1인칭 주어가 무한 반복됐다. 나는…… 나는…… 나는…… 나는…… 나는…… 글 한 편당 보통 20번은 나온다. 성인들을 대상으로 한 글쓰기 강좌를 할 때도 발견하는 현상이다. '그는'이나 '그녀는'이라는 3인칭 주어도 마찬가지다. 생략해도 되는데, 무의식중에 같은 주어의 재생산을 주체하지 못한다.

내 단어장의 비축량은 얼마나 되나

소설가 최일남 씨는 자신의 글쓰기 습관을 밝히는 글에서 "퇴고를 할 때 같은 단어가 하나도 없도록 끝없이 손질한다"고 말한 적이 있다. 결벽증을 느낄 정도였다. 한 영화평론가는 글을 쓸 때 '영화'라는 말을 대체할 수 없을지 늘 고민한다고 했다. '작품'이라는 말이 있지만 뉘앙스가 달라 선뜻 쓰지는 못한단다. 나 역시 이 글을 쓰며 '단어'라는 말이 남발되어 애를 먹었다.

동어의 반복은 어휘력의 빈곤을 의미한다. 내 단어장의 비축량이 얼마 되지 않는다는 것이다. 특정한 말과 표현에 대한 편애도 문제다. 여러분도 자신의 단어 창고와 언어 습관을 되돌아보길 바란다. 예전에 썼던 글을 한꺼번에 찬찬히 읽으면 알 수 있다. "아, 내가 요걸 자주 썼구나" 하면서 무릎을 칠지도 모른다. 때로는 퇴고 과정에서 한글 프로그램의 '찾기' 기능을 통해 검색해보라. 동어반복, 이제부터 경각심을 갖는 거다.

쏟아내지만 말고 편집, 편집을

"동어반복이고 나발이고……."

신경질을 내고 말았다. 인내심을 갖고 아이들의 글을 봐줘야 하는데 결국 또 폭발하고 말았다. 은서가 쓰는 글이야 늘 한숨을 유발하고, 그로 인해 여러 번 다시 쓰게 하는 게 다반사이지만, 오늘은 정도가 심했다. 큰 주제인 '동어반복' 따위의 사소한(!) 이야기를 할 수가 없었다. 대신 이런 구박 멘트를 수시로 날려야 했다. "제발 편집 좀 해라 편집 좀 해."

은서가 처음 쓴 글의 주제는 '줄임말'이었다. '베반(베스트반찬)'이나 '피보' '낭떠'(각각 '피해보상' '낭떠러지'를 뜻하는 공기놀이 용어) 등 초딩들의 입에 붙은 약어들을 설명한 거였는데, 썰렁한 용어 설명에 그치고 말았다. 극단적인 내용 부실이었다. 도저히 가능성이 없어 보였다. 주제를 바꾸라고 지시했다. 그랬더니 다음은 '공기놀이'에 관한 글이었다. A4 용지 한 장 가득 자기만이 해독할 만한 언어로 공기에 관해 밑도 끝도 없이 썼다. 역시 수준 이하였다. "주절주절 네 얘기만 하지 말고, 사람들이 무엇을 궁금해할지 생각해봐. 응?" 은서는 고개를 끄덕였고 다시 썼다. 달라진 건 없었다. 또다시 썼다. 마찬가지였다.

주제가 너무 무리였나? 다시 주문을 했다. "공기놀이만 써선 안 되겠다. 요즘 너희 반 애들의 놀이에 관해서 써봐." 친구들의 놀이 풍경을 다루는 게 글을 채우는 데도 좋겠다 싶었다. 결과적으로도 초딩들의 놀이 트렌드를 보여줄 수 있기에 유익할 듯했다. 문제는 품질이었다. 아, 계속되는 아빠의 절망.

은서가 정기적으로 글을 쓰는 날은 보통 토요일이다. 컴퓨터를 부팅해주고 한글 프로그램을 열어준다. 시간을 정하고 그 안에 쓰게 한다. 아이 엄마는 늘 의심스러운 눈길을 보내곤 했다. "혹시, 딴짓하는 거 아냐?" 당사자는 부인하지만, 추리해보건대 아마 절반 이상은 딴짓을 했을 거다. 떡 본 김에 제사 지낸다고, 글은 대충 끼적이면서 게임을 하거나 만화를 보거나 음악을 들었을 확률이 높다. "뭐 그러려니" 이해한다. 그 정도의 농땡이도 용인 못 하고 어떻게 사나. 그로 인해 그 동안은 계속 덜 떨어지는 글이 나와도 이해해주려고 했다. 조곤조곤 부족한 점을 설명하면서 다시 쓰라고 등을 두드려주곤 했다. 한데 이번만큼은 날씨가 더워서 그랬는지 참기가 힘들었다. 구박의 수위가 만만치 않았다. 감히 컴퓨터 앞에서 딴짓을 하며 글을 쓸 수 없게끔 분위기를 험악하게 몰아갔다. 다음은 무려 여덟 번 만에 썼으나, 아빠에게 호평이 아닌 욕을 무더기로 들은 은서의 글이다.

은서 글 요즘 우리들은 무얼 하고 노나

나는 집에서 공신이다. 오해하지 마시라. 공부의 신이 아니라, 공기의 신이다. 완전한 것은 아니다. 집에서만 공신이지, 밖이나 학교에서는 3등급 공신이다. 1등급이 제일 높고, 10등급이 제일 낮다. 그러니 난 좀 공기를 잘하는 듯? 많이는 못 잡지만, 조금은 잡을 수 있다. 어려운 꺾

기에서 나는 대부분 2, 3, 4개밖에 못 잡는다. 아이들은 나에게 잘한다는 소리를 많이 해준다. (중략)

요즘 아이들은 학교에서 딱지치기라는 놀이를 한다. 그 놀이는 그냥 친구 딱지를 내 딱지로 때려서 뒤집어지면 가지는 것이다. 처음부터 이 놀이가 우리 반에서 유행이었던 것은 아니었다. 맨 처음엔 공기가 붐이었다(붐=짱이라는 뜻). 처음에 했던 사람은…… 아무도 없었다. 그냥 선생님이 공기를 해도 된다고 해서 시작했었을 뿐이다. 우리 반에서는 김○○이라는 아이가 공기를 제일 잘한다. 한 번에 공기 100년을 갈 수 있다. 여기서 100년은 꺾기 할 때 잡아서 몇 년이 되는 것을 말한다.

공기를 시작한 2달 후에 구슬치기가 유행이 됐다. 구슬치기는 선에 구슬을 놓고 쳐서 그 구슬을 맞은 구슬이 선이 없는 바닥에 가면 감점이어서 따먹히는 것이다. 이 놀이 역시나 피○○이 제일 잘한다. (중략)

나는 요즘 점심시간에 밖에서 안 논다. 밖에서 노는 아이들이 자주 하는 것은 경도이다. 경도는 경찰 도둑의 약자이다. 경도를 하는 방법은 가위바위보로 경찰과 도둑을 정하여서 경찰이 도둑을 잡아서 잡힌 도둑이 경찰이 되는 것이다.

처음에는 컴퓨터 게임 한자○○가 있었다. 다른 친구들 모두 한자○○를 했다. (중략) 그런데 어느 날 드디어 경도로 바뀐 것이다. 나는 그 게임을 친구들과 종종 했다. 그런데 할 때마다 계속 숨이 찼다. 그래서 지겨워서 안 하고 있을 무렵, 말듣쓰에서 비사치기에 대한 얘기를 해주셨다. 말듣쓰는 4학년 교과서이다(말하기 듣기 쓰기의 약자). 우리 반은 직접 경험을 해보기로 했다. 비사를 던져서 다른 사람의 비사를 맞추는 게임이다. 그런데 그것도 재미가 없어졌다. 지루하고, 지겹고, 아이들

은 드디어 땅따먹기를 시작했다. 그 유행은 오래갔다. 남자아이들도 아주 조금 했다. (중략)

여자애들은 여자애들 취향에 맞게 땅따먹기를 했다. 그래도 요즘에는 역시나 경도를 한다.

하지만 나는 영지와 학교 반 안에서 놀거나 계단에서 가위바위보를 해서 먼저 내려가는 사람이 이기는 게임을 하고는 한다. 그 게임이 땅따먹기나 경도보다 훨배(훨씬) 더 재미있다. 밖에 나가서 놀지 않는 이유는, 귀찮다. 밖에 나갈 때 실내화에서 신발로 갈아 신는 것이 모~두 귀찮다. 그래서 안 나가는 것이다.

구박해도 기가 죽지 않는 소녀

차라리 본인의 공기놀이 경험으로 끝까지 밀고 가든지, 자기 경험을 초반부에 설명하다 바로 친구들의 놀이 설명으로 들어간다. 이것도 아니고 저것도 아닌 글, 어중간함의 극치다. 감독인 아빠의 한계를 절감한다. "만약 딱지치기에 관해 쓰면 여기서 어떤 내용이 중요할까를 먼저 생각해야지. 무작정 딱지치기는 누구누구 잘한다고 쓰면 되니? 딱지치기에 대한 네 생각을 정리해봐. 왜 나는 딱지치기를 안 좋아하지? 왜 다른 아이들은 좋아하지? 왜 요즘 이 놀이가 인기지?"

다르게 말하면, 편집 능력이다. 딱지치기에 관해 자신이 알고 경험한 사항 중에서 무엇을 취하고 무엇을 버릴까 하는 것이다. 중요한 것과 덜 중요한 것, 사소한 것을 나누는 능력이다. 그걸 나누기 위해선 주관적으로 생각하고 판단한 뒤 정리해야 한다. 그러려면 나름의 기준이 있어야 한다. 은서가 그 능력을 닦으려면 한참 멀었다.

아무튼 위 은서의 글은 갈피를 잡지 못한다. 하나를 알려주면 두 개를 아는 게 아니라, 두 개를 알려주면 하나를 까먹는다. '나는'이라는 1인칭 주어를 그렇게 쓰지 말라고 했는데, 서너 번 이상씩 고쳐 쓰는 과정에서 다른 문제로 지적을 당하더니 '나는'을 남발했다. 글을 다 쓴 뒤 은서에게 물었다. "네가 많이 쓰는 단어들이 뭐니?" 성격 좋은 은서는 그럼에도 활달한 표정으로 슬슬 답을 한다. 그것도 공기놀이를 하면서. "나는…… 그래서…… 그런데…… 많이…… 아주…… 가장…… 제일…… 왜냐하면…… 그 이유는." 구박을 아무리 해도 기가 죽지 않고 조잘조잘대니, 성격 하나는 타고난 모양이다.

다음은 중딩 준석의 글이다. 6·25전쟁에 관해 썼다. 자판을 두드리며 준석은 답답해했다. 한국전쟁에 대한 자신의 배경지식이 없다며, 다른 걸 쓰면 안 되겠느냐고도 했다. 그러라고 했지만, 대안을 찾지 못했나 보다.

 준석 글 통일에 관한 내 의견은 NO!

천안함 침몰 사건으로부터 100일, 6·25전쟁 60주년으로부터 8일 남짓 지났다. 7월 3일 토요일, 이제 내일 지나고 나서 월요일만 되면 바로 중학교 시험이다. 4일 동안 '죽을 사'의 날을 맞이한다. 그러나 아버지의 끝없는 강요에 의해 미술을 할 수 없이 제쳐두고 이 글을 쓴다. 주제는 6·25전쟁. 하필 6·25도 아닌 7·3, 그것도 시험 기간에 글을 쓰게 한다는 것이 심란했다. 써야 하겠다. 6·25전쟁, 통일…… 김일성……

김정일…… 김대중…… 등등, 생각나는 단어가 많다. 그중에 북한의 '신'과 연관이 있는 단어라면, '김일성'이 아닐까?

나는 지금까지 역사를 배웠다. 초등학교 4학년인가, 5학년인가. 그때부터 배우기 시작한 것이 '역사'. 당연히 우리나라 역사라면 빠질 수 없는 참담한 사건, '6·25전쟁'. 북한 사람들은 배우고, 배우고, 배우고 또 배운다. 무엇을? 김일성이 신이다, 라는 그 사실을 말이다. 게다가 김일성의 시신은 천문학적인 돈을 들여 보존한다고 하고, 김일성과 김정일의 생일이 명절이며, 그날에는 나라에서 조금의 음식을 내줄 정도라고하니, 어찌 보면 북한에서는 매우 당연한 일이나, 우리나라 남한에서만확신되는 사실 하나는, 우리나라 사람들은 김일성을 증오한다, 이다. 나 역시 그들 중 하나이다. 그런 이유를 볼까? (중략)

6·25전쟁의 주도자는 북한이자 김일성이다. 여기서부터 북한이 훨씬더 반성을 많이 해야 한다는 것이 드러난다. 또한, 북한은 대량 무기 생산으로 많은 돈을 소비하여 국민들은 가난에 찌들어 살고 있고, 이를불쌍하게 여긴 우리 남한은 같은 민족인 북한에 조금이라도 더 동조하고자 현대를 창업한 정주영 회장이 소를 끌고 가는 등의 도움을 주었다. 그러나 북한은 우리에게 해준 게 거의 아무것도 없을 것이다. 게다가 우리가 준 돈으로 핵무기를 실험한다. 우리가 도와준 것에 반해 그들은 우리를 위협, 더 나아가 세계를 위협하고 있다.

마지막으로 통일 여부에 대한 내 의견을 말하자면, 'No'이다. 확실히! 우리 친구들은 통일을 몇몇 원하지 않고 있다. '경제가 나빠질 것이다'라는 것이 최다 이유. 엄마께서는 그 말을 믿느냐고 하시지만, 이 말은 일리가 있는 말이라고 볼 수 있다. 땅덩어리나 자원은 넓고 많아질지 몰라도, 우리나라와 북한이 합치게 되면 북한의 낮은 경제 수준으로 인해 우리나라 경제가 하락할 것이다. 언어인 한글도 각각 달라서 서로 문화 차이가 있기 때문에 아마 적응하기가 한동안은 힘들 것으로 예상한다. 혹시 우리나라와 북한이 합쳤는데 공산주의 나라가 되어버리면? 상상하기도 싫다. 끔찍하다. (중략) 아예 통일을 안 하겠다는 소리는 아니다. 그것은, 북한이 경제를 어느 정도 회복하고 민주주의(거의 실현하기가 힘드나) 국가가 되었을 때 가능한 얘기라는 것이다.

- -

부자 간에 6·25 이야기는 처음이군. 조금만 밝히자면, 주제어를 반복하지 말라고 했음에도 '6·25' 라는 말을 계속 낭비했다. 대체할 말이 여러 번 있었지만 넘어갔다. 사소하다고 치자. 내용을 보자. 먼저 형식과 전개. 무난하긴 하지만, 산만한 느낌이 없지 않다. 차라리 '통일에 관한 요즘 아이들의 생각' 에 한정해 썼더라면 어땠을까. 다음은 논지. 토론거리가 보인다. 전쟁과 관련해서 남쪽은 칭찬만 들어야 할까? 앞으로 현대사에 관한 다양한 책들을 읽다 보면 네가 모르던 재밌는 비밀을 접하리라. 그러고 보니 한 번도 준석과 6·25에 관해 이야기를 나눌 기회는 없었다. 너의 생각을 이 글을 통해 처음 알게 된게 소득이라면 소득이다. 다음엔 부자간에 정치 토론을 해볼까?

이제 결론을 내릴 시간. '동어반복' 을 하지 말자는 게 오늘의 큰 주제임에도 동어반복을 좀 해야겠다. 이건 지난번에도 했던 말이라 이중 동어반복이다. 음, 그럼…… 형식이라도 다르게 꾸며봐야겠다. 은서야, 퀴즈 하나 풀어봐라.

다음 두 한자어의 차이는 무엇일까요?

1) 365일 무사고(無事故)

2) 365일 무사고(無思考)

휴, 은서는 2번에 속할 위험이 크다. '사고'가 왕창 자라나야 할 텐데.

> **덧** 1990년대 초반 개그맨 이창훈 씨의 "난 리바이벌은 절대로 안 해"라는 대사가 선풍적인 붐을 일으킨 적이 있다. 그 대사는 20년이 지난 지금도 리바이벌된다. 좋은 작품은 100년, 1000년이 지나도 리바이벌된다는 거.

05

여름방학은 '능동태'로 보내자

청개구리는 무죄! 수동태는 유죄!

청개구리는 무죄다.

장마철만 되면 엄마 무덤이 떠내려갈까봐 서럽게 운다는 청개구리는 무죄다. 거꾸로만 행동했던 자신의 철없는 과거를 뉘우치며 눈물 흘리는 청개구리에게 손수건을 건네며 이런 말을 전하고 싶다. "꼭 네 잘못만은 아니잖아?"

엄마 청개구리는 혹시 잔소리꾼이 아니었을까. 꼬마 청개구리에게 적성에 맞지 않는 일을 강요했을지 모른다. 냇가에서 노는 게 훨씬 코드에 맞는데도, 엄마의 취향만을 고집하며 산으로 가라고 등을 떠밀었을 것만 같다. 그런 '꼰대 청개구리' 같은 엄마와 아빠들이 인간 현실세계에서 어디 한둘인가. 어린이와 청소년들이여, 꼬마 청개구리에게 돌을 던지지 말라.

하지 말라면 더 하고 싶어지는 이유

나도 자라면서 "청개구리 같다"는 말을 종종 들었다. 돌이켜 보면, 부모님이 잔소리를 하며 보채는 일은 재미가 없었다. 자꾸 하라고 말할수록, 더 하기가 싫었다. 절대 하지 말라고 하면, 몰래라도 하고 싶은 욕구가 치밀었다.

잡담이 길어졌다. '능동'과 '수동'에 관한 이야기를 하려고 한다. 무슨 일이든 능동적으로 하면 신이 난다. 수동적으로 하면 금방 지루해진다. 남이 시키는 대로만 하면 창의적인 발상이 나오기 어렵다. 자발적 아이디어는 능동적으로 일할 때 쏟아진다. 사장님의 음모(!)가 아니라는 전제 아래 "월급쟁이 마인드를 버리라"는 충고는 모든 직장인들이 '능동'을 위한 금언으로 새겨들을 만하다.

준석만 해도 그렇다. 언젠가부터 '드래곤 마니아'가 됐다. 종이로 수십 가지 용의 입체모형을 만들고, 용에 관한 소설도 집필 중이다. 용에 관해서라면 밤잠을 안 자고 뭐든지 한다. 내키지 않는 숙제나 공부엔 온갖 인상을 쓰며 시늉만 내는데 말이다. '능동'은 힘이 세다. 한데 다음 문장들은 용이 승천하다가 소화불량으로 트림하는 소리 같다.

"〈디 워〉에서 등장한 선한 용인 한국 용을 따라 그려야겠다고 마음을 먹고 따라 그리기로 하였다. 그러나 쉽게 그려지지 않는다. 디자인이 수천 번 더해지고 있다." "아직도 완결이 완벽히 지어지지 않은 한국 용을 완벽히 재현해 내고 싶다." 능동적으로 용 작업을 하면서도 그와 관련된 글엔 '수동' 천지다. 쉽게 그려지지 않는다? 수천 번 더해지고 있다? 완벽히 지어지지 않은? 재현해 내고 싶다?

그렇다. 진짜 주제는 능동태와 수동태다. 삶을 능동적으로 살아가는 사람은 문장도 '능동태'로 쓸 것이라고 믿는다. '수동태'를 즐겨 쓰는 사람은 '수동적'으로 살 것만 같다. "방학이 됐지만 섭섭한 부분도 있다. 친구들과 선생님과 한 달 동안 떨어져 있어야 한다는 것이다. 핸드폰도 고쳐져서 전화를 해서 만나 놀면 되지만." 이건 은서의 수동태다. 주어는 없다. 핸드폰은 스스로 고쳐졌단 말인가.

스티븐 킹은 왜 비명을 질렀을까

준석과 은서의 수동태를 몇 개 지적했지만, 양호한 편이었다. 꼬투리를 잡으려고 모든 글을 샅샅이 뒤졌지만 몇 개밖에 건지지 못했다. 그만큼 덜 오염됐다는 이야기다. 사실 뭔가 지식인의 언어를 구사하려는 이들의 글에서 수동태 문장을 종종 발견한다('발견된다'를 지양하란 말씀이다).

『유혹하는 글쓰기』의 저자 스티븐 킹은 "수동태로 쓴 문장을 두 페이지쯤 읽고 나면—이를테면 형편없는 소설이나 사무적인 서류 따위—나는 비명을 지르고 싶은 충동을 느낀다. 수동태는 나약하고 우회적일 뿐 아니라 종종 괴롭기까지 하다"고 말했다. 수동태를 비판하기 위해 쓴 이 글을 읽으며 누군가 비명을 지르지 않기를 기원한다.

하는 거야, 되는 게 아니야

나도 방학이 있었으면 좋겠다.

준석과 은서에겐 방학을 불허했으면 좋겠다. 꼬마들은 여름에도 교실에서 땀 흘리며 열심히 공부하고 나는 두 달 동안 꿀맛 같은 휴가를 즐긴다. 크흑!

아이들의 방학은 달갑지 않다. 어른들에겐 고생길이 열린다. 방학식을 끝내고 온 아이들은 휴가 계획 잡으라고 야단이다. 내가 할 수 있는 복수란 고작 '방학을 맞는 우리의 자세'를 주제로 글을 쓰게 하기였다. 초고를 본 뒤 "이것도 글이냐"며 으르렁거리는 수준. 이번 글의 주제에 맞게 어처구니없는 수동태를 여럿 찾아낸 뒤 족치려고 했다. 한데 앞에서도 밝혔듯, 꼬투리 잡을 게 많지 않아 유감이었다. 먼저 준석의 글이다.

 준석 글 방학에 관한 여섯 가지 시선

1. 한숨을 푹푹 내쉰다.
2. 우리 어린이들은 하늘로 날아갈 것 같은 느낌이다.
3. 부모들은 중딩보다 고딩, 초딩보다는 중딩이어서 안심이다.
4. 청소년들은 학원에, 중3과 고3은 여전히 입시에 찌든다.
5. 노인들은 손자, 손녀를 만나기 위해 이때만을 기다린다.

6. 아기들은……?

이날, 무슨 날인가? 방학이다.

위의 첫 번째 표현의 해석, 부모님들이 방학을 좋아했던가? 대부분 그렇지 않을 것이다. 매일 아침·점심·저녁을 다 해주어야 하고, 아이들의 요구사항도 늘어나고, 짜증나는 아이의 행동을 매일 보아야 하고. 방학을 맞는 부모님의 자세는 '개학을 기다리자' '에휴~' '이번 여행은 또 어디로 가지……' 일 것이다. 내 경우가 매우 절실하다. 아버지는 그냥 여행 가지 말자고 하시고, 엄마는 여행 계획하면서 한숨을 푹푹 내쉬니 말이다.

두 번째 표현에서 어린이란, 어린이날에 선물을 받을 수 있는 제한 나이인 13세까지를 말하는 것이다. 유치원부터 초등학교까지. 뭐 초등 고학년 정도는 학원에 찌들 수도 있겠지만, 중·고딩과 달리 '내신' 등 자신의 인생과 관련한 거대한 일은 없지 않던가? 그리고 어느 학창 시절이나 방학이 제일 긴 초등학생으로서는, 하고 싶은 일도 많고 여행도 기대되는 것이 방학을 맞는 초등학생들의 자세일 것이다.

세 번째 표현의 해석은? 잘 알 터. 표현의 기준은 '방학 기간' 이다. 초딩은 방학이 제일 긴 때라고 말했을 터. 중딩은 방학이 두 번째로 길고, 고딩은 가장 짧다. 부모님들은 방학을 싫어하셔서 제일 기다리는 것은 '개학식' 일 터이니, 중딩보단 고딩, 초딩보단 중딩이라서 안심하시는 것이다. 부모들의 방학을 맞는 자세는 어느 '딩' 이냐에 따라 다를지도 모른다.

그러면 네 번째 표현의 해석은? 입시 공부의 집중 시기는 고등학교

바로 앞 학년인 중3, 그리고 인생을 역전할 것인가 말 것인가를 결정하는 대학생 바로 앞 학년인 고3일 것이다. 따라서 그들의 방학을 맞이하는 자세는, 청소년은 '에휴~ 방학이어야 봤자 학원에 찌들 테지.' 고3과 중3은 '이번 방학에 열심히 공부해서 꼭 좋은 고등학교나 대학에 가자!'일 것이다.

다섯 번째 표현의 해석이라…… 노인들은 대부분 외롭게 산다. 아마, 방학을 제일 기다리는 사람은 어린이 다음으로 노인이지 않을까? 노인들은 아마 '손자 손녀들이 이번 방학에 올라나' 라는 자세로 방학을 맞이할 것이다. 우리 할머니도 그랬다. 늘 우리가 가면 반갑게 맞아주셨으니까.

마지막 '질문', 표현이 아니다. 물음이다. 객관적 표현을 얻으려면 와이크라이(아기의 울음 분석기) 기계라도 사용해야 알아든지, 아기들의 자세를 우리가 표현하려면 좀 더 창의적인 표현이 필수이다. 내 생각에는 아기가 이상한 기분이 들지 않을까? '아니, 누나(오빠, 형, 언니)가 거의 집에 없었는데 요즘은 왜 맨날 보이는 거야?' 말은 안 하더라도 이상한 기분을 느꼈을 것이다. 커가면서 나중에 다 이해하게 되겠지?

회의는 10시에… 엽니까? 열립니까?

부모님, 13세 이하, 청소년, 노인, 아기의 입장에서 방학을 생각해 본 글이다. 구성에 좋은 점수를 줄 만하다. 방학에 관한 세대 간 차이를 다채롭게 풀어놓았다. 자신의 계획을 판에 박은 듯 이야기하는 글보다는 백배 낫다고 칭찬할 만하다. 딱 거기까지다. 구성만 좋았다.

세대별 생각에 좀 더 살을 붙였으면 흥미로웠겠다. 말을 하다 만 느낌이다. "객관적 표현을 얻으려면 와이크라이 기계라도 사용해야 알아듣지"처럼 나름 귀여운 구석이 없지는 않았지만. 재치가 2퍼센트 아쉬웠다.

그 다음, 수동태를 찾아볼까. 없다. 아니, 딱 한 군데! "하고 싶은 일도 많고 여행도 기대되는 것이 방학을 맞는 초등학생들의 자세일 것이다." 그냥 '여행도 기대하는 것이' 하면 될 것을. 이 문장을 보니 얼마 전 아빠가 뽑은 신문 제목이 생각난다. "'교육 잘 받은' 사람이 대통령 해야죠." 준석 같으면 다음과 같이 뽑았을까? "'교육 잘 받은' 사람이 대통령 돼야죠." 한국 사람들은 언제부턴가 '해야죠' 식보다는 '돼야죠' 식의 글쓰기 버릇을 키워왔다. 준석도 그런 싹수가 보인다. 이 싹수를 잘라줘야 한다. 안 그럼 "10시에 회의합니다" 또는 "회의는 10시에 엽니다"가 아니라 "회의는 6시에 개최됩니다"라는 식의 말투를 사랑하는 청소년으로 자라날 가능성이 높다.

다음은 은서의 글이다. 준석에 비해서는 수준이 한참 떨어지는 글이다. 열한 살 소녀에 딱 맞는 두근두근 쿵쾅쿵쾅 가슴을 담았다.

 은서 글 우와… 개봉된다, 개봉된다, 개봉된다

좀만 있으면 방학이다. 아…… 내가 이 순간을 얼마나 기다려 왔는데.

섭섭한 부분도 있다. 바로 친구들과 선생님과 한 달 동안 떨어져 있어야 한다는 것이다. 물론 핸드폰도 고쳐져서 전화를 해서 만나 놀면 되지만…… 전화번호를 모르고, 핸드폰도 없어서 못 만나는 친구는…….

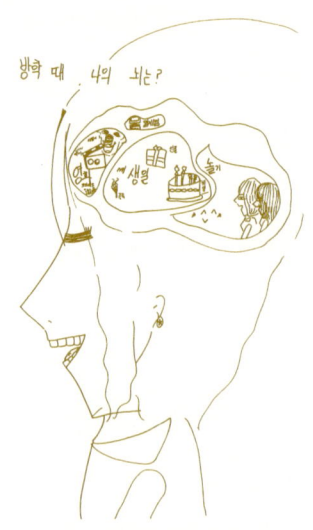

방학 때 나의 뇌는?

은서가 그린 자신의 뇌 지도. 여름엔
'생일타령'이 절반을 차지한다.

친구에게 방학이 되니까 기분이 어떠냐고 물어보니, 그 친구는 방학 때 친구들과 선생님과 떨어져서 섭섭하다, 하지만 학교생활에 방학도 좀 필요하다고 생각한다, 라고 말했다.

나는 이미 방학 계획을 세워놨다.

첫 번째 계획은 영화보기이다. 요즘에 영화를 너무 못 봤다. 그래서 보고 싶은 영화가 철철 넘친다. 첫 번째 영화는 〈토이 스토리 3〉이다. 8월 5일에 개봉된다고 한다.

두 번째 영화는 〈내니 맥피 2〉이다. 3학년 때 선생님이 영화 보여주시는 걸 좋아하셔서 몇몇 영화를 보여주셨는데, 그 영화 중에 〈내니 맥피 1〉이 있었다. 여름방학 때 개봉된다고 한다.

또 다른 영화는 〈도라에몽 진구의 인어대해전〉이다. 그건 8월에 개봉된다고 한다. (중략)

그리고 영화 중 제~일 보고 싶은 영화는…… 〈명탐정 코난〉이다. 〈명탐정 코난〉은 다행히도 내가 방학이 시작되는 날 개봉된다. 그러니깐, 한마디로…… 7월 22일에 개봉된다는 뜻이다.

영화 계획도 있지만, 또 다른 중요한 계획이 있다.

어떤 계획이냐면……

두구두구두구…… 바로 내 생일 계획이다. 이미 계획은 모두 짰났다.

아침에 일어나서 가족이랑 인사를 나누고서, 아침밥으로 감자볶음,

계란말이, 흰 쌀밥, 미역국을 먹은 다음에, 엄마가 선물을 사올 동안 나는 집에서 공기를 하면서 논다. 그리고선 엄마가 선물을 가져오면, 와도 꾹 참고 기다린다. 친구 세 명을 부른다.

친구들을 부르면 치킨이나 피자를 시켜서 점심을 먹는다.

아참! 엄마가 선물을 사올 때 아이스크림 케이크도 사온다.

생일 축하합니다~ 생일 축하합니다~

이 노래가 끝나면, 이제 눈을 꼭~ 감고서 우리 가족들과 친구들에게 선물을 받고서 파자마 파티를 한다. 그때 내 생일선물은 과연 무엇일까? 기대된다.

나는 방학을 즐겁게 받아들여야겠다. 그 이유는 방학이 시작되면, 마음껏 놀고 학교도 안 가기 때문이다. 빨리 방학이 됐으면 좋겠다.

주어를 진정한 주인으로

은서의 뇌 속은 영화 관람과 제 생일파티에 대한 고민뿐이다. 하긴, 연중 최대 목표가 '생일나기'에 있는 소녀이니까.

수동태는 두 가지를 찾았다. 일단 맨 앞 글에서 짚었던 하나, "핸드폰도 고쳐져서 전화를 해서 만나 놀면 되지만……." 둘째는 '개봉된다.' "첫 번째 영화는 〈토이 스토리 3〉이다. 8월 5일에 개봉된다고 한다." "여름방학 때 개봉된다고 한다." "그건 8월에 개봉된다고 한다." 다섯 번이나 거듭했다.

은서야, 개봉한다고 하면 안 되겠니?

은서에게 다시 한 번 강조하고 싶다. "하는 것이야. 되는 것이 아니란다.”

능동태와 수동태에 관한 핵심은 바로 이 한 줄 속에 있다. 주어를 당당한 주인으로 만들어주자. 그게 ‘능동태’ 다. 주어가 하는 거야. 주어가 당하는 게 아니야. 가령 “은서가 공을 던졌다”고 해야지, “공은 은서에 의해 던져졌다”고 하면 되겠니? ‘수동태’ 는 바로 주어가 목적어에 잡아먹히는 꼴이란다. 이건 영어 공부를 위해서도 중요하다. 고급 영어를 사용하는 사람들은, 앞에서 스티븐 킹 아저씨의 말대로 수동태를 경멸한단다.

그러고 보니 청소년 관련 단체 중에 ‘하자센터’ 가 있다. ‘하자센터’ 가 ‘되자센터’ 가 아니라는 사실을 기억하기 바란다. 혹시 그 이름을 지으며 능동태를 강조하려는 숨은 의도를 담은 건 아닐까 하는 웃기는 상상도 해봤다.

결론을 맺을 시간이다.

첫째, 되자, 되자, 되자 하지 말자. 하자, 하자, 하자다.

*둘째, 방학은 ‘능동태’로 보내자. 스스로 알아서 하잔 말이다. 아빠에게 뭔가 해달라고 졸라대는 ‘수동태’는 삼갈 것.^^*

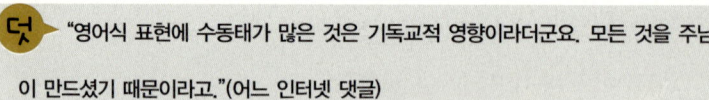 “영어식 표현에 수동태가 많은 것은 기독교적 영향이라더군요. 모든 것을 주님이 만드셨기 때문이라고.”(어느 인터넷 댓글)

06

왜 만나기만 하면 싸우는 '것'인가

명사화의 덫

거 참 문제다. 아니다. 것 참 문제다.

'것'에 관해 말해본다. 그 핵심 내용을 최악의 형식으로 요약하자면 다음과 같다. "것을 어찌할 것인가. 것을 남용하는 것이야말로 글을 쓰는 것에서 피해야 할 문제인 것이다."

의존명사 '것'은 어떤 단어든지 집어삼켜 긴 명사로 뚝딱 변신시켜 주는 도깨비방망이다. 산다는 것, 공부한다는 것, 일한다는 것, 글을 쓴다는 것, 아기를 낳는다는 것, 늙는다는 것, 죽는다는 것……. 이렇게 써놓고 보니 뭔가 개념과 현학의 냄새가 난다. '것'엔 글 쓴 사람을 우쭐하게 만드는 중독 효과가 있는지도 모르겠다.

도깨비방망이, 일본어 '고또'의 영향

글을 마무리할 때 '것'을 가장 먼저 청소한다. 남들과 대화할 때 버

롯처럼 '것' 을 쓰다 보니 나도 모르게 글에도 불필요한 '것' 이 침투한다. '것' 은 괜히 글을 배배 꼬게 한다. 독자들이 이해하기 쉬운 글을 쓰려면 이를 멀리해야 한다는 생각이다.

가령 이런 문장은 어떠한가. "공부할 때 주의해야 할 것은 정신을 집중해야 한다는 것이다." 이렇게 쓰고 나면 '것' 이 두 번 중복되므로 하나는 '점' 으로 바꾸자고 주장하는 사람이 나오리라. "주의해야 할 것은 정신을 집중해야 한다는 점"이라고 말이다. 아예 문장을 다 흔들어 "공부할 때는 정신을 집중해야 한다"고 쓰면 얼마나 단순명료한가.

"갑자기 〈트랜스포머〉의 옵티머스 프라임이 생각나는 것이다. …… 그런데 다른 로봇이 옆에 있는 것이다. ……사실 내가 제일 많이 고민한 것은…… 나는 행복했을 것이고 바로 집으로 되돌아갔을 것이다."(준석)

"엄마는 방에 들어가 계셔서 내가 거실에 있는 것조차도 모르는 것 같았다. ……미국에 있던 것을 일본에도 똑같이 만든 것일 뿐이다. ……그날 한 일은 가져온 게임기나 놀이하는 것으로 놀다가 창밖으로 구름을 보는 것이었다. ……생각해보니 오빠는 멀미날 것 같다고 눈을 피했던 것 같다."(은서)

"옵티머스 프라임이 생각났다"고 하면 될 텐데 군이 "생각나는 것이다"라고 썼다. "다른 로봇이 옆에 있었다"고 하면 될 걸 굳이 "옆에 있는 것이다"라고 했다. "엄마는 내가 거실에 있는 줄 몰랐다"고 하면 될 텐데 굳이 "거실에 있는 것조차도 모르는 것 같았다"고 한 문장 안에서 두 번이나 '것' 을 사용했다. 이런 화법은 일본어 '고또(こと)' 의

영향이라고 한다. 일본어를 빨리 배우려면 무슨 말이든 '~하는 것'으로 명사화시켜주는 이 '고또'를 잘 활용해야 한다. 한국말에서는 다르다. 고도는 기다려도(^^), 고또는 기다리지 않는 게 좋다.

'쭈뼛쭈뼛'과 '주먹불끈'을 모두 넘어

글 쓰는 태도의 측면에서도 '것'을 경계해야 한다. 특히 다음 두 가지만큼은 제발 자제하라고 강조하고 싶다. 하나는 '~한 것 같다'이고 또 하나는 '~해야 하는 것이다'이다. 두 화법은 서로 반대편에 서 있다. 전자의 태도가 '쭈뼛쭈뼛'이라면 후자는 '주먹불끈'이다. 좋으면 그냥 "좋다"고 할 일이지, 왜 "좋은 것 같다"인가. "배고프다"고 하면 될 걸 왜 "배고픈 것 같다"고 하는가. "차가 막혀 좀 늦을 것 같다"는 정도는 용서가 된다. 근데 "난 너를 사랑하는 것 같다"를 용서할 수 있을까. 반면 '~해야 하는 것이다'는 과다 확신이라 거부감을 준다. '~해야 한다'고 하면 되지, 왜 꼭 '~해야 하는 것이다'냐다. 왜? 안 하면 죽어? '~한 것 같다'처럼 자신 없어 하지도 말고 '~해야 하는 것이다'처럼 확신을 부풀리지도 말자.

처참한 결말 "무릎 꿇고 손들어!"

"여자들은 왜 약속을 지키지 않고 있는 것입니까?"

2010년 여름에 끝난 KBS 〈개그콘서트〉의 '남보원(남성인권보장위원회)'에서 북을 치는 역할인 최효종이 말하는 방식이다. 남성 입장에서 여자들의 매너를 고발하고 개탄하다가 마지막으로 날리는 코멘트는 꼭 '~하는 것입니까?'다. 이 코너를 볼 때마다 '것입니까?'의 느낌이 잘 어울린다고 생각했다. 무언가 비타협적이고 고집불통인 주장과 구호를 과장스럽게 꾸며주는 종결어미로 손색이 없다.

돌이켜보면, '~하는 것입니까'라는 말투는 어린 시절 웅변대회에서 많이 들었다. "왜 우리는 이토록 안보의식이 해이한 것입니까?" 대학 시절 운동권 집회 현장의 연설원고도 다르지 않았다. "저 간악한 군부독재 정권이 민중들의 생존권을 짓밟고 있는 것입니다." 좋게 말하면 우직함이, 나쁘게 말하면 고지식함이 풍기는 말투다. 좋다 나쁘다 잘라 말할 수는 없다. 분명히 담백하진 않다.

준석과 은서에게 '것'을 금했다. 가끔씩 써도 되지만 이번엔 절대 쓰지 말라고 했다. 주제는 동일하게 주었다. "우리는 왜 만나기만 하면 싸우는가." 아이들의 분쟁이 지긋지긋해서 글로 해소를 시켜보려고 했다. 결과는 실패로 끝났지만……

 준석 글 너의 "어쩌라고!" 때문에 미치겠어!

나는 동생과 밥상머리에서만 만나면 꼭 싸운다. 엄마는 밥상머리에만 앉으면 구경하는 것이 나와 은서의 싸움이라고 증언하신다. 내 잘못이냐, 고은서 잘못이냐. 정확한 답은 없지만, 한번 싸우면 그칠 줄을 모른다. 필수일 땐 조금 폭력을 가하기도 하지만, 우리는 대부분 언쟁이다.

자세히 들어가 보면~ 내가 학원에서 돌아와 식탁에 앉아서 밥을 먹고 있다. 조금 뒤 은서가 나오고 밥을 먹는다. 뭐 여기까지는 아무 문제가 없다. 그때는 평화롭다.

그 순간, 은서가 이상한 행동을 한다. 그걸 다 쓰라고 하면 열두 권 시리즈가 나올 듯한데, 예를 들면 내 발을 거슬리게 하거나, 먹던 걸 내뱉고, 손가락으로 음식을 빨아 먹고, 함께 먹는 아이스크림을 쪽쪽 빨아 먹고, 사과를 뱉어 무슨 사과 주스를 만들겠다거나 숟가락으로 반찬을 퍼먹는 등, 식사 예절에 어긋난 행동을 한다.

나는 은서보다 더 배우고 더 먹고 더 자랐으니 더 도덕적인지라, 그런 행동에 발끈하여 충고한다. "야 그렇게 좀 먹지 마라!"

그러나 자존심이 친구 중에 그녀를 넘을 사람이 없고, 말빨은 김구라를 넘어서며, 까불기는 또 어찌나 조권처럼 까부는지. 고은서 양은 "아 어찌라고! 내 맘이야, 오빠는 상관하지 마!" 이런 생각이 없는 자식. 내가 '어찌라고'가 나의 생각엔 세 살 위에게 쓰기에는 버릇이 없어 보여 사용을 금지했지만, 은서는 그 대신 '어쩌라고'를 사용하고 있다. 아무리 봐도, 고은서는 사회에 나갔을 때 지 맘대로 행동해서 어느 회사에서든지 다 쫓겨나갈 게 뻔하다. (중략)

하지만 은서는 "내 맘이야! 상관하지 말라고!"나 "오빠도 예전에 무슨 짓 했잖아!"를 반복, 또 반복한다. 확 싱하형이라도 불러서 아작을 내주고 싶은 마음이다. 그때만.

따라서 나와 은서가 싸우게 되는 원인은 대부분 은서가 무개념이기 때문이다. 이 개념이란 것은 10대가 사회생활 하기에 알맞은 예절이나 생각, 그리고 어떤 행동을 하면 다른 사람들이 나를 어떤 시선으로 보는지 앎 등을 의미한다고 할 수 있겠다. 그런 은서에게서 개념은 어디론가 탈출해버렸다. 그래서 항상 자기 맘대로 행동한다. (중략)

은서는 우리 가문 최연소의 아이이며, 제일 어리광 피우고, 제일 사랑받는 아이라 그런지 엄청 까분다. 은서가 10대로서의 개념을 되찾고 이런 싸움이 일어나지 않기를 바라면서 이 글을 마친다.

- -

은서의 도발과 버릇없는 말투 탓만?

'것'을 의식하면서 글을 썼음에도 '것'이 두 개 나왔다. "엄마는 밥상머리에만 앉으면 구경하는 것이 나와 은서의 싸움이라고 증언하신다"와 "이 개념이란 것은……"이다. 앞의 문장은 "엄마는 밥상머리에만 앉으면 나와 은서의 싸움을 구경한다고 증언하신다"로 쉽게 바꿀 만하다. 뒤의 문장도 간단하다. 그냥 "이 개념이란……"으로 풀어가면 자연스럽다. 왜 '~것은'이 붙는지, 습관이 무섭다. 둘 다 쓸잘데기없다.

내용을 보자. 준석은 동생 은서와 밥상머리에만 앉으면 싸우게 되는 이유에 관해 두 가지로 분석한다. 첫째, 은서가 비도덕적인(예의 없는) 행동으로 먼저 도발한다. 둘째, 오빠의 정당한 지적에도 은서가 자꾸 버릇없는 말투로 대꾸한다. 은서가 종일 조잘대고 까부는 '구타유발 소녀'이기는 하지만, 준석이 너그러움으로 대할 수는 없었을까. 모든 책임을 은서에게로 돌려야 할까? 다음은 은서의 글이다.

우리는 왜 싸우는 걸까.

나는 오빠와 매일 싸운다. 엄마는 맨날 "아이구, 만났다. 만났어"라고 말씀하신다.

시작은 오빠다. 하긴, 나도 오빠에게 "나 오늘 학교에서 햄버거 먹었다"라고 자랑하기도 한다. 오빠는 "아~ 좋겠다~!"라고 말하면 좋은데, 맨날 "아, 어쩌라고~" "잘났어"라고 말한다. 그냥 "좋겠다"라고 딱 한 번만 말하면 모든 일이 잘 풀리는데, 그 말 한마디를 못해서, 이제 싸움이 벌어지는 것이다. (중략)

나는 이렇게 소리 지른다. "하, 오빠 그러다가 나중에 날라리 된다!" 그러면 오빠가 나의 목을 뒤에서 손으로 꾹- 누른다. 나는 그렇게 오빠한테 목을 잡힌 적이 여러 번 있다. 목에 자국이 나기도 했다.

난 오빠와 싸우기 싫다. 오빠는 마치 싸우고 싶다는 듯 시비를 건다. 누군 싸우고 싶어서 싸우냐고……

한번은 이런 적도 있다. 내가 핸드폰 카메라로 컴퓨터에서 엠블랙이 부르는 〈Y〉를 녹음하려고 오빠에게 좀 조용히 있어 달라고 했다. 30초도 안 돼 오빠는 "라라라~"거리면서 장난감 총을 쏴댔다. 이번에는 하지 말라는데 한 우리 오빠가 잘못이었다.

이 일 외에도 우리는 거의 매일매일 싸운다. 어느 날 TV 뉴스를 보면서 저녁을 먹다가 이런 말을 하게 됐다. "아이폰은 중독성이 강한 것 같아. 음…… 그러니깐, 인터넷이나 재밌고 좋은 기능들이 많이 있으니까." 오빠는 반박을 했다. "야! 중독성이 강한 게 아니라, 그냥 사람들

이 좋아하는 거지!" 나도 이렇게 말했다. "그러니까, 그게 그거지. 몰
라?" 그렇게 싸우게 되면서, 오빠는 또 욕을 했다. 오빠는 자신이 날라
리가 싫다고 하지만, 점점 날라리가 돼가는 것 같다. 이 사건에서 얻을
교훈은 '묻지도 따지지도 말고, 그냥 어, 라고 대답하라' 이다. (하략)

"나도 잘못했다" 각각 세 개씩!

은서는 두 배다. '것' 네 개를 검출했다. "우리는 왜 싸우는 걸까(것
일까)." "그 말 한마디를 못해서, 이제 싸움이 벌어지는 것이다." "아이
폰은 중독성이 강한 것 같아." "오빠는 자신이 날라리가 싫다고 하지
만, 점점 날라리가 돼가는 것 같다."

각각 다음과 같이 바꾸면 더 날씬하다. "우리는 왜 싸울까." "그 말
한마디를 못해서, 이제 싸움이 벌어진다." "아이폰은 참 중독성이 강
해." "오빠는 자신이 날라리가 싫다고 하지만, 점점 날라리가 돼간다."

은서도 오빠 탓만 한다. 글에 썼듯 "오빠가 묻지도 따지지도 말고
그냥 '어' 하면 되는데 그러지 않아서 생기는 문제"란다. 자기가 무슨
말을 던질 때마다 곱게 대꾸하면 되는데 화를 낸단다. 은서 역시 자신
이 가만히 있는 오빠의 화를 돋운다는 자성은 없다. 준석과 은서 둘
다 '역지사지(易地思之)'가 없다. 죄다 남 탓이고 제 탓은 없다. 오마
이갓! 글이 성찰의 효과를 내기는커녕 비난의 도구로만 추락했다. 이
러면 안 되쥐~.

준석과 은서를 불러, 덧붙이는 글을 쓰도록 했다. '우리는 왜 만나

기만 하면 싸우는가'에 관해 순전히 자신의 잘못 세 가지씩을 적게 했다. 먼저 준석.

1. 은서야, 엄마가 너에게 지적하는 것에 대해 내가 맞장구를 많이 쳤지?
2. 그리고 내가 너에게 미친놈, 지랄 같은 욕도 좀 했고(물론 필수였지만).
3. 가끔 너를 때리기도 했지. 너의 머리를 잡아당긴다거나, 등이나 머리를 친다거나.

쯧쯧. '엄마가 너에게 지적할 때'라고 하면 되는데 '엄마가 너에게 지적하는 것에 대해'라니. 다음 은서.

1. 막 대든다. 오빠가 말할 때 그냥 듣고 있어도 될 텐데 참지 못하고 대든다.
2. 막 까분다. 아무 때나, 하고 싶을 때. 바보라고 놀리거나, 멍청이라고 놀리거나.
3. 막 잘난 척한다. "나 학교에서 햄버거 먹었다~ 좋겠지~?"라고 말하면서 오빠를 짜증나게 한다.

둘 다 1분도 안 돼 자신의 잘못을 실토했다. 순식간에 기록할 만큼 잘 안다. 안타깝게도, 둘은 바로 자신의 잘못을 고백하자마자 언쟁을 벌였다. 상대방이 처음에 쓴 글의 내용을 언급하며 서로 헐뜯기 시작했다. "다 너 때문이잖아." "오빠도 그랬잖아. 먼저 장난쳤잖아." 언제나 그렇듯, 완력으로는 열 수 위지만 말싸움에선 두 수 아래인 준석의 할 말이 떨어졌다. 대꾸할 말을 상실하자, 혼자 씩씩거리던 녀석은 침대 위에서 쉬던 은서에게 달려들었다. 동생을 쓰러뜨리고 왼쪽 팔꿈치 위를 거세게 누르며 '위험' 판정을 받을 만한 욕설을 해댔다. 곧 사이렌이 길게 울렸다. 은서의 입에서 나오는 천연 비상 사이렌.ㅜㅠㅠ

결국 둘이 치른 대가는 아래 사진으로 보는 바이다.

아빠는 아이들에게 쓰지 말라고 신신당부한 '것'들을 남발하기 시작했다. 자기만 옳다고 우기는 것들, 남의 생각은 눈곱만큼도 안 하는 것들, 그렇게 싸우지 말라고 말리는데 싸우는 것들, (중략) 서로가 조금 마음에 안 들어도 참아줘야 하는데 참을성이라곤 동네 문방구에

"무릎 꿇고 손 들어!" 언쟁은 몸싸움으로 변하고, 급기야 벌서기로 이어졌다.

다 팔아치운 것들, 그렇게 너희들에게 쓰지 말라고 한 '것'을 아빠로 하여금 미치도록 쓰게 하는 것들.

긴급 결론은 하나다.
아빠 입에서 험한 '것들' 소리 안 나오게 할 '것'.

허나 준석과 은서는 마음속으로 전혀 다른 결론을 내렸다.
아빠부터 고운 말을 쓸 '것'이지.

덧 길고 복잡한 주어만 안 써도 '것'을 쓸 일이 줄어든다. 짧고 단순한 주어를 쓰도록 하자. 간단한 예로 "내가 마지막으로 강조할 점은 '것'을 쓰지 말자는 것이다"와 "나는 마지막으로 '것'을 쓰지 말자고 강조한다"를 비교해보자. 긴 주어는 덫이다.

"못생겼었다, 사랑했었다"

죽은 과거완료를 위한 파반느

"못생겼었다. 그러나 사랑했었다."

박민규의 소설 『죽은 왕녀를 위한 파반느』는 우리 사회의 외모지상 주의를 통타한 명작이다. 읽는 내내 위트와 통찰, 독창적인 서사 전개 방식에 감탄했다. 작가에게 헌사를 바치고 싶다. 딱 하나만 빼고! 이 소설을 한마디로 요약하는 "못생겼었다. 그러나 사랑했었다"는 문장 이 그걸 암시한다. "못생겼다. 그러나 사랑했다"고 하지 않고 군이 동 사 어미 부분에 '었'을 집어넣었다. 이건 '엇박자'가 아니라 '었박자' 다. 었! 그럴 만한 이유가 있다.

지나갔었다, 이어졌었다, 쏟아졌었다…

앞의 글에서 몇몇 소설에 관한 사소한 아쉬움을 토로했었다('한 적이 있다'라고 하지 않고 군이 '했었다'라고 써본다). 무라카미 하루키의

『1Q84』에선 '그리고'의 과잉을 지적했고, 주원규의 『열외인종 잔혹사』를 놓곤 '하지만'의 홍수가 부담스럽다고 했다. 한 가지 더 추가로 고백한다. 『죽은 왕녀를 위한 파반느』를 보는 동안 잇따라 나오는 과거완료식 표현들이 못마땅하게 느껴져 혼났다고. 소설가 박민규 님껜 송구스럽지만, 이 소설의 또 다른 제목을 '죽은 과거완료를 위한 파반느'라고 지어본다.

"정신없이 한 주가 지나갔었다.""현실에선 세일과 세일이 이어졌었다.""그만 멈칫하던 주부의 팔이 닿으면서 와르르 짐이 쏟아졌었다. 한 이십 분 난리가 났었다.""나는 생각했었다.""나는 술래를 서듯 두 눈을 감았었다." 소설 속 주인공들의 열정과 파탄에 흠뻑 빠져 책장을 빠르게 넘기면서도, 의구심이 머릿속을 떠나지 않았다. 도대체 왜 이리 과거완료가 많은 거야? "한 주가 지나갔다"고 하지, 왜 "한 주가 지나갔었다"라고 쓴 거지? "나는 생각했다"고 하면 쉬울 텐데, "나는 생각했었다"는 뭐지? 남자를 얼어붙게 만들었다는 소설 속 추녀보다, 그 과거완료들이 나를 더 얼어붙게 만들었다.

준석과 은서도 '었' 중독이다. "내가 예전에 6학년 1학기 기말고사에서 93점을 받은 적이 있었다. 그때 처음 그 점수를 받았을 때는 생각보다 전혀 잘 나온 것 같지가 않아서 매우 실망했었는데."(준석) "돌을 누가누가 더 멀리 던지냐 시합도 했었다."(은서) '있었다' '실망했었는데' '했었다'에서 '었'을 뽑아본다. 더 자연스럽잖아?

고 이오덕 선생은 이에 관해 『우리글 바로쓰기』라는 책에서 일갈했다. "영어 공부를 한 사람들이 영어 문법을 따라 글을 쓰기 때문"이라고. 우리말엔 본래 과거완료가 없다. 좋으면 쓸 수 있다. 몇 번을 읽어도 어감이 예쁘지 않아 문제다. "우리말의 자연스러움과 아름다움을 파괴한다"는 이오덕 선생의 비판에 동의한다.

과거사를 '진상'으로 만드는 '었'

1950년대에 쓴 글에서도 과거완료를 만난다. 한국전쟁 때의 일기를 묶은 역사학자 김성칠 선생의 『역사 앞에서』라는 책이다. "절대다수의 지지로 당선이라 선언되었었고, 나중에 꽃다발을 받을 때 보아도 분명히 영예스런 우리의 대표 중에 끼었었고……." "아이들이 클수록 라디오의 필요를 느끼었었고……." 영어를 깨우친 1950년대 인텔리의 글 버릇이라고 봐야 할까.

예전에 '과거사 진상 규명'이라는 이름이 붙은 여러 단체가 유행한 적이 있다. 난 '과거사 진상'이란 말뜻을 달리 풀이하고 싶다. '었'으로 괜히 낱말을 비만하게 하는 행위는 과거사를 '진상'으로 만드는 셈이라고. 과거를 깔끔 담백하게 처리하자. 쓸데없는 '었'은 진상이다.

흐흐흐, 과거사 고백은 웰컴!

과거는 하나다.

간단하게 말하면 그렇다. "어제 텔레비전을 보았었다"는 표현은 이

중과거다. 그냥 "보았다"고 하면 된다. '었'이라는 자물쇠를 하나 더 채울 이유가 없다. 한국어의 과거시제는 하나다. 영어 문법의 'had+PP' 같은 용법은 없다. 현실에선 이중을 넘어, 삼중과거를 쓰기도 한다. '했다'도 아니고 '했었다'도 아닌 '했었었다'가 그 대표적 예다. 사중과거도 있다. 예전에 중딩 준석이 쓴 '졸업'이란 글엔 이런 문장이 나온다. "예전에 졸업식을 보았었던 적이 있었다." '보았었던'+'있었다' = 이중과거+이중과거=사중과거가 아닌가. '졸업식을 본 적이 있다'고 하면 단출하지 않은가.

준석과 은서가 언제 어떻게 과거완료에 물들었는지 모를 일이다. "할아버지가 돌아가셨다. 나는 그 소식을 방학 중 제주도에서 1) 들었다 2) 들었었다"는 예문을 주고 1번과 2번 중 무엇이 적합한지 맞추어보라고 했다. 둘 다 2)번을 답으로 제시한다. "왜 그렇게 생각하니?"(아빠) "그냥 그게 더 편해."(준석) "그냥 보통 쓰던 대로 썼을 뿐이야."(은서) 정말 그렇게 생각한다고? 혹시 국어 문법 시험의 답은 더 난해할 거라는 착각으로 대충 답을 찍은 건 아니었니? 준석이 이번에 쓴 글엔 과거완료가 많지 않았다. 아니, 준석은 하나도 쓰지 않았다. 대신 엉뚱한 월척을 건졌다. 앞에서 '었'이라는 음절이 과거사를 진상으로 만든다는 썰렁한 말장난을 던졌는데, 다음 준석의 글은 진짜로 과거사의 진상을 규명하는 팩트를 담았다. 우와!

 준석 글 미스터리 자전거 도둑에게

자전거를 도둑맞았다. 정말 미스터리한 사건이었다.

지금도 나는 자전거를 도둑맞은 것에 대하여 생각하고 있다. 실이 이리저리 엉킨 실뭉치를 계속 풀고 있는 중이다. 아무리 봐도, 이상하다. 왜 하필이면 안장이 사라진 자전거를 훔쳐간 것인지, 만약 안장과 자전거를 훔친 범인이 같다면 왜 안장은 버렸는지, 도대체 하나도 알 수가 없는 사건이다. 그래서 편지를 쓰려 한다.

도둑아, 난 네가 누군지도 모른단다. 그저, 어디선가 읽고 있을 것 같아 이렇게 편지를 쓰는 거야.

난 네가 이번에 자전거를 도둑질한 것을 알고 있단다. 안장, 열쇠 고장에 이어 마지막 자전거 도둑질까지! 그런데 얼마 전 학원에서 집으로 가는 길에 안장을 발견했단다. 내 생각엔 네가 자전거를 타고 싶은데 돈이 없어서 그런 것도 아닌 것 같아. 그저 장난삼아 그랬겠지, 나를 곯려주려고.

보통은 그냥 다 자전거 통째로 훔쳐가던데, 너는 대체 왜 그랬는지 아직도 의문이야. 내가 묻고 싶은데, 도대체 왜 자전거를 통째로 훔쳐가지 않은 거니? 넌 안장을 빼간 뒤 열쇠를 부러뜨리고, 자전거를 훔쳐갔어. 그래서 안장은 네가 자전거까지 가져간 뒤에 다시 끼운 뒤 탔을 거라고 생각했는데, 그게 아니더라고. 아까도 말했지만 어느 날 안장을 발견했어. 'ALTON' 이었지. 내 것이 확실하였는데, 의문이 들더라. '네가 자전거를 훔친 이유는 자전거를 팔거나 타기 위함이 아니었나?' 그래서 대충 네가 장난으로 가져갔을 거라 생각했지.

네가 무슨 의도로 가져간 것인지는 모르겠지만 열쇠가 달려 있는 자전거를 대담하게 가져가다니! 어쨌든 네가 한번 내 글을 읽어보게 된다면 자전거를 돌려주었으면 좋겠어. 네 덕분에 참 안 좋은 일이 일어났거든. 내가 너 때문에 피해를 보았는데 아빠가 내 용돈에서 17만 원을 삭감하시겠다고 하는 등등, 안 좋은 일이 일어날 '뻔' 했지. 넌 느낄지 모르겠지만, 나의 장난 때문에 다른 사람이 오히려 더 피해를 보는 건 가슴 아프다 생각해. 넌 안 그러니? 그걸 생각해서라도 이 글을 읽고 자전거를 돌려주길 바래. (하략)

네가 인사청문회 총리 후보자냐?

준석은 '자술서'를 써버리고 말았다. 은폐했던 과거사의 진상을 자진해서 규명했다. 드디어 한 달 반 전 자전거 도난 사건의 미스터리 하나가 풀렸다.

나는 준석이가 딱 하루 학교에서 자전거를 안 가져온 일이 도난 사건을 부른 줄만 알았다. 그날은 비가 왔다. 학교가 집에서 1킬로미터도 안 되는 거리인데, 비 좀 온다고 자전거를 놓고 온 행동은 내 상식으론 이해할 수 없었다. 어떻게 그렇게 무책임할 수 있나? 아빠 입장에선 화가 났다. 산 지 1년도 안 된 자전거를 소중히 다루지 않는 태도로 보였다. 그렇지만 이해하려고 했다. 살다 보면 하루 정도 자전거를 안 가져오는 실수는 할 수 있지 뭐.

위 준석의 글을 보니 뭔가 이상했다. 먼저 안장을 잃어버렸다고? 그 담엔 열쇠를 누군가 고장 냈다고? 준석은 도둑을 향해 "보통은 그냥 다 자전거 통째로 훔쳐가던데, 너는 대체 왜 그랬는지 아직도 의문이야"라고 적었는데, 아빠야말로 의문에 휩싸였다. 그렇다면 여러 차례 자전거 도난의 징후를 포착했다는 말? 혹시 여러 날 자전거를 놓고 다닌 거 아냐?

준석을 불러 사건의 진상을 캤다. 사실관계를 조목조목 추궁했다. 안장을 잃어버린 게 언제인지, 그날은 자전거를 집에 가져왔는지, 안장 도난과 본체 도난 사이엔 며칠의 시간적 거리가 있었는지……. 옆에서 지켜보던 은서는 "아빠가 형사 같다"고 말했다. 준석은 아빠 눈을 똑바로 쳐다보지 못하고 자꾸만 대답을 피했다. 기어들어가는 목소리로 간신히 말을 이었지만 믿음이 가지 않았다. 툭하면 "기억이 안 난다"고 했다. 국회 인사청문회에 나와 말을 얼버무리는 국무총리나 장관 후보자를 보는 듯했다. 결국 준석은 눈물까지 내비친 끝에 "일주일 내리 자전거를 학교에 놓고 다녔으며 그 와중에 안장 도난과 열쇠 고장, 본체 도난이 차례대로 이어졌다"고 실토했다.

괘씸했다. 거짓말을 하다니. 일주일간이나 자전거를 학교 주차장에 내팽개쳐 두다니. 이건 거의 5년 이상 자전거를 사주지 않는 엄벌에 처해야 마땅한 혐의였다. 참기로 했다. 없던 일로 하기로 했다. 이럴 땐 사면해줘야 한다. 준석이 의도하지 않은 결과였으나, 스스로의 글을 통해 진실을 고백한 셈이기 때문이다.

이번 주제는 두 가지가 돼버렸다. '과거사 시제'와 '과거사 고백'. 말 나온 김에 은서에게도 과거사 하나만 털어놓는 글을 써보라고 부추겼다. 은서는 "난 입이 싸서 숨긴 게 없다"고 조잘댔다. 아빠는 "그럼 네 과거사에서 대표적인 잘못 하나만 써봐! 문제 삼지 않을게"라고 살살 구슬렸다.

나는 입이 싸서 숨길 게 하나도 없다.

입이 싸면 남의 비밀도 말하듯이, 내 비밀도 항상 남에게 말해버렸다.

내가 한…… 3학년 기말고사인가 중간고사인가. 시험이 한 1주일 정도 남았을 때다. 난 문제집 한 권을 다 풀어야 했다(여기부터 끝까지 본 뒤, 절대로 댓글로 내 욕을 하면 안 된다).

풀다가 목이 말라서 물을 마시러 갔다 올 때, 엄마는 안방에서 책을 읽고 계시고, 오빠는 방에서 틀어박혀 있었다. 그런데 소파에 답안지 하나가 올라와 있었다. 놀랍게도 그 답안지는 내가 푸는 책의 답안지였다. 엄마는 방에 들어가 계셔서 내가 지금 거실에 있는 것조차도 모르는 것 같았다. 나는 그 답안지를 보고 답을 풀었다.

밤 11시가 되었다. 난 엄마에게 내가 푼 책을 내었다. 아…… 내 가슴이 두근두근거리며 조마조마했다. 엄마가 순조롭게 채점을 하다가 날 바라보며 이렇게 말했다. "너, 답 베꼈지?" 헉, 역시 눈치 100단. 이번에도 알아맞혔다. 나는 계속 아니라고 변명을 했다. 하지만 그래도 이 싸움은 엄마가 승. 난 결국 자백을 하고 말았다. 엄마는 화가 나서 방금 막 산 필통을 집어서 가져오며 "이건 내가 내일이나 문제를 다 풀면 줄게"라고 말하고서는 내가 모르는 곳에 꽁꽁 숨겼다.

엄마는 땀을 흘리면서 문제집 전체를 지웠다. 내가 태어나서 지금까지 글 쓰며 땀 흘리는 사람은 봤어도, 글 지우면서 땀 흘리는 사람은 처음 봤다. 정말…… 내가 그렇게 자랑하던 내 왕지우개가 한순간에 반보다 훨씬 줄어들었다.

엄마는 내게 문제집을 던져주시면서 이렇게 말했다. "너, 이거 다 풀 때까지는 잠도 못 자!" 나는 나 혼자서 문제집 전체를 풀었다. (중략)

나는 정말 이 일을 후회한다. 새로 산 지우개도 잃었고, 엄마한테 혼 나기까지 했고, 잠도 잘 못 잤다.

- -

"댓글로 욕하진 말아주세요"

은서는 자주 뒷담화나 비하인드 스토리에 관한 글로 승부한다. 안일 한 거 아닐까? 그러면서도 벌써 이미지 관리한다. "여기부터 끝까지 본 뒤, 절대로 댓글로 내 욕을 하면 안 된다"니 웃기지도 않다. '신뢰를 상실한 어린이'로 비치기 두렵단다. 1000원을 특별 원고료로 얹어준 다는 약속을 받고서야 겨우 작성한 글이다. 입은 싸지만, 글은 비싼 어 린이다. 몰래 문제집 답안지를 베끼다가 걸린 해프닝을 적었다. 거 참, 은서 글에도 과거완료 시제가 하나도 없다. 대신 과거에 대한 '자백'만 가득하다. 그래서 더더욱 대견하다. 은서야, 앞으로도 '했었다' 투의 글은 쓰지 말고, 거짓말은 하지 말거라. 이게 간단한 결론이란다.

"과거완료 쓰지 말고 과거사는 은폐 말자!"

덧 미처 다루지 못한 잡초 하나 추가. 이 책을 정리하며 내 글에 여드름처럼 핀 '적(的)'을 발견하고 상당수를 고쳐버렸다. 자발쩍으로, 개인쩍으로, 수동쩍으로! 실 제 발음할 때 '쩍'이 아닌가. 적(的)을 글의 자연스러움을 쩍쩍 갈라지게 하는 적(敵) 으로 취급해볼까나?

전기톱 살인마는 '30자'에 흥분하리

쉼표와 엿

쉼표는 흉기다.

떴다 하면 공포다. 슬슬 피해야 한다. '쉼' 자가 들어갔다지만 독자를 쉬지 못하게 한다. 만날 쉰다고 자랑하면서도 실제 알고 보면 일중독 환자 같은⋯⋯. 쉼표는 조용히 다가와 내 숨통을 조인다. 쉼표는 킬러다.

한 문장에서 쉼표는 두 개 이상 쓰지 마

흐흐, 엄살이다. 쉼표의 미덕이 과대평가되었음을 장난스레 과장해보았다. 생각해보자. 쉼표를 보고 독자는 휴식을 취하는가? 차라리 마침표가 진정한 정지 신호다. 물음표와 느낌표도 그렇다. 그 셋이 반짝거리면 일단 멈춘다. 문장부호 중에서 오로지 쉼표만이 정지 신호가 아니다. 쉼표를 보면 편한 날숨을 쉴 수가 없다. 대개 들숨이다. 여기선 쉼표와 마침표를 통해 문장의 길이와 리듬을 생각해보고 자 한다.

나는 중딩 준석에게 늘 이런 권고를 한다. "한 문장에서 쉼표는 두 개 이상 찍지 말아줘." 사춘기 소년은 당최 말을 듣지 않는다.

"그래서 일단은 그 트랜스포머를 갖다놓고 ○○마트를 나오는데, 이상하게 '만원 찾기 본능(?)' 이 각성하여 쓰레기통을 뒤지며 만 원을 찾는데, 그건 당연히 아무나 생각해도 바보 같은 짓이었다."(돈, 돈, 돈)

"플루트 말고는 할 게 없기 때문에, 나의 소중한 자원이자, 든든하고 빛나는 악기인, 플루트가 제발 은서 곁으로 가지 않았으면 한다." (나의 플루트)

앞글의 쉼표는 몽땅 빗자루로 쓸어냈으면 좋겠다. 다음처럼 세 문장으로 나눠야 훨씬 읽기 깔끔하다. "그 트랜스포머를 갖다놓고 ○○마트를 나오다 이상하게 '만 원 찾기 본능' 이 각성했다. 쓰레기통을 뒤지며 만 원을 찾기 시작했다. 아무리 생각해도 바보 같은 짓이었다." 뒷글의 쉼표야말로 바보 같은 짓이다. 하나만 빼놓고는 하등 쓸 이유가 없다. 그냥 "나의 소중한 자원이자 든든하고 빛나는 악기인 플루트가……"라고 하면 된다. 여기에 붙은 쉼표는 눈만 피곤하게 한다.

나는 '단문주의자' 다. 간결한 호흡으로 문장을 패스하는 플레이가 정석이라는 지론을 가졌다. 일도양단(一刀兩斷)할 수는 없다. 문장의 길이에 관한 견해는 이데올로기가 아니라 스타일이다. 글의 장르나 성격상 단문의 흐름보다는 만연체가 어울리기도 한다. 짧은 문장과 긴 문장이 조화롭게 아웅다웅 섞여야 한다는 데에도 동의한다. 그럼에도 짧은 문장이 주도권을 잡아야 글의 흡입력과 가독성이 높아진다는 생각에는 변함이 없다. 이를 위한 중요한 실천사항 중 하나는 쉼표보다 마침표의 등용이다. 짧게 쓰자는 이야기다. 준석의 글에서 본 것처럼 쉼표가 득실거리면, 문장이 엿가락처럼 늘어진다(명사를 나열할 때 쓰는 쉼표는 예외로 친다). 읽는 사람 엿 먹으라는(!) 수작 아닌가? 쉼표 때문에 오히려 호흡이 곤란해지는 역설!

술술술 읽히는가, 탁 막히는가

결국은 리듬감이다. 쉼표와 마침표는 글의 음악성에서 결정적이다. 다른 말로 하면 '발음과 호흡의 자연스러움'이다. 대개 글을 마무리하면 퇴고를 위해, 읽는다. 소리를 내거나 마음속으로 읽는다. 술술술 읽혀야 기분 좋다. 물길을 가로막는 억센 바위처럼 쉼표가 엉뚱한 곳에서 버티면 막힌다. 탁 걸린다.

타이밍에 맞게 출현하는 쉼표는 글을 야무지게 한다. 멈칫, 뜻하지 않은 여운을 준다. 사실 문장부호에 무슨 죄가 있나. 남용하는 인간들이 죄지~. 쉼표의 과로를 반대하는 바이다.

17.2자를 문장당 평균 글자 수로 임명하노라

전기톱이 떠올랐다. 불건전해서 미안하지만, 섬뜩한 살인마가 떠올랐다.

내 탓이 아니다. 토막살인 사건으로 뉴스를 장식해온 현실의 범죄자들 탓이다. 인간을 대상으로 참혹한 난도질을 보여준 일부 '슬래셔 무비'* 제작자들 탓이다. 아, 〈텍사스 전기톱 연쇄살인사건〉** 이라는 구체적인 제목까지 떠오른다.

이마의 땀을 훔치며 전기톱의 전원 코드를 꽂는 살인마에게 감정을 이입한다. 사람인지 물건인지 알 수 없는 무엇인가가 옆에 누워 있다. 씨익~ 미소를 날려본다. 시퍼런 전기톱 날이 서서히 돌아간다. 지직, 지지직. 톱날이 어떤 몸체를 파고든다. 두 토막, 세 토막, 네 토막…… 사람이 아니다. 비정상적으로 늘어진 글자들이다. 전기톱 문장 연쇄토막사건! 단어와 단어, 문장과 문장의 이음새를 전기톱으로 자른다는 가정은 비현실적이다. 어찌하랴. 영양가는 없이 길기만 한 문장을 마주하면 숨이 막혀 토막 충동을 느끼는 걸.

그렇다면 전기톱을 들이대야 하는 기준은 무엇일까. 먼저 준석의 글을 보자.

 준석 글 우웩, 더러워진 나의 플루트여

몇 번을 반복해봤자다. 엄마께 몇 번이고 말씀드렸다. "글쎄 엄마 플루트는 같이 쓸 수 있는 악기가 아니라니까요!" 하지만 결국 동생에게

---

* 끔찍한 살인마가 등장하는 공포 영화의 일종.
** 마커스 니스펠 감독의 2003년 리메이크 영화. 원제는 〈The Texas Chainsaw Massacre〉. 자동차로 텍사스 시골길을 여행하던 다섯 명의 젊은 남녀가 겪는 끔찍한 이야기.

로 가버린 나의 플루트. 너무나 어이가 없고 비극적이며 "이건 아니다"라고 할 만한 사건이다.

무슨 옛 친구가 떠나간 듯이, 나는 눈물 안 나오는 슬픔을 처절히 느꼈다. "아아, 나의 플루트여!" 엄마는 슬플 것 없다고 하셨다. "네 탓이야." 플루트를 한 번도 연습하지 않았다고 슬플 것이 전혀 없다고 말하시는 엄마. 그러나 나는 그렇지 않다고 생각한다.

엄마에게는 이런 관념이 있다. "불어야만 악기다" 이런 식. 그건 전혀 아니다. 악기가 있는 자체만으로도 나에게는 귀한 것이다. 그런데 그걸 은서에게 빌려주라고? 아직은 물려줄 때가 아닌데? 나는 아직 열네 살밖에 되지 않았고, 앞으로도 플루트를 연주할 가능성이 충분히 있다. 그런데 빼앗는다는 것은 말이 안 된다.

엄마는 잘못 생각하신 게 하나 더 있다. "그건 빌려준 거라고." 전혀 아니다. 플루트는 건반을 두드리는 악기가 아니다. 물론 은서도 내 플루트가 불기 싫었을 것이다. 플루트를 불거나 배우는 사람은 알다시피, 플루트에는 침이나 입김이 반드시 들어간다. 특히 구멍도 깊고 하기 때문에, 닦기도 힘들다. 오래 불다보면 더러워진다. 이런 악기를 두 명이서 불게 된다면? 냄새가 끔찍할 것이다. 뭐, 한 번씩 빌리거나 하는 것은 가능할지 모르지만, 피아노도 아닌 플루트를 번갈아가며 사용한다면 끔찍한 결과가 나올 거라고 생각한다. 우웩! 그러니까 이 플루트는 말만 빌려주지, 이미 물려준 셈이다. 그래도 은서가 장하다. 내 입김이 고이 담긴 플루트를 그리 잘 불다니.

그래도 죽진 않으니 다행이다. 은서는 지금도 플루트를 분다. 가끔 은서가 플루트 선생님과 함께 플루트를 불 때도 있고, 혼자 불기도 한다.

은서가 플루트를 불면 준석의 심사가 꼬인다. 더럽게 침이 섞인다며 호들갑을 떤다.

그럴 때마다 가슴이 찢어진다. "아 나의 플루트가 저렇게 더럽혀지다니!" 사실 은서가 더러운 건 아니라고 해야겠다. 내 침과 입김과 은서 침, 입김이 섞여지는 순간 더러운 플루트가 탄생한다는 얘기다. 은서가 플루트를 불려 들 때마다 나는 말한다. "안 돼~ 불지 마! 내 거란 말야! 더럽혀져!"

그런다고 안 불 은서겠나. 은서는 플루트를 불며 엄마께 자랑질을 한다. "엄마, 나 아까보다 나아졌지?" 혹은 "엄마, 나 잘했지" 등등, 그럴때마다 나는 "그걸로 학예회를 나갈 수나 있겠나?"라고 비판한다. 계속 나는 엄마께 졸라댄다. "엄마, 은서의 플루트 실력으로 학예회를 나갈수 있을 것 같지 않은데요. 그냥 피아노 시키시면 안 돼요?" 하지만, 어처구니없는 질문이다. 엄마는 이미 은서의 피아노를 그만두게 했기 때문이다.

난 아직도 은서를 타이른다. "야 제발 좀 불지 마!" 특히 "할머니 앞에서는 내가 불 거다!"라는 말을 가장 많이 한다. 플루트 말고는 할 게 없기 때문에, 나의 소중한 자원이자, 든든하고 빛나는 악기인, 플루트가 제발 은서 곁으로 가지 않았으면 한다. 또한 제발 엄마는 은서에게 주시든지, 아니면 절 주시든지 하셨으면 좋겠다. 다시 한 번 이 글을 마치며 엄마께 강조한다. "플루트는 같이 쓸 수 있는 악기가 아니에요!!"

긴 문장을 보면 톱질하고 싶다니깐

나는 쪼잔하다. 위 준석 글의 문장과 글자 수를 쌀알 세듯 샅샅이 세어보았다(눈 빠지는 줄 알았다). 그 결과 총 57문장에 1,076자였다(느낌표와 물음표는 한 글자로, 따옴표는 앞뒤 한 글자로 계산). 준석의 문장당 평균 글자 수는 18.9자다.

나의 글과 비교해보았다. 맨 앞에 있는 글(296~298쪽) 중 다섯 단락을 살펴보았더니(준석의 긴 문장을 인용한 대목은 제외) 한 문장당 평균 15.5자가 나왔다. 단락별로는 평균 22.2자가 최장, 11.5자가 최하였다. 이에 비해 준석의 경우엔 평균 24자가 최고, 13.8자가 최하였다.

가장 긴 문장 수도 세어보았다. 준석은 55자였다. 나는 40자였다. 이상의 통계를 통해 '이상적인' 문장 길이를 제시하고자 한다. 얼마나 많은 표본을 기초로 했는지, 과학적이기나 한지는 묻지 마시라. 단순무식 '부자(父子)' 표본에 기초한 나의 직관일 뿐이다.

1. 17.2자를 전체 글에서의 문장당 평균 글자 수로 임명한다.

나와 준석의 글자 수를 평균한 결과다. 나도 그렇지만 준석 역시 단문이 중심이다. 가끔 긴 문장으로 탈선하는데 조금만 바로잡으면 된다. 나와 준석의 중간 정도면 되지 않을까 싶다.

2. 한 문장은 아무리 길어도 30자를 넘지 않는 편이 좋다.

내가 쓴 문장 중 가장 긴 것은 다음의 40자였다. "그럼에도 짧은 문장이 중심이 되어야 글의 흡입력과 가독성이 높아진다는 생각에는 변함이 없다." 30자가 넘는 문장들을 자세히 살펴보면 대부분 토막 낼만한 여지가 있다. "그럼에도 짧은 문장이 주도권을 잡아야 한다는 데 변함이 없다. 글의 흡입력과 가독성을 위해서다"로 말이다. 50자를 기록한 준석의 다음 문장도 마찬가지다. "'엄마, 나 아까보다 나아졌지?' 혹은 '엄마, 나 잘했지' 등등, 그럴 때마다 나는 '그걸로 학예회를 나갈 수나 있겠냐?'라고 비판한다." 이렇게 길 이유가 없다. '등등' 다음에 쉼표 대신에 마침표를 찍어야 했다. 두 개의 글을 샅샅이 분석하다 보니 문장당 30자를 웬만하면 넘지 말아야 좋겠다는 '감'이 왔다.

다시 정리한다. 전체 평균 문장당 17.2자와 30자 기준선을 잊지 마시라.

글자 수에 관한 이런 극단적인 경우도 있다. "○○대의 2012년도 대입 전형 계획의 특징은 첫째 '외고생을 선발하기 위한 전형'이라는 지적을 받아온 수시1차 모집의 글로벌리더 전형에서 자연계열은 선발하지 않고 인문계열은 지원 자격을 완화, 둘째 수시1차 모집 서류 평가에서 교과성적을 배제하고 1시간 동안 심층면접을 실시하면서 수능 최저학력기준이 없는 '창의인재전형' 신설, 셋째 수시1차 모집의 사회적배려대상전형에서 '다문화가정 자녀, 조손가정 자녀, 장애우부모 자녀, 국내외의 벽지·오지 근무경력이 있는 선교사 및 교역자 자녀'에게 지원 자격을 부여하고 모집 시기를 수시모집에서 정시모집의 '기회균등특별전형'의 사회적배려대상자 트랙에서 선발, 넷째 수시1차 모집의 사회기여자전형에 '민주화운동관련자 자녀'의 지원 자격이 추가되는 것이다. (하략)"[*]

헉헉헉. 숨을 못 쉬겠다. 글쓰기의 테크닉에 무게를 두지 않은, 신문 입시 상담 면의 글이라지만 정도가 심하다. 정확히 200자 원고지 기준 두 매 분량의 글에 마침표가 달랑 하나다. 6등분하면 딱 맞춤한 글이다. '전기톱 살인마'가 토막 충동으로 흥분할 일이 아닐 수 없다.

호흡을 중요시한다는 점에서 플루트는 글쓰기와 닮았다. 물론 준석은 관심 없다. 동생으로 인해 침이 묻는 자신의 플루트가 한스러울 뿐이다. 심정은 충분히 이해가 간다. 네가 플루트의 열정을 다시 한 번 불태운다면 한 벌을 더 사줄 용의도 있다. 가망은 없어 보이지만.

다음은 은서의 글을 보겠다. 요즘 오빠의 플루트에 침을 묻혀 지탄을 받는 소녀는 피아노의 추억을 말한다.

 은서 글 나, 피아노로 상 받은 소녀야!

'악기' 하면 딱 떠오르는 게 피아노다.

---

[*] 〈한겨레〉 함께하는 교육, 2010년 11월 22일자.

난 일곱 살 때 피아노를 처음 쳤다. 초등학교 1학년 때는 잘 쳤다. 피아니스트를 꿈꿨다.

2학년이 되자 피아노 연습을 제대로 못 했다. 공부 때문에 바쁘기도 했지만, 엄마는 내가 그때 피아노를 귀찮아했다고 하신다. 피아노 앞에 앉아 쿨쿨 잠이 든 적도 많단다. 연습에 부실했던 나는 3학년 때 피아노를 끊고 말았다. 요즘에는 대신 플루트를 배운다. 학교 발표회 때 써먹어야 하기 때문이다. 그럼 왜 플루트일까. 아무래도 휴대가 쉽기 때문이다. 플루트도 어렵다. 입 모양을 작게 하고 바람을 세게 하면서 음을 맞춰야 하는데 잘 안 된다. 또 플루트를 두 손으로 들어야 하고, 왼쪽 끝을 올려야 하는데 팔이 아프다. 플루트가 힘들 때면 다시 피아노를 치고 싶은 생각도 든다.

한창 피아노를 배울 때는 피아노 치기를 참 좋아했다. 학원에서 음표를 배우는 이론이 아무리 쉬워도, 피아노 실기가 더 좋았다. 이론은 재미없는 대신 쉬운데, 피아노는 어려운 대신 재미있기 때문이다.

나에게는 피아노에 대한 좋은 기억이 딱 하나 있다. 초등학교 1학년 때 피아노 콩쿠르에 나가서 준대상을 받은 적이 있다. 곡을 외운 대로 천천히 아주 자연스럽게 쳤다. 피아노 학원에서 빌린 드레스복을 입고 친 다음, 원래 옷으로 갈아입었는데 "고은서 학생, ○○○ 학생, ××× 학생 등등 무대로 오세요"란다. 나를 왜 부르지? 나는 옷 갈아입었는데? 엄마는 그냥 집에서 입고 간 옷을 입어도 된다고 하셨다. 그래서 나는 방금 전과 똑같이 아주 자연스럽고 부드럽게 피아노를 쳤다. 곡목은 잊어버렸다. 끝나고서 내 자리에 와서 앉았는데, 내가 상을 받는다고 했다. "준대상, 고은서"라는 이름이 불린 것이다. 나는 나가서 당당히 상을 받았다. 상금도 5만 원이나 됐다(엄마는 아직도 그 돈 봉투를 안 버리고 소중히 간직하고 계신다). 음악신문에도 내 이름이 나왔다.

난 정말 뿌듯했다. 그건 옛날이고, 지금은 진짜~ 어려운 곡은 두 손으로 못 친다. 애니메이션 〈센과 치히로의 행방불명〉 중에 나왔던 〈언제나 몇 번이라도〉라는 곡은 초등학교 2학년 때까지 두 손으로 신나게 쳤는데, 지금은 한 손으로만 칠 수 있다. 곡이 어려워 선생님 지도를 받을 때만 두 손으로 간신히 쳤다. 오른손만으론 지금도 디따 잘 친다. 〈아드린느를 위한 발라드〉나 〈예스터데이〉 같은 곡들은 지금도 두 손으로 칠 수 있다. 어렸을 적 엄청 많이 쳤기 때문이다. 음악 콩쿠르에서 준대상을 받았던 그때로 다시 돌아가고 싶다. 이렇게 말하면 아빠나 엄마가 "피아노를 다시 배울래?"라고 묻는다. 그러긴 싫다.

- -

소녀에게 숟갈 속 밥알을 세게 하고 싶다

문장 토막 이야기를 할 계제가 아니다. 은서는 본래 사고가 단순하므로, 긴 문장을 쓰래도 못 쓴다. 주어와 술어가 복잡하게 뒤엉키면, 지적 수준이 높아졌다며(!) 차라리 상을 하사해야 할 판이다. 문장의 리듬이나 길이는 글이 어느 정도 레벨에 이른 다음에 논할 문제일지도 모른다.

아무튼 먼저 문제를 내겠다. 위 은서의 글에서 색으로 표시한 부분은 무슨 뜻을 담았을까.

1) 은서가 자랑하고 싶은 내용이라며 강조.

2) 은서가 자신의 명예를 훼손한다고 빼자고 한 부분.

3) 아빠가 "쓸데없는 이야기"라며 빼라고 표시.

4) 아빠가 보강해준 사실.

정답은 4번이다. 은서를 옆에 앉혀놓고 아빠가 내용을 보강했다. 은서가 모호하게 표현한 내용의 구체적 사실관계를 확인 대조해 끼워 넣었다. 가령 "예전에 피아노를 잘 쳤다"고 했는데 그 '예전'이란 언제인가. 한 살 때? 두 살 때? 유치원 때? 물어보니 초등학교 1학년 때란다. 정확한 시기를 넣어야 하지 않겠니? "피아노를 귀찮아했다"는 부분도 답답하다. 왜? 어땠는데? 이유와 예를 들어야 할 거 아니니? "플루트가 어렵다"고? 어떤 점이 구체적으로 어렵냐는 말이다. "지금은 피아노를 두 손으로 못 친다"고? 똑 부러지게 적으면 안 되겠니? 조사 결과 두 손으로 치는 곡도 있고 한 손으로만 치는 곡도 있었다.

아빠가 고쳐줬다고 해서 죽었던 글이 벌떡 일어나지는 않았다. 답답해서 복장 터지는 부분만 수리했을 뿐이다. 애초에 설계를 잘못해서 생동감이 없다.

결론을 협박으로 대신해본다.

"너, 숟가락의 밥알 세고 싶니?"

처음 주제가 글자 수였던 만큼 거기에 부합하는 벌칙을 주는 상상을 해본다. 밥을 먹다 공기에 있는 밥알을 다 세어보게 하기다. 숟갈당 평균 밥알도 세게 한다. 전체 글자 수는 물론이고, 문장과 단락별로 다 다르게 센 뒤 평균까지 내듯이. "밥 먹지 말고 넌 밥알만 세!" 음, 콩쥐팥쥐가 생각나는구나.

덧 문장을 넘어 전체 글의 길이에서도, 짧은 글을 많이 써볼수록 좋다. 인터넷에선 쓰고 싶은 분량의 욕심을 다 채울 수 있다고 좋아할 일이 아니다. 오히려 불필요한 부분을 힘겹게 잘라내면서 이야기 편집의 테크닉을 익힐 수 있다. 자르기 싫지만 잘라야 하는 아픔을 겪으며 글쓰기는 성숙한다. 절제와 생략과 압축 속에서 잘 익은 글이 나온다.

'쿵쾅쿵쾅' 거리지 말고 '툭' 던져

설레는 첫 문장을 위하여

"커서 뭐하니?"

노트북을 켜고 혼자 중얼거린다. 화가가 되겠다고? 선생님이 되겠다고? 커서 뭐할 거냐고 묻지 않았다. 혼자 깜빡깜빡 조는 한글 프로그램 화면 속의 커서(cursor)에게 말을 걸었다. 커서는 외로워 보인다. 그걸 바라보는 나도 외롭다. 커서도 나를 가만히 응시한다. 안쓰러운 눈길로 이렇게 물어볼 것만 같다. "안 쓰고 뭐하니?"

커서 뭐하니? 안 쓰고 뭐하니?

커서에 불을 붙여야 한다. 아무 글자도 존재하지 않는 텅 빈 공간. 이 황량하고 적막한 광야를 가득 채워야 한다. 아이 참, 불이 붙으려다 자꾸만 꺼진다. 애가 탄다. 뭐라고 써야 활활 타오를까. 내딛는 첫 발은, 힘겹다. '첫 문장' 이야기다.

"난 고민 안 해." 초딩 은서는 당당하게 말한다. 첫 문장의 의미를 묻자 "그게 먹는 거냐?"는 반응이다. "내가 좋아하는 만화가와 만화는 많다."(내가 좋아하는 만화가) "글을 잘 쓰려면 수준이 높은 책을 읽어야 한다."(글을 잘 쓰려면) "우리 동네에는 재미있는 간판이 많다."(간판에 대하여) "난센스 퀴즈는 그냥 퀴즈가 아니다."(난센스 퀴즈) "우리 학교는 7월 21일이 방학이다."(방학을 맞는 나의 자세)

백발백중(!)이다. 은서가 내뱉는 최초의 문장엔, 주제에 포함된 낱말이 100퍼센트 섞였다. 만화가에 관한 글에선 '만화가'가 반드시 나온다. 날라리에 관해 쓸 땐 '날라리'가, 난센스 퀴즈를 말할 땐 '난센스 퀴즈'가 어김없이 등장한다. 단순함의 극치!

준석도 50퍼센트는 그렇다. 다행스럽게도 절반은 의뭉스럽다. "문제를 내겠다. 장님이 아니고서는 보기 싫든 보고 싶든 볼 수밖에 없는 것은?"(우리 동네 간판) "이 글을 보면 아마 여러분들이 돌을 던지게 될 것이다."(난센스 퀴즈에 대하여) "내가 어른도 아닌데 이런 얘기를 할 자격이 있느냐고 묻는 사람이 있을 것이다."(돈 없으면 못 산다) 살짝 구미를 당기게 한다. 나쁘지 않다.

아이들이 수박을 좋아했으면 좋겠다. 녹색 줄무늬 껍질을 깨뜨리면 빨간 속살이 드러난다. 겉까지 빨갈 필요는 없다. 글을 쓰면서 껍질이 하얗거나 시커먼 수박 품종을 재배하면 안 될까? 도무지 무슨 뜻인지 알 수 없게 글의 대문을 열자는 말이다. 뻔하디뻔한 첫마디와 친하게 지내지 않는 태도는 창의적인 글쓰기를 위해 중요한 사항이다. 가령 통일에 관한 글의 서두가 이렇다고 생각해보자. "우리의 소원은 통일, 꿈에도 소원은 통일." 금강산을 다녀온 소감문이 "금강산 찾아가자

일만 이천 봉~"으로 시작한다면 어떠한가. 독자들은 이들을 '그깟 첫 문장'이라고 불러야 마땅하다.

"자기야 내가 누구~게"의 정신

이 글을 쓰다 잠시 딴짓을 했다. 머리를 식히려 회사 음료자판기 앞으로 갔다. 동전을 넣으려는데 자판기 위의 그림이 갑자기 의미심장하게 다가온다. 젊은 여인이 연인으로 보이는 남자의 두 눈을 손으로 가리며 함께 웃음을 터트리는 장면이다. 갑자기 어떤 음성이 환청처럼 귓가에 울릴 듯하다. '자기야, 내가 누구~게?'

첫 문장이 '내가 누구~게' 정신으로 무장해야 한다면 지나친 비약일까? 쓰는 사람에게도, 읽는 사람에게도 '설렘'을 안겨주는 출발. 눈이 감기고 상상력이 발동하도록 말이다.

다시 초딩 은서의 글로 돌아가 보자. 장난전화에 관해 쓴 최신 글이다. "따르릉- 따르릉-" 오우! '장난전화'라는 낱말이 처음부터 안 들어갔네. 칭찬을 해줘야 할까? 구박을 하고 말았다. "자전거벨 소리냐? 요즘 '따르릉' 거리는 전화기가 어딨어?" "있어, 있다니까~." "됐고. 다시 써!" "히잉~."

숨어라, 처음엔 알쏭달쏭하게 숨어라

"숨은 거 다 알거든~."

집에 돌아올 때, 나의 첫 문장이다. 퇴근해서 집에 돌아가면 으레이 말이 튀어나온다. 아빠가 오는 기척만 보이면 은서는 숨는다. 안방 침대 뒤 아니면 소파 뒤, 아니면 베란다 또는 옷장 속이다. 아빠가 초인종을 누르면 은서는 무조건 숨는다. 왜? 재밌으니까. 무한 발동하는 장난기를 누를 수 없으니까. 아직 애는 애다. 초등학교 고학년에 올라가면 이런 장난도 사라지리라. 어느 날 퇴근하여 돌아왔는데, 갑자기 은서가 태연하게 점잖은 모습으로 자리를 지키면 섭섭하리라.

은서의 또 다른 장난은 전화질이다. 자기 방에서 괜히 거실에 있는 집 전화를 울리게 한다. 받을라치면 바로 끊어버리거나 거짓 목소리를 낸다. 학교에 있을 때도 목소리를 꾸미며 집으로 전화를 걸 때가 많다. 며칠 전엔 납치범 흉내를 냈다. "당신 딸은 내가 가지고 있다."

맙소사. 어설픈 아동화법이라니. "데리고 있다"도 아니고 "가지고 있다"가 뭐냐. 스스로를 물건 취급했다. 여기에 영감을 받아 은서에게는 '장난전화'를 주제로 글을 쓰게 했다.

따르릉– 따르릉–

탁– "여보세요?"

뚜-뚜-뚜-뚜-

이런 장난전화나,

따르릉-

"여보세요?"

"거기 중국집이죠? ○○마을 ○○○동 ○○○호에 제일로 비싼 음식 좀 갖다주세요."

"네, 알겠습니다."

딩동- 딩동-

"누구세요?"

"중국집입니다."

"아…… 네…… 무슨 일로?"

"제일 비싼 음식 시키셨잖아요."

은서가 쓴 글의 앞부분이다. 남의 장난전화 이야기만 잔뜩 늘어놨다. "따르릉"이라는 구식 전화기만 문제가 아니다. 은서야, 네 이야기도 쓰면 좋지 않겠니? 첫 문장도 다시 생각하면서. 첫 문장에 관해서는 까다롭게 굴지 않았다. 아이가 감당할 만한 수준이 되지 않는다고 판단했다. 아빠가 아이디어도 줬다. "네가 했던 그 장난을 첫머리에 올리면 재밌지 않을까?" 은서는 그대로 했다.

 은서 글 당신의 딸을 내가 가지고 있다

"당신의 딸을 내가 가지고 있다!"

선글라스를 끼고 스파이 흉내를 내는 은서. 착시현상으로 성숙해 보이지만, 숨기와 장난전화질을 좋아하는 철부지다.

"……은서야, 빨리 집에 들어와~."

뚜뚜뚜뚜

아, 역시 엄마는 눈치가 빠르다.

이런 장난전화, 흔하다. 아이가 엄마에게서 돈 받으려고, "내가 당신 딸을 데리고 있다. 당신 딸을 되돌려 받으려면 지금 당신 아파트 근처인 ○○아파트로 와라."

하지만 사람 목소리 흉내 내기 참~ 힘듭니다요. 속는 부모님도 있지만, 대부분 안 속는 부모님이 많다.

아, 그리고 이런 장난전화도 있다.

"여보세요? 여기는 세상에서 제일 맛있는 중국집입니다. 뭐 음식 시키실 거 있나요? 가장 싸고 맛있는 음식은……." "아, 됐고요. 제일 비싼 음식이 뭐에요?" "아, 그건 짬뽕입니다. 제일 맵고 큰 홍합이 많이 들어간 게 특징이죠." "아, 그럼 ○○마을 ○○○동 ○○○호로 좀 갖다 주세요." "네~ 감사합니다. 다음에도 많이 많이 들러주세요~." 뚜뚜 뚜뚜– "라리라리라리라라라~ (아파트 초인종 소리—아빠 주) 누구세요?" "아, 여기는 중국집입니다. 제일 비싼 음식 시키셨죠?" "어머, 저희는 그런 중국집 몰라요. 저희는 중국 음식은 안 먹어요!" "네? 그럴 리가……." 이렇게 장난전화로 골려주는 사람이 있다.

하지만 이 세상 사람들이 제일 많이 하는 장난전화는!

"B.O.A D.N.A 이유는 자부심~ (보아의 노래로 전화벨 소리—아빠 주) 여보세요? 누구세요?" 뚜–뚜–뚜–뚜–탁– "여보세요?" 뚜–뚜–뚜– 뚜– 이런 장난전화나,

따르릉– "여보세요?" "야, 이 ××야! 니가 내 마음을 알아?! 알기나 해?!" "아뇨." "……." 뚜–뚜–뚜–뚜– 이런 전화가 있다.

근데 두 번째 전화는 경찰서에 많이 오는데 밤에 수백 번씩 온다고 한다. 참~ 신기하다. 그러다가 전화세 엄청 많이 나올 텐데…… 두렵지도 않나?

예전에 오빠가 내 폰으로 장난전화를 한 적이 있다. 자기 핸드폰 돈 안 내려고…… 빠직! 그때는 정말 너무 화가 났다.

어른이라고 장난전화를 안 거는 법은 없다! 예전에 엄마도 내 목소리로 아빠에게 장난전화를 걸었다. 그런데 아빠는 그걸 또 속았다. 진짜…… 어떻게 그거에 속나?

주제에 없는 낱말을 상상해봐

전화벨 소리, 초인종 소리도 가지가지다. '라리라리라리라라라'에서 보아의 노래까지 픽 웃음이 터지는 아동다운 묘사다. 장난전화의 여러 가지 유형도 소개했다. 엄마도 가끔 범인이다. 코맹맹이 소리로 변조해 속이려 든다. 은서가 잘 넘어가지는 않지만.

첫 문장에 관해선 은서에게 딱 한 가지의 주문만을 '간곡하게' 하고자 한다. "주제에 있는 낱말만 갖고 쓰지 말거라." 덤으로, 단순하고 1차원적인 첫 문장을 피하기 바란다. '따르릉'이란 벨 소리가 그렇다. 만날 하던 대로 말고, 낯선 방식으로 해보자는 말이다. 차라리 "아빠는 바보 같았다"로 시작하면 어땠을까. 어설픈 엄마의 장난전화에 속았으니 말이다. 또는 "엄마는 안 속는다"로 시동을 걸었으면 어땠을까. 곧이곧대로 첫 문장을 떠올리지 말자. 은서에겐, 딱 여기까지만!

대신 준석에게 독하게 대했다. 첫 문장을 열 번이나 다시 쓰게 했다. 준석이 쓴 글의 주제는 '엄마의 키를 추월하며'였다. 최근 준석의 키를 재다가 깜짝 놀랐다. 글쓰기를 시작하던 5월엔 분명히 준석이 엄마보다 작았다. 드디어 역전했다.

 준석 글 엄마의 키를 추월하며

애매하게 추월했다. 난 이게 무슨 추월이냐고, 이 정도로 163밖에 안 되는 키를 갖고 어떻게 이런 글을 쓸 수 있겠느냐고 아빠한테 토를 달았다. 하지만 아빠는 단호하게 거부했다. "추월은 추월이다" "키가 몇

2010년 5월(왼쪽)과 10월의 변화상. 그 사이
에 준석이 엄마의 키를 훌쩍 넘어버렸다.

이든 엄마를 추월했으니 쓰라는 글 아니냐!"는 식으로.

우리는 가끔씩 재미로 키를 잰다. "누가 더 키가 큰가?" 하면서 말이
다. 가족 역시 그렇다. 서로 키를 재본다. 우리 가족은 몇 주 전 키를 재
었다. 그런데, 내가 엄마보다 더 큰 것이 아닌가! 물론 나는 깜짝 놀라
거나 기쁘지는 않았다. 엄마의 키가 180을 넘는 것도 아니었고, 160대
였기 때문에, 내 또래 아이들은 웬만하면 우리 엄마의 키를 추월할 수
있을 거다. 어찌 보면 나에게도 놀라운 일이기도 하다. 나는 100도에서
물이 끓어야 하는데 99도여서 끓지 못하듯이, '160까지만 가면 되는
데!' 항상 158이라든가 159를 웃돌고 있었다. 그런데 드디어 163 정도
가 되었다는 것이 놀라울 따름이다. (중략)

아빠는 이것이 '역사적 사건'이라고 진술한다. 0.1센티미터든 10센
티미터든 3센티미터든 무엇보다. 그 무엇보다 중요한 키워드는 '추월'
이라고 말하신다. '엄마의 키를 추월'했다는 것은, 그만큼 내가 신체적

으로나 도덕적으로나 정신적으로나 성장했다는 것이 아빠가 '추월'에 대해 큰 의미를 부여한 이유라고 할 수 있다. (중략)

마지막으로 정리를 하자면, 이것은 '우리 가문'에서는 중요하지만, 집 밖에서는(가령 나보다 키 큰 170대들에게) 우스갯소리밖에 되지 않는다. (하략)

준석이 고생한 열 가지 작품들

엄마의 키를 추월한 것이 '가문'(거창하게시리)으로서는 역사적으로 기념할 만한 일이지만, 가문 밖에서는 우스개밖에 안 된다는 결론이다. 내용은 됐고! 첫 문장을 열 번 다시 쓰도록 했다. 위의 첫 문장이 나쁘지는 않았으나, 연습 한번 해보자. 준석은 질리는 표정이었다. "다른 걸 고민해봐"라고 말하면 "고민할 만큼 했다"며 신경질을 냈다. 이런 고행의 터널을 한번 빠져나오고 나면, 다음부터 첫 문장을 대하는 느낌이 달라질지도 모른다.

1. '엄마의 키를 추월하다', 무슨 의미일까? 단순히 키만 큰 것? 엄마를 추월한 것? 물론, 그런 의미도 빼놓을 수 없겠지만, 또 다른, 색다른 의미가 있을 수 있겠다. 이 글을 통해 만나보자.

▶ 평범하기 짝이 없는 첫 문장이다. 너무 직접적이라 호기심이 작동하지 않는다. 또한 첫 문장을 던져놓고 왜 이리 쓸데없는 말들을 주저리주저리 늘어놓는가.

2. 드디어 엄마를 '추월' 했다! 단순히 키만 큰 것? 엄마를 추월한 것?

물론, 그런 의미도 빼놓을 수 없겠지만, 또 다른, 색다른 의미가 있을 수 있겠다. 이 글을 통해 만나보자.

▶ 첫 문장에 '키'라는 낱말이 빠진 건 잘했다. '추월'도 이제 좀 그만 넣지 그래?

3. 어느 날 훌쩍(??) 커버린 나의 키, 드디어 160을 넘은 내 키! 단순히 키만 큰 것? 물론, 그런 의미도 빼놓을 수 없겠지만, 또 다른, 색다른 의미가 있을 수 있겠다. 이 글을 통해 만나보자.

▶ '훌쩍'이란 말을 써놓고 물음표는 왜 두 개씩이나 찍었을까. 첫 문장이 쓸데없이 길다.

4. 기념할 만한 일이 생겼으니, 드디어 160을 넘은 나의 키! 그렇다면 이 키가 우리 가족에게 준 영향은 무엇이고, 나에게 특별했던 영향은 무엇이며, 우리 가문에서 무슨 의미가 있는 것인가?

▶ 역시 이유 없이 길다. '키'라는 말 정말 질린다. 그만 하면 안 되겠니?

5. 우유 덕이다. 대충 알 거다. 키가 큰 거다. 하지만 단순히 큰 게 아니다. '엄마를 추월'한 키다. 그렇다면 이 키가 우리 가족에게 준 영향은 무엇이고, 나에게 특별했던 영향은 무엇이며, 우리 가문에서 무슨 의미가 있는 것인가?

▶ 이번엔 가장 짧다. 한데 '우유'가 첫 문장에 들어갈 만한 자격이 있는지 의문이다. '우유'가 이 글에서 차지하는 의미가 얼마나 있을까? 아무렇게나 생각한 게 틀림없다.

6. 나의 키가 변화하였다. 청소년기에 돌입했으니, 이러한 변화가 청소년기의 기초이자 정석이었다. 대충 알 거다. 키가 큰 거다. 하지만 단순히 큰 게 아니다. '엄마를 추월' 한 키다. 그렇다면 이 키가 우리 가족에게 준 영향은 무엇이고, 나에게 특별했던 영향은 무엇이며, 우리 가문에서 무슨 의미가 있는 것인가?

▶ '키' 얘기 쓰지 말라니깐. 그리고 '변화하였다' 는 추상적인 단어는 재미없다.

7. 나는 청소년이다, 청소년기에는 이것이 큰다, 따라서 나도 이것이 큰다.

▶ 억지로 다시 쓴 기색이 보인다. 고육지책이다. "이것이 큰다"라고 호기심이라도 주려고?

8. 항상 2등이 1등 하던 기분이다.

▶ 뭔가 새로운 느낌이 든다. 개중 낫다.

9. 부모님 사이에서 경사가 났다.

▶ 경사? 이런 과장법을 쓰다니. '경사' 라는 낱말은 적절하지 않다. '작은 의미' 가 있을 뿐이지.

10. 드디어 '중학생' 의 키에 돌입했다.

▶ 오히려 후퇴한 첫 문장이다. 열 번째 다시 쓴 글이 더 후지다. 너의 짜증이 엿보인다.

네가 '훅'을 안다고?

준석에게 첫 문장의 기능과 역할을 물었다. 뜻밖에도 어른스러운 대답을 내놓는다. "훅(hook)이라고 있잖아요. 영화 시작하면서 관객들을 끌어당기듯이, 호기심을 끌게 해야죠." 너의 첫 문장이 훅의 역할에 충실했다고 생각하니? 훅이란 잡아당기는 고리다. 일종의 '미끼'이기도 하다. 중딩이 벌써 그런 고도의 글쓰기 전술을 구사할 필요는 없다. 자칫하면 '얍삽한 글쓰기' 기술만 익히게 될지도 모른다. 나중에 생각해도 된다.

앞에서는 도무지 알 수 없게 시작하라고 권했다. 은서에게 코치했듯, 고지식한 출발을 하지 말라는 말과 통한다. 누군가의 집 대문이나 빌딩의 현관이 평범하지 않은 디자인으로 멋지게 설계됐다고 상상해보라. 특별한 인상을 받게 마련이다. 첫 문장도 그렇다. 글을 다 읽기도 전에 독자들이 반할 수 있다.

아빠는 이왕이면 짧은 문장으로 시작하자고 권한다. 처음부터 이야기보따리를 잔뜩 풀겠다는 욕심은 읽는 이들을 지루하게 할 소지가 있다. 양파처럼 하나씩 하나씩 이야기의 껍질을 벗기겠다는 태도가 필요하다. 다 필요 없다. 한마디, 아니 한 글자로 말해보자. 첫 문장을 쓰는 태도는 이거다.

툭.

'쾅'이 아니다. '쿵쾅쿵쾅'은 더욱 아니다. 시끄럽거나 무거운 포스로 글의 대문을 열어젖히지 말자. 그냥 '툭' 던지는 거다. 가볍지만 마음을 두드리거나, 알쏭달쏭하게! 권투 경기 1회전 종이 울리면 툭 잽을 날리듯, 축구 경기 전반전 휘슬이 울리면 툭 짧은 패스를 건네 듯. 1980년대 한국 사회에는 "탁 치니 억 했다"는 경찰 코미디[*]가 있 었다. '툭' 쳤는데 읽는 이들이 '억' 하면 금상첨화겠다.

준석은 '훅'을 말했고, 아빠는

툭

을 결론으로 말한다.
여기서 끝내련다. 툭~.

> 덧 ▶ '매일 매일 첫 문장'[**] 이라는 소설가 윤성희의 신문칼럼에 깊이 공감한 적이 있다. 그녀는 이런 제안을 했다. "잠들기 전에 책 몇 장을 읽는다. 저 먼 곳의 삶 같 기도 하다가 내일 눈을 뜨면 바로 내 삶이 될 것만 같은 그런 일상의 틈들을 발견한 다. 그리고 곧 잠이 든다. 아침에 눈을 떴을 때는 늘 똑같은 일상이 기다리고 있을지 라도, 그날 하루를 위한 첫 문장을 완성해보자. 눈을 뜨자마자 레몬이 먹고 싶어졌 다. 이렇게. 매일 매일 그렇게 다른 첫 문장을."

---

[*] 박종철 군 고문치사 사건. 1987년 1월 14일 당시 서울대생 박종철이 치안본부 남영동 대 공분실에서 경찰 조사를 받다가 물고문과 폭행으로 사망했다. 이에 대해 당시 경찰에서는 '탁 치니 억 했다'는 어이없는 자체 진상조사 결과를 발표하여 끓어오르던 여론에 불을 붙였다.
[**] 〈경향신문〉 2010년 7월 4일자 '포럼'.

4

함 시도해볼까?

01

오우, 충격고백 독점 인터뷰!!

남매끼리 캐묻고 기록하기

"뇌물혐의로 쇠고랑 찰까 두렵다."

준석은 여동생 은서와의 단독 인터뷰에서 이렇게 밝혔다. 특출하게 성공하면 찬사와 함께 비난도 받으면서 크게 망할 수 있다고 지레 겁을 먹었다. 준석은 학교 공부와 미래의 비전, 동생에 대한 생각 등도 상세히 밝히려 했으나, 인터뷰어의 질문이 조잡하고 흐리멍덩하여 길게 이야기하지는 못했다.

'상대의 모든 것'을 캔다는 마음으로

"완벽남이 장미를 들고 프러포즈해도 응하지 않겠다."

은서는 오빠 준석과의 단독 인터뷰에서 이렇게 밝혔다. 그 이유는 어이없게도 "바람을 필 것 같아서"였다. 은서는 아울러 자신의 취향과 희로애락에 관해서도 털어놓았다. 엄마와 아빠에게 바라는 점과 자신의 장단점 등도 솔직하게 말했다. 인터뷰어의 질문이 의외로 꼼꼼해 꽤 길게 이야기했다.

이건 인터뷰 게임이다. 아니, 인터뷰 놀이다. 남매인 준석과 은서는 서로에 관해 '조사'하는 시간을 가졌다. '상대의 모든 것'을 알아낸다는 마음으로 질문을 해 답을 얻은 뒤 내용을 정리했다. 가족은 때로 '등잔 밑'처럼 어둡다. 이 어둠을 밝히는 것은 '인간탐구'의 초보적 단계라 할 만하다. 그 실제 결과물은 얄팍하고 유치했지만…….

"내가 어떻게 느껴지나요?" "까불게 느껴지고, 활발하고, 입 가격이 얼마일지 궁금합니다(입이 싸다는 의미)." "엄마에게 공부 못한다는 소리를 들으면 어떤가요?" "한편으로는 더 열심히 해야겠다는 생각이 들지만 또 한편으로는 공부를 내팽개치고 싶다는 생각이 듭니다." "왜 공부를 내팽개치고 싶나요?" "잔소리가 듣기 싫다는 것을 엄마에게 가르쳐주고 싶어서."(은서의 준석 인터뷰)

"왜 소녀시대를 좋아하나요?" "예쁘고, 노래도 잘 부르고, 머리도 예쁘고, 춤신이기 때문에." "왜 엄마 속을 상하게 하고도 웃나요?" "분위기 업(up)을 위해서." "이 세상에서 가장 슬플 때는?" "배고플 때." "오빠와 있을 때 최고 좋은 일은?" "맛있는 걸 먹으며 함께 카드게임을 할 때." "미래의 내 아이에게 한마디." "절대 가난해지지 말렴. 우울증에 걸리지 말렴." "만약 만능요리사가 당신에게 딱 하나의 요리를 해준다면 뭘 부탁할 것인가?" "김밥(애개?)." "너의 이상형은?" "재미있고, 성실한, 잘생긴 남자."(준석의 은서 인터뷰)

준석과 은서의 인터뷰엔 장난스러운 구석이 많았다. '설문조사'의 수준을 벗어나지 못했다. "왜?"라고 되묻는 2차 질문은 적었다. "예를 들어 달라"는 구체적인 주문도 씨가 말랐다. 호기심을 세련되게 발휘하는 기술이 필요해 보인다. 차차 보완할 일이다.

"왜 넌 날 때렸니? 왜 화가 났니?"

아이들에게 인터뷰를 시켜보자. 형제·남매간을 넘어 친구 또는 선생님도 좋다. 할아버지와 할머니, 기타 친지도 대상에 포함시켜보자. 인터뷰 내용은 반드시 기록하게 한다. 어렵게 여기지 말자. 인터뷰의 다른 이름은 대화다. 목적을 띤 조금 깊은 대화일 뿐이다. 핑퐁처럼 말을 주고받으며 아이들은 소통을 훈련하고, 지혜와 경험을 배운다. 세상을 보는 시야를 넓고 깊게 키운다.

반성문 대용으로도 좋다. 흔히들 학교에서 주먹다짐을 하다 걸리면 반성문을 쓰게 한다. 별 효용 없다. '억지 글짓기'다. 대신 인터뷰를 시키자. "왜 너는 나를 때렸을까"라는 주제 아래 서로 캐묻게 하고 그 결과를 쓰도록 말이다. 앞에서 인터뷰는 소통 훈련이라고 했다. 바꿔 말하면 '남의 말 듣기 훈련' 아닌가.

아, 집에서도 괜찮겠다. 준석과 은서가 대판 싸우면, 다음부턴 '역지사지' 인터뷰다!

의문에 휩싸인 소녀가 되거라

"왜요는 일본 노래다."

어렸을 적 흔히 듣던 썰렁한 농담이다. 무언가 한참 떠들다가 상대방이(특히 후배나 아랫사람이) "왜요?"라고 물으면 그렇게 응수하곤 했다. 일본 왜(倭)와 노래 요(謠)를 장난처럼 합성한 조어였다. 귀찮게 자꾸 묻지 말고 듣기나 하라는 편잔의 종류였다. 준석과 은서가 서로를 인터뷰한 글을 보면서 그 '왜요'가 떠올랐다. 자꾸 '왜요?'라고 물어서가 아니다. '왜요?'라고 분명히 물어야 할 때 묻지 않아서다. 존댓말로 이렇게 묻고 싶을 지경이다. '왜요?'가 없잖아요. 왜 없어요? 왜요? 왜요?

 은서 글 당신의 입 가격이 궁금합니다

나 : 내가 어떻게 느껴지나요?

오빠 : 까불게 느껴지고, 활발하고, 입 가격이 얼마일지 궁금합니다.

나 : 공부가 쉽나요?

오빠 : 아니요. 공부는 어렵습니다. 전혀 쉽지 않습니다.

나 : ○○○ 학원에 새로 들어갈 때, 기분은 어땠나요?

오빠 : 그 학원이 새로웠다.

나 : 숙제가 있는데, 그 숙제를 깜빡 잊고 못 해서 혼날 때 기분이 어

떤가요?

　오빠 : 기분은…… 정말 드럽다.

　나 : 엄마에게 공부 못한다는 소리를 들으면 어떤가요?

　오빠 : 한편으로는 공부를 더 열심히 해야겠다는 생각이 들지만 또 한편으로는 공부를 내팽개치고 싶다는 생각이 들기도 한다.

　나 : 당신은 왜 성공하고 싶나요?

　오빠 : 왜냐하면, 인생에서 성공을 하면 그것이 바로 사회에서 살아나는 방법이기 때문이다. 하지만, 너무 특출하게 성공하고 싶지는 않다.--

　나 : 당신은 왜 특출하게 성공하고 싶지 않나요?

　오빠 : 왜냐하면, 너무 특출하게 성공한 사람들은 많은 사람들의 찬사를 받지만, 너무 많은 비난도 같이 받기 때문에. 그리고 뇌물 혐의 같은 것도 있고 망하면, 아주 크게 많이 망하기 때문이다.

　나 : 당신은 무엇을 잘하고, 소질이 있나요?

　오빠 : 저는 특별히…… 그림 그리기, 용 만들기, 용 그리기 정도를 잘합니다.

　나 : 만약, 이 세상에 공부가 없다면 당신의 기분은 어떤가요?

　오빠 : 그럴 리가 없죠. 만약에 그렇다면, 저는 정말 너무 좋아 미칠 것입니다.

　나 : 저, 이거 꼭 물어보고 싶었는데, 왜 자꾸 절 때리시는 거죠?

　오빠 : 이 말은 하기 싫었는데, 당신은 제게 너무 까붑니다.

　나 : 왜 제 일을 방해하나요? 이 질문도 꼭 물어보고 싶은 질문 중 한 가지입니다.

오빠 : 이 말도 하기 싫은 말 중 한 가지인데요. 당신도, 제 일을 번번이 방해합니다. 그럼 그럴 때도, "오빠~ 뭐해~ 설마 딴짓하는 건 아니지?" 그리고 또, 공부하고 있는데, "오빠~ 답 훔쳐보고 있는 건 아니지?"라고 방해를 합니다.

'왜?'와 '예?'를 리필해주세요

"당신의 입 가격이 얼마인지 궁금하다"는 준석이 답이 인상적이다. 준석은 은서 입의 액수가 껌 한 통 사먹을 수준도 안 된다고 본다. 실제 준석에게 '예상 가격'을 물었더니 "100원"이라는 답이 돌아온다. 은서의 입은 365일 바겐세일이다. 학교 갔다 집에 돌아오면 친구들과 선생님에 관해 그날 있었던 일을 미주알고주알 고해바친다. 아파트 엘리베이터에서 만난 동네 아줌마들에게까지도. 특히 오빠의 입장에서 보자면 주먹이 울게 하는 고자질 선수이다. 오빠가 공부하다 딴짓하면 즉각 엄마에게 은밀한 정보 보고가 들어간다. 그렇다면 오빠를 인터뷰할 때도 꼬치꼬치 입을 활발하게 놀리며 꼬치꼬치 물어야 할 텐데 잠자코 듣기만 했다. 입이 참 무거웠다. 어떻게 된 거니?

"내가 어떻게 느껴지냐"는 첫 질문에 준석이 "입 가격이 얼마인지 궁금하다"고 했다면 은서는 바로 2차 반격질문에 돌입해야 했다. 눈 둥그렇게 뜨고 "왜요?"라고. 이유와 근거를 따져야 하지 않는가. 답답하게도 그 답 하나로 땡이다. 맥없이 다음 질문이다. 연달아 그렇다. 은서는 의문이 없는 소녀인가. 궁금함을 참을 수 없어 묻고 또 물어야 한다. 호기심이 없는 인터뷰어(interviewer)*는 '받아쓰기'만 한다. 은

남매 간의 인터뷰 모습. 심층 인물탐구가 아닌 '호박 겉핥기'가 되고 말았지만.

서야, 받아쓰기 100점 맞았다고 아빠가 머리 쓰다듬어줄 시기는 지나
지 않았니? 네가 한글을 막 깨우친 유치원생이나 초딩 1학년은 아니
잖아?

'왜?'를 캐내어야 인터뷰이(interviewee)[**]가 밝힌 주장이나 사실의
앞뒤 조각과 아귀를 맞출 수 있다. 어려운 말로는 원인과 결과를 하
나로 완성하는 '인과관계'의 성립이다. 안 그러면 글을 읽는 사람들
은 인터뷰에서 오간 질문과 대답의 맥락을 이해할 수 없다. 그렇기
때문에 은서는 인터뷰할 때 '의문에 휩싸인 소녀'가 되어야 한다.

---

[*] 인터뷰를 하는 사람.
[**] 인터뷰에 응하는 사람.

간단하게 인터뷰 글에서 중요한 포인트를 정리하고 넘어가자. 충실한 인터뷰를 위해서는 다음 두 가지가 중요하다

1. 왜?

2. 예?

'왜?'에 관해서는 앞에서 설명했으므로 '예?'에 관해 알아보자.

'예?'란 'yes?'가 아니다. '例'다. "예를 들어서?"라며 거듭 사례를 요구해야 한다는 뜻이다(여기에서 사례란 '어떤 일이 실제로 일어난 예'라는 뜻의 '사례(事例)'다. '고마움을 나타내는 선물'이라는 뜻의 '사례(謝禮)'가 아니다. 이건 '대가성 뇌물'이라는 나쁜 뜻으로도 쓰이니 조심!).

가령 준석은 은서에게 "자꾸만 떠들어대고 입이 가벼워서 입 가격이 궁금하다"고 답했다. '왜?'가 이유나 원인을 밝히라는 요구라면 '예?'는 구체적인 증거나 사례를 제시하라는 것이다. 준석이 "엄마의 공부 못한다는 소리에 공부를 내팽개치고 싶다"고 한다면 "예를 들어주세요. 언제 그런 소리를 가장 많이 듣죠? 가장 심했던 때가 언제죠?"라고 물어야 한다. 그래야 이야기가 앞으로 나아간다. "취미가 뭔가요?"라고 물어 "독서입니다"라고 대답을 했는데 "그럼, 다음 질문하겠습니다"라고 하면 얼치기 바보 같은 인터뷰다. 자연스럽게 "예를 들어주세요. 어떤 책을 좋아하죠? 요즘 읽는 책은 뭐죠?"라고 해야 순리다. 앞에서 은서에게 '의문에 휩싸인 소녀'가 되라고 권유했는데, '예'는 '증거를 수집하는 소녀'로서의 자질을 갖추라는 말이다. 음, 장래 희망이 탐정은 아니지만.

'왜?' 와 '예?' 는 인터뷰 글에만 필요한 질문이 아니다. 어느 글에나 적용되는 기본 중의 기본이다. 자, 그럼 은서에 비해 준석의 인터뷰는 어땠을까. 나름 노련하고 치밀하기는 했다. 질문의 격도 다르다.

 준석 글 여동생 미스터리 · 사생활 집중탐구

오늘은 내 동생 고은서에 대해 질문을 몇 가지 조사하여 그녀에 대한 답변을 얻어내었다. 고은서에게 첫째로 한 질문은 자신이 태어난 것에 대해 만족스럽냐는 거다. 고은서는 좋다고 대답했다. 왜냐하면 이 세상에 태어남으로써 엄마와 아빠를 만날 수 있어서라고 진술했다. (중략)

그러면 요즘 그녀에게 고민되는 건 없을까? 그녀가 공부를 못한다는 것. 그럼 무슨 과목을 못하기에…… 정답은 사회이다. 그렇구나.

엄마에게 죄송한 점은 없는가? 그렇다. 공부를 이해하지 못하여서 엄마의 속을 상하게 하고 스트레스를 준다는 것이다. (중략)

그럼 은서가 가장 좋아하는 영화는 무엇일까? 〈볼트〉란다. 그러면 어떤 책을 가장 좋아하니? 그녀는 만화책 폐인이다.

그러면 은서의 미스터리 집중탐구이다. 첫 번째는 왜 소시(소녀시대)를 좋아하느냐는 것? 왜냐하면 그녀들은 예쁘고, 노래도 잘 부르고, 머리도 예쁘고, 춤신 등이기 때문이다. 한마디로 소녀시대는 은서의 이상형이다. 그렇다면 소녀시대를 좋아하게 된 계기는 어떨까? TV에서 보았다는 것이다.

그렇다면 두 번째는 '너는 왜 엄마 속을 상하게 하고도 웃니' 라는 것이다. 조금 분위기 업(up)을 위해서이다. 미스터리의 종결이다.

그럼 이제 고은서가 가장 친한 남자애를 알아보자. 그는 강○○이라는 애이고, 그리고 여자애는? 정○○이다. 그리고 ○○가 되게 모범생인데 질투나 시기나 경쟁력이 업(up)하지 않니? 아니요. 대답은 간단했다. 왜? 친구니까.

그러면 이 세상에서 가장 슬플 때는? 배고플 때이다.

그러면 이 세상에서 가장 기쁜 때는? 엄마랑 같이 잘 때이다. (중략)

대상 인터뷰를 하겠다. 아빠가 가장 좋을 때는? 선물을 사올 때이다. 아빠가 가장 싫을 때는? 날 혼낼 때이다. 아빠와 있었던 최악의 일은? 아빠 것을 빌려서 잃어버려서 혼날 때이다. 아빠와 있었던 최고로 좋은 일은? 아빠와 함께 맛있는 걸 먹으면서 놀러 갈 때. 아빠는 어떤 것 같나요? 재밌다. 착하다. 너무 술을 많이 마신다.

엄마가 가장 좋을 때는? 나름 바른 말투로 말하고 착하게 대해주실 때이다. 엄마가 가장 싫을 때는? 너무 대충이다(준석이 느낌—아빠 주). '혼낼 때' 라고 했다. (중략)

오빠가 가장 좋을 때는? 나에게 잘해줄 때. 오빠가 가장 싫을 때는? 나를 때릴 때, 나에게 비판할 때. 오빠와 있었던 최악의 일은? 오빠가 내 배를 발로 찰 때. 오빠와 있었던 최고 좋은 일은? 오빠와 맛있는 걸 먹으며 부루마블 할 때. 오빠는 어떤 것 같나요? 어떨 때는 욕을 해서 무섭지만, 어떨 때는 어린애같이(나보다 어린애같이) 귀엽다. (중략)

나(은서)를 되돌아보며

내가 가장 자랑스러울 때는? 상을 받을 때, 시험을 잘 볼 때.

내가 가장 나를 싫어할 때는? 시험을 못 볼 때, 엄마에게 꾸중을 들을 때.

내가 생각하는 나의 가장 미친 짓? 내가 갑자기 마녀처럼 미친 듯이 웃을 때이다.

나는 어떤 것 같아? 긍정적, 활발, 그림을 잘 그림.

나에게 하고 싶은 말? 공부 좀 잘하렴. 음식 좀 골고루 먹고, 껌 많이 사먹지 말렴.

만약 엄마가 가능한 건 들어준다면 부탁하고 싶은 것? 소녀시대 콘서트 가게 해주세요. 용돈 좀 자유로이 쓸 수 있게 해주세요.

만약 아빠가 가능한 것 들어준다면 부탁하고 싶은 것? 아빠의 회사에 갈 수 있게 해주세요. 뽀뽀를 조금만 하게 해주세요.

만약 오빠가 가능한 것 들어준다면 부탁하고 싶은 것? 때리지 말아요. 물건 망가뜨리지 마라.

미래의 내 아이에게 한마디? 꼭 행복해지렴. 그리고 절대 가난해지지 말렴. 우울증에 걸리지 말렴.

사생활.

평소에 먹는 것은? 김, 계란 등등.

가장 좋아하는 음식은? 삼겹살.

만약 만능 요리사가 당신에게 딱 하나의 요리를 해준다면 뭘 부탁할 것인가? 김밥.

가장 입고 싶은 옷은? 평범한 바지와 옷.

미래의 꿈은? 만화가.

만약 한 남자가 장미를 들고 당신에게 고백했다. 그런데 그는 완벽남이라 불리는 자다. 그러면 그와 사귈 것인가? 아니요. 왜? 바람 필 것 같아서. ㅋㅋ

(하략)

광범위하게 조사했다(윗글의 실제 분량은 두 배다). 은서의 헐렁한 오빠 인터뷰하고는 비교가 안 된다. 은서의 머릿속 지도를 샅샅이 그린 느낌이다. 그래서 좋기도 하지만 아쉽기도 하다. 정신이 없어서다. 산만하다. '왜?'라는 질문도 적절히 해가며 여러 사실을 밝혀냈지만, 요점이 잡히지 않는다. 머리가 땅할 정도다. 뭔가 정리가 됐으면 좋겠다. 그래서 은서가 어떤 아이라는 거야? 요점을 정리해보라고! 인터뷰 결과를 600자 이내로 축약해서 다시 써보라고 했다.

 준석 글 고은서, 고은서가 누구야?

고은서란 이름은 지구의 아시아의 대한민국에 수없이 많을 것이다. 그러나 내 동생 '고은서'의 얼굴 형상과 체력 등등은 내 동생인 '고은서'만 지닌 것이다. 그리고 고은서라는 내 동생의 이름은 2000년 8월 23일에 태어나서 현재 열한 살로 문촌초등학교 4학년 2반이 되었다. 현재 부반장을 맡고 있지만 매일 막장으로 지각을 하려 한다. 고은서는 까불고 남자아이들을 많이 때리는 대신 활발하고 무엇에든 적극적으로 나서는 아이이다. 그러나 남의 말을 한 귀로 듣고 한 귀로 흘리는 편이며 남이 하라는 것을 징징거리며 하지도 않는다. 혼날 때든 칭찬할 때든 귀여운 척을 놓친 적이 없으며, 친구들이 많은 편이다(물론 대부분 인사성이 좀 없는 좋지 않은 친구들을 사귀나……). 은서의 비밀이 있다면 이를 매우 매우 잘 닦지 않는다는 점, 밥을 더럽게 먹는다는 점이 있다. 은서는 고마움을 모르는 아이이다. 그래서 그런 때 엄마가 혼낼 때도 귀여움으로 승부한다. 한마디로 말해, 고은서의 주된 핵무기는 '애교'이다.

줄였는데도 산만하다. 뭔가를 한참 나열했다. 분석해보니 "무지 까불면서 귀여운 척한다"는 게 요지다. 제목을 더 짧게 뽑는다면 딱 여덟 자로 '까불면서 귀여운 척'이다. 도입부에 그 부분을 명확히 밝히면서 다른 소소한 사실들을 덧붙였으면 머리에 더 쏙 들어왔겠다. 가장 핵심적인 이야기를 글의 중심에 두고 사소한 이야기를 덧붙이는 식으로 갔더라면, 흐름이 훨씬 자연스러웠겠다. 이른바 '배치(편집)의 기술'이다. 그래도 준석은 재밌게 썼다. 그럼 은서는? 은서에게도 똑같은 글을 쓰게 했다.

 은서 글 오빠, 나를 괴롭히는 그 인간

이번엔 우리 오빠에 대하여 조사를 해보았다. 오빠는 지금 중학교 1학년이다. 오빠의 나이는 열네 살이고 성격은 얌전하면서도 나댄다. 오빠가 좋아하는 음식은 우유, 죽, 김밥, 계란으로 만든 음식 등등을 좋아한다. 오빠가 싫어하는 음식은 토마토, 피망, 브로콜리 등등이다. 그중에서 오빠가 제일 싫어하는 음식은 토마토이다. 샌드위치를 먹을 때도 토마토를 빼놓고, 심지어 토마토로 맛있게 만든 토마토 주스마저 싫어한다(먹지 않는다). 오빠의 최대 단점은 남을 (어떨 때) 이유 없이 괴롭히고, 장난치고, 남의 물건을 잘 망가뜨리는 것과 남의 물건을 숨겨놓는 것이 오빠의 최대 단점이다. 우리 오빠의 최대 장점은 밥을 골고루 잘

먹는다는 것이고, 친구들과 잘 어울리는 것과 높임말을 잘 쓴다는 것이다.

그리고 마지막으로 내가 오빠에게 해주고 싶은 말은 남의 물건을 숨기지 말고, 이유 없이 괴롭히지 말아줘.

이상으로 오빠에 대한 조사를 마치겠다.

단번에 하나로 꿰는 '꼬챙이'

두 번을 쓰게 했다. 훨씬 차분해졌다. 짧은 글에서 오빠의 디테일을 잘 그려냈다. 다만 결정적인 '꼬챙이'가 없어 아쉽다. '꼬챙이'란 여러 가지 사실을 하나로 꿰는 이야기 도구이다. 다른 말로 하면 '열쇳말'이다.

이를테면 '토마토'라는 단어를 꼬챙이로 사용할 수 있다. 제목도 '토마토를 싫어하는 소년'이라고 지으면 재밌겠다. 가령 "오빠는 토마토를 싫어한다"는 문장으로 시작한다. 토마토를 먹지 않는 게 동생의 눈에 이상하게 보이듯, 동생을 괴롭히고 때리는 것도 도저히 이해할 수 없게 이상하다고 논리를 전개했다면 어땠을까? 오빠의 자잘한 버릇이나 행태 등에 관해서도 토마토를 안 먹는 오빠의 음식 습관에 비유해 조롱했다면, 더 자연스러웠을지 모른다.

아이들에게 마지막으로 낸 과제는 각각 '여동생에게 오빠란 무엇인가'와 '오빠와 형들에게 동생이란 존재는 무엇인가'였다. 상대에 대한 소개 글이나 인터뷰 글이 '작게 들여다보는 이야기(미시)'라면 상대의 존재에 관해 근본적으로 논하는 일은 '크게 들여다보는 이야기 (거시)'이다. 준석에게 '은서는 누구인가'도 중요하지만 '동생이란 무엇인가'에 대한 묵직한 성찰도 중요하다고 생각했다. 그렇게 크게 돌아보는 일은 결국 소소한 인간관계를 넘어 가족과 사회가 어떤 원리와 이해관계 속에 돌아가는지에 대한 깨달음과도 연관을 맺는다. 이와 관련해선 준석의 글만 싣는다. 나는 준석의 글을 읽으며 그동안 내가 아이들 중 어느 한쪽에 편파적이지는 않았나 되돌아봤다. 준석의 '동생론'을 소개하며 이 글을 맺는다.

 준석 글 동생 있는 자들이여 일어나라

(앞 생략)

어릴 때를 회상해보자. 우리가 태어났을 때, 우리들은 가문에서 제일 가는 '귀염둥이'였다. 그렇다. '동생'이란 인간의 존재가 갓 태어나기 전만 해도 부모님에게는 우리가 둘도 없는 보물이라는 사실이다. 운명의 '동생'이 태어났을 때, 우리의 삶은 거의 90도 가까이 뒤바뀌어졌다. 동생을 더 챙기시는 부모님, 동생을 더 예뻐해 주시는 부모님. 동생이 태어난 후, 우리는 '동생'과 동등한 대우를 받지 못하고 동생들은 지들끼리 부모님의 사랑을 독차지한다. 동생이 우리 삶에 끼치는 영향이다. 나 역시 그렇다. 특히 아빠가 그러셨나? 은서를 더 귀여워해 주시고, 하는 것마다 "천사 같다" "어디서 저런 인형이 태어났냐"는 등 갖가지 칭찬을 하신다. 그리고 내가 왜 은서만 예뻐해 주시냐고 물었을 때…… 참 그럴듯하면서도 우리에겐 억울한 대답을 아빠는 하신다.

"동생은 원래 그런 거야." 생각해보면 내가 은서보다 활발하지 못한 게 동생과 아빠의 영향인가? 그럴지도 모르겠다.

그리고 우리는 동생과 다툴 때, 싸울 때도 동생과 등등한 대우를 받지 못하고 동생과 엄마에게 청기를 드는 것이 아닌 백기를 든다. 그런데 등등한 대우를 못 받는다는 게 우리가 더 우월하게 대우 받냐고? NO ~ 전혀~ 그렇지 않다. (중략) 예를 들어 동생이 내 물건을 일부러 가져 갈 땐 부모님은 "그냥 가, 니 방으로" 이 역시 아빠가 특!히나 그러신 다. 그러나 내가 동생 물건을 고의로 가져갈 때는 초를 세시며 방문까지 차시고 결국엔 돌려준다. 또 이건 예시일 수 있지만 내가 동생 물건을 갖고 가지 않았는데도, 이상하게도 부모님이 물건을 내놓으시란다. (중략)

가끔은 날 화나게, 어떨 땐 기쁘게, 웃기게 하는 것이야말로, 세상에 단 하나뿐인 동생일 것이다. 그리고 나는 외친다. '오빠, 형, 언니, 누나' 와 동생의 대우가 평등해지는 그날까지 '오빠, 형, 언니, 누나' 동생 있는 자들이여, 일어나라!

덧 인터뷰로 패가망신하는 사람들도 있다. 유명한 정치인이나 법조인들이 기자들과 만나 아무 말이나 막 했다가 옷을 벗는 경우다. 기자들과의 인터뷰는 눈치를 잘 살펴 조심스럽게~.

대포 쏘기, 누가누가 잘하나

밑도 끝도 없이 빵 터지는 '메타포' 훈련

"월드컵은 닭다리다."

네모 게임을 했다. 아이들과 함께 둘러앉아 심심풀이 빈칸 채우기를 했다. 먼저 "월드컵은 ☐☐☐다." 초딩 은서의 입에서 처음 나온 말은 평소에도 사랑해 마지않던 치킨의 특정 부위였다. 왜? "축구 할 때마다 사람들이 집에서 통닭을 시켜먹기 때문에." 중딩 준석은 "월드컵은 전쟁이다"라고 말했다. "세계대전처럼 죽기 살기로 겨루잖아." 그 밖에도 눈물, 웃음, 빨강, 휴식 시간(공부 안 하고 TV 볼 수 있어서) 등등의 답이 이어졌다. 다음으론 '아빠'와 '엄마'라는 제시어를 주고 정의를 해보라고 했다. "아빠는 박카스다(집에서 놀게 해주기 때문에)." "엄마는 지킬박사와 하이드다(표정이 극단적으로 변하기 때문에)." 이렇게 놀다 보니 자연스레 글쓰기 기초 트레이닝을 하는 느낌이 들었다.

황량한 사막에선 '은유'를 벌컥벌컥

네모 게임은 결국 '은유 놀이' 다. 은유란 무엇인가. '은유' 라는 낱말로 은유 놀이를 해볼까? 나는 이렇게 규정하고 싶다. "은유는 대포다." 함포, 대전차포, 야포, 박격포, 자주포, 그리고 메타포가 있는 것이다. 말장난이라고? 맞다. 메타포(metaphor)는 실제 대포가 아니라 은유를 뜻하는 영어 단어일 뿐이다. 완전 엉터리는 아니다. 메타포는 비유와 상징이라는 장약과 탄환으로 작동하는 대포다. 죽은 언어들이 널브러진 울타리를 넘어 생생한 표현을 쏘아 올린다는 점에서 진짜 대포다. 메타포를 멋지게 발사하면, 빵 터진다. 감동이나 웃음으로, 또는 허를 찌르며 폭발한다. 사람은 죽지 않는다.

은유가 없는 글은 사막이다(이것도 은유다). 곧이곧대로만 쓰면 황량하고 정감이 떨어진다. 독자들의 마음에 와 닿게 이야기를 전하려면 무언가에 빗대는 비유법이 필요하다. "인생을 살며 다 이루고 가는 사람은 없다"라고 하는 것과 "인생은 미완성, 쓰다가 마는 편지"라고 하는 말엔 현격한 차이가 있다. 전자엔 맛이 없다.

은유를 하기 위해선 연상을 해야 한다. 무언가 밑도 끝도 없이 비슷한 낱말들을 떠올려야 한다. 옛날 어린이들 사이에 구전됐던 다음 노랫말은 은유의 기초를 말해준다. "원숭이 똥구멍은 빨개, 빨가면 사과, 사과는 맛있어, 맛있으면 바나나, 바나나는 길어, 길으면 기차, 기차는 빨라, 빠르면 비행기, 비행기는 높아, 높으면 백두산……." 조금 무리이긴 하지만, 이렇게 되면 "원숭이는 백두산" 이라는 규정도 인과관계를 책임질 수 있다. 끊임없이 연관된 단어와 관념을 찾는 과정 속에서 은유는 완성된다.

원숭이는 비행기! 바나나는 백두산!!

은유의 친구는 직유다. 내 경험으로, 이 둘은 중·고등학교 국어 시험에 꼭 등장했다. 지문을 주고 특정한 표현이 어떤 비유법에 해당하는지 묻는 문제였다. '~하는 듯' '~처럼'이 직유라면 'A는 B다' 식의 표현은 은유라고 배웠다. 국어 시험에서 틀리지 않는 것보다는, 실제 쓰는 글에서 써먹을 줄 알아야 한다. A4 용지 분량의 글 한 편을 쓴다면 직유와 은유가 다섯 개 이상 들어가도록 해보자. 최소한 다섯 가지 표현 정도는 빗대는 것이다. "내 친구는 나무젓가락이다"라는 쉬운 비유부터 시작한다. 수준이 높은 은유를 사용하려면 지식이 있어야 한다. "아는 만큼 보인다"라는 말에 빗댄다면(!) "아는 만큼 빗댄다".

은유에 관한 글이니만큼 마지막도 은유로 끝내자. 글은 똥이다! 끙끙대면 결국 나온다. 쾌변이냐가 중요하다. 아, 오늘은 만성 변비였다.

왜 스페인이 무적함대야?

네모 게임 고문을 시작했다.

경찰서 피의자 조서 작성 장면을 연출이라도 하듯, 앉은뱅이책상에 자리 잡고 노트북을 켠 뒤 준석과 은서를 앞에 앉혔다. 닥치는 대로 제시어를 주고 네모 빈칸을 채우도록 했다.

네모 게임으로 고문을 자행하다

글쓰기는 [　　　　　　　] 다.

"글쓰기는 선풍기다."(준석) "왜?" "머리가 선풍기 날개처럼 마구 돌아가잖아요." "시원하진 않잖아." "난 머리가 시원한데."

"글쓰기는 알바다."(은서) "왜?" "아빠가 용돈을 주잖아."

그렇다. 이 시점에서 이 책의 사소한 비밀을 밝히지 않을 수 없다. 아빠는 아이들 글의 원활한 수급을 위해 '원고료'라는 당근을 줘왔다. 통과된 글에 한해 편당 2000원. 적다고 봐야 하나, 많다고 봐야 하나. 우리집 초딩과 중딩은 아직까지 이 액수에 대만족이다.

공부는 [　　　　　　　] 다.

"공부는 외고다."(준석) "뭐?" "주위에서 온통 외고, 외고 하잖아." "그건 좀 그렇다. 아빠가 너한테 외고 가라고 부추긴 줄 오해하겠다." "학원에선 중학생이 외고를 가야 성공한 걸로 이야기하는 거 알면서 그래." "딴 거 없나?" "공부는 히키코모리다." "음." "집 안에 틀어박힌 은둔형 외톨이. 물론 나는 아니지만."

"공부는 지옥이다."(은서) "그렇게 힘들어? 딴 거 없니?" "공부는 네이

버 지식인이다." "모르는 건 거기서 찾으니까?" "아니. 공부하면 지식인 사이트처럼 머리가 쏙쏙 정리되니까?" "말이 잘 안 되는 것 같은데." "공부는 경쟁이다." "딴 거 생각해봐. 경쟁 하면 어떤 이미지가 떠올라?" "공부는 라이벌이다. 공부는 싸움이다." "쯧쯧." "공부는 금메달이다." "풋." "공부는 선물이다. 시험 잘 보면 내가 만날 엄마한테 선물 사달라고 하잖아."

날라리는 [   ]다.

"날라리는 분홍 슬리퍼다. 꼭 노는 애들이 신고 다니거든."(준석) "괜찮네." "아냐, 초록 슬리퍼도 신는데. 날라리는 초록 슬리퍼다." "하나만 선택해." "날라리는 핸드백이다. 핸드백 들고 다니거든. 아냐, 날라리는 화장품이다. 여자애들은 진하게 화장하더라."

"날라리는 바보다."(은서) "왜?" "바보니까." "임마, 네가 더 바보다. 생각 좀 하라고." "……"

컴퓨터 게임은 [   ]다.

"컴퓨터 게임은 황천길이다."(준석) "황천길?" "너무 오래 하면 죽는 수가 있으니까."

"컴퓨터 게임은 비밀번다."(은서) "음, 그렇지 너희들은 비밀번호를 모르지." "아직도 비밀번호를 몰라. 아빠가 좀 가르쳐주면 안 돼?" "……"

교장 선생님은 열중쉬어다

교장 선생님은 [   ]다.

"교장 선생님은 왕이다."(준석) "학교의 왕이라고?" "어, 학생이든 선생님이든 다 떠받들잖아." "재미없다. 딴 걸로 해봐." "교장 선생님은 열중쉬어다." "훈시할 때 너희들이 열중쉬어 하니까?" "아니. 교장 선생님은 늘 뒷짐 지고 걸으시잖아."

"교장 선생님은 변덕이다."(은서) "무슨 변덕?" "만날만날 바뀌잖아." "뭐가 어떻게 바뀌시는데?" "몰라." "으이그."

아파트는 [   ]다.

"아파트는 꿀단지다."(준석) "꿀단지?" "단지로 돼 있잖아. 흐흐."

"아파트는 소파다."(은서) "무슨 소파?" "그냥 소파. 소파처럼 편안하기 때문에."

학원은 [   ]다.

"학원은 레벨이다. 레벨로 학생 등급을 나누잖아."(준석)

"학원은 사탕기계다."(은서) "사탕을 줘?" "응. 갈 때마다 사탕을 줘." "정말? 네가 유치원생이냐? 받지 마, 그거."

네모 게임은 [   ]다.

"네모 게임은 은유다."(은서) "좋은 말로 할 때 딴 거 해라." "네모 게임은 창의력이다." "빠꾸." "네모 게임은 게임이다." "됐고." "네모 게임

은 아빠의 강요다."“됐다니까."“네모 게임은 뇌모 게임이다."“괜찮~
다."“뇌출혈이다." (이때 준석이 끼어들며) “네모 게임은 뇌시경이다. 뇌
를 들여다보며 생각을 해야 하니까."“동생 따라 하지 마."“네모 게임
은 머리 박기다. 생각이 안 나면 머리를 박아야 하니까."“그래 당장 요
책상에다 머리 박아라."“네모 게임은 썰렁 개그다."

전쟁사를 말하는 월드컵 은유의 딜레마

네모 게임 시작했으니, 끝까지 가보자. 이번엔 월드컵 특집이다.

스페인 축구대표팀은 [   ]다.
독일 축구대표팀은 [   ]다.

창의적인 답 찾기는 아니다. 언론에 따르면 2010 남아공월드컵에서
우승한 스페인 대표팀은 ‘무적함대’ 다. 독일 대표팀은 ‘전차군단’ 이
다. 스페인과 독일의 월드컵 경기 결과를 보도하는 신문과 방송의 헤
드라인은 그 말들로 도배가 되곤 한다. 도대체 왜 그렇지?

역사는 은유의 창고다. 인상적인 역사적 사실은 비유와 상징의 수단
으로 두고두고 써먹힌다. 가령 예로부터 흰옷을 즐겨 입었다 해서 한
민족에 따라붙는 ‘백의민족’ 처럼 말이다.

‘무적함대’ 는 16세기 스페인의 왕립함대가 영국의 엘리자베스 1세
에게 패배하기 전까지 유럽의 바다를 휩쓸고 다니면서 붙은 별명이
다. ‘전차군단’ 이란 이름은 제2차 세계대전 때 무시무시했던 독일 전

차 때문에 붙었다. 개전 초기 기갑부대 화력으로 유럽의 여러 방어선을 뚫어 히틀러가 세계를 다 먹을 것만 같았기 때문이다.

　남아공월드컵이 열렸던 2010년 여름 신문에서 '무적함대'와 '전차군단'이라는 제목을 볼 때마다 지겨웠다. 편집자들마다 너도나도 써서다. 신선미가 떨어진다. 일부에선 즐기는 마음으로 누려야 할 스포츠 경기를 잔인했던 국가 간 전쟁에 비유하는 것에 대한 비판 의견도 있다. 은유의 딜레마다(남 탓할 처지가 못 된다. 앞의 글을 보면 나 역시 은유를 대포에 비유했다. 글쓰기마저 전쟁놀음에 비유하고 말았다. 내가 잘못했다. 흑흑).

　월드컵 전쟁 은유는 이 밖에도 또 있다. 터키 대표팀을 뜻하는 '튀르크군단(16~17세기에 전성기를 누리며 아시아 · 아프리카 · 유럽 3개 대륙에 걸친 영토를 통치했던 오스만튀르크제국의 군대에서 따옴)'과 스웨덴 대표팀을 뜻하는 '바이킹군단(8세기 말~11세기 초 해상으로부터 유럽에 침입한 노르만 해적에서 유래)'. 군단, 군단, 군단투성이다. 오렌지군단(네덜란드), 카나리아군단(브라질), 아주리군단(이탈리아), 코끼리군단(토고).

　전쟁사가 아니더라도 고유의 상징물이나 경기 스타일에서 따온 '은유적 표현'들이 대표팀마다 하나씩 있다. 태극전사(한국), 아트사커(프랑스), 울트라닛폰(일본), 신데렐라(크로아티아), 슈퍼이글스(나이지리아), 불굴의 사자(카메룬), 카르타고의 후손(튀니지)……. 월드컵은 숨막히는 골의 승부이자, 은유의 각축장이다.

역사 상식은 글쓰기를 풍부하게 하지

결론을 맺을 시간이다. 두 가지다.

1. 네모 게임으로 놀아보자.

글쓰기에 도움이 될 만한 심심풀이 땅콩이다. 독자 여러분도 가족끼리 네모 게임을 하며 시간을 보내보기 바란다. 앞서 말했듯이 '은유놀이' 다. 연상력과 상상력을 길러주는 자연스러운 훈련이다.

2. 역사 공부가 중요하다.

한반도와 세계에서 사람들이 어떻게 살아왔는지에 관한 상식은 글쓰기를 풍요롭게 한다. 문학을 포함한 모든 예술 장르는 인류 역사에 토대를 둔다. 역사를 많이 안다는 것은 이야기를 많이 안다는 뜻이다. 비유할 대상의 폭과 깊이가 그만큼 넓어지고 깊어진다. 말장난이지만, 히스토리를 알면 글 쓰는 과정에서 히스테리 부릴 일이 적어진다.

그럼 네모 게임에 대한 글답게 대단원의 막도 네모 게임으로 내려보자.

오늘의 글은 ☐☐☐☐☐ **다.**

음…… 오늘의 글은 '바이킹의 회'다. 노르웨이산 연어회인지, 한국 해안에서 잡힌 우럭회인지, 아니면 중국 바다에서 잡힌 도다리인지는 알아서 상상하기 바란다. 그냥 해적들이 요리하는 생선회다. 무슨 뜻이냐고? 어린이들은 어른의 도움을 받아 뜻풀이를 하기 바란다. 바이킹의 회란…… "날로 먹었다"는 뜻이다. 준석아 은서야, 오늘은 글을 안 쓰고 말로만 했으니, 그러니까 날로 먹었으니…… 원고료는 없단다. 덕분에 나도 날로 먹었다.

덧 ▸ 회 하면 칼이 먼저 떠오른다. 아닌 게 아니라, 네모 게임이란 칼질이다. 딴 거다 한칼에 날려버리고 하나만 제시하기. 이런 은유는 검객의 무시무시한 칼처럼 단호한 글쓰기를 가능하게 해주기도 한다.

추억을 찜쪄먹는 이미지 놀이

사진 옆에 끼적여봐!

　내 인생 최초의 문학은 아버지의 사진 설명이었다. 아니 '사진 설명'이라는 표현은 건조하다. '사진 에세이'가 적절하다. 아버지는 당신의 아들 사진을 위해 손수 앨범을 만들었다. 마분지를 줄로 묶어 제본하고 각 사진들의 네 귀퉁이를 스티커로 고정시켰다. 그 옆에 사인펜으로 무언가를 끼적거렸다. "○○년 ○월 증조할아버지 산소에서"처럼 날짜와 장소만 밝히기도 했지만, 인화지에 담긴 상황을 시적으로 압축할 때가 더 많았다. 폭소를 터뜨리는 사진 옆에 적혀 있던 "햇살도 배꼽을 잡는다"는 마지막 문장은 아직도 잊을 수 없다. 현학적이거나 난해하지 않은 수사로 장식된 앨범을 수도 없이 만지작거리면서 어린 시절 언어감각을 어렴풋하게나마 익혔던 것 같다.

십여 권의 앨범을 찾아 끙끙거리다

　괜히 추억을 늘어놓은 건 아니다. 과거를 회상하다 아이들에게 내줄 '글쓰기 숙제' 아이디어가 떠올랐다. '그래, 내 인생의 사진 열 장씩을 고르게 한 뒤 코멘트를 적게 하는 거야.' 아빠의 지시가 떨어지자, 아이들은 거실에 십여 권의 앨범을 펼쳐놓고 서너 시간을 끙끙거렸다. "아빠, 어떤 사진을 골라야 해? 기준이 뭐야?" "니들 마~음대로 하세요."

　은서는 먼저 유치원 때 소풍 간 사진을 골랐다. 갈대밭을 배경으로 친구 세 명과 함께 웃고 있다. 코멘트가 코미디다. "갈대 속에서 귀여운 소녀 넷. 여경, 나, 유진, 가현이 손 맞잡고 웃고 있네요. 랄라라 랄라라." 다시 쓰라고 했다. "랄라라~ 랄라라~ 귀여운 소녀 넷이 손을 맞잡으며 웃고 있네요. 랄라라 랄라라." 랄라라 되게 좋아한다. 다시! "귀여운 네 명의 소녀들이 모두 모두 손잡으며 나란히 나란히. 활짝 치즈 김치. 귀여운 네 명의 소녀는 대체 누구일까?" 나란히 나란히는 또 뭐냐. 한 번 더! "여경이와 한유진과 가현이와 같이 손잡으며 웃고 있는 귀여운 소녀는 뉴규?" 크하하. 준석에게 동생을 지도하라는 의미에서 대신 써보라고 했다. 중딩은 수준이 다르겠지? 역시 달랐다. "까부는 놈, 명랑한 놈, 딴청 피운 놈, 이 빠진 놈이 서로 손을 맞잡고 입 벌리며 관중들이 된 갈대 앞에서 합창하네요."

'뉴규?'에서 '찰칵'으로 끝나는 은서

은서가 쓴 대다수의 사진 코멘트는 "뉴규?"로 시작해서 "찰칵!"으로 끝났다. 이런 식이다. "○○의 한 놀이터에서 활짝 웃으며 놀이 기구를 타고 있는 아이는 뉴규? (중략) 웃고 있는 그 틈을 타서 몰래 찰칵!" 이에 비하면 중딩 준석은 노회하다고 느껴질 정도다. "낚인 지 몇 년이던가. 하얀 수염을 하고 붉은 보따리를 맸지만, 짧고 검음이 확실한 눈썹과 구레나룻은 훗날 내가 낚였음을 짐작케 하던가. 하지만 아직도 안 풀린 의문. 진짜 그 가짜 산타가 애들 선물을 다 샀는가?" 다섯 살 때 유치원에서 파견한 산타 할아버지에게 선물을 받는 사진이다. '산타의 신화'에 속았던 꼬맹이 시절의 어리석음을 한탄했다. 두 살 아기 때의 사진엔 이런 글을 적었다. "마치 춤을 추듯 팔을 흔들며 강렬히 웃고 있는 나. 그런 날 조종하는 엄마. 엄마는 '슈렉 포에버'의 '피리 부는 사나이'인가?"

이는 실용적인 글쓰기 훈련의 한 방법이기도 하지만 그 자체로 재미있다. 나는 한마디로 '추억을 찜쩌먹는 이미지 놀이'라고 이름 붙이고 싶다. 어떻게 창의적인 말로 옮길지 고민하다 보면 이미지를 다양한 각도로 느끼고 분석할 줄 알게 된다.

은서는 "뉴규?"와 "찰칵!" 말고도 "활짝"을 좋아했다. "카메라를 바라보고 활짝~ 웃으며 찰칵!" "놀이터에서 활짝 웃으며 놀이 기구를 타고 있는……." "활짝 치즈 하면서 엄마는 찰칵!" 은서야, 사진 찍을 때는 꼭 "활짝" 해야 하니? "화들짝" 놀라는 포즈는 안 되는 거니? 너의 "볼기짝"을 때려주고 싶구나. 주머니에 돈이 없어도 불쌍하지만, 머릿속에 든 낱말이 부족해도 가련해 보인단다. 너의 단어를 이용해 이렇게 타이르고 싶구나. 사진 설명 달 때마다 "활짝"을 남발하는 꼬마는 "뉴규?" 한심한 은서가 글을 못 쓰게 손을 묶어라, "철컥!"

다음은 은서의 사진과 설명문이다.

1. 여기는 갈대 속. 여기에 귀여운 소녀 네 명은 왜 왔을까? 진세유치원 소풍으로 왔지. 귀여운 소녀는 여경, 나, 유진, 가현이라네. 초롱초롱한 눈빛이 카메라를 바라보고 활짝~ 웃으며 찰칵!

▶ (준석이 동생 지도 차원에서 다시 쓴 글) 까부는 놈, 명랑한 놈, 딴청 피운 놈, 이 빠진 놈이 서로 손을 맞잡고 입 벌리며 관중들이 된 갈대 앞에서 합창하네요.

2 친구 따라 엄마 따라 민속체험관에 왔네. 저자가 누구냐고? 바로 나라네, 나. 내가 진짜 명성왕후가 된 건 아니라네. 친구 따라 엄마 따라 민속체험관에 와서 내가 명성왕후가 된 기분. 기분은 좋다네. 하지만 정말 명성왕후가 되면 살해당할 수 있다네.ㄷ~ ㄷ~ ㄷ~

처음엔 이렇게 썼다. "엄마랑 친한 아줌마와 그 아들들과 같이 민속체험을 하러 가서 왕비가 된 기분은…… 킹왕짱!" 조금만 좋다 싶으면 무작정 '킹왕짱' 이라니 쯧쯧.

3. 갓 태어나서 한 돌이 지났을 때 침대에 앉아서 분홍 머리핀 꽂고 실눈웃음을 지으며 활짝~ 참~ 아름다운 모습이라네.

헉. '자뻑'은 용서할 수 없다. 글을 쓸 땐 겸손해야 한다. 살다 보면 의도적으로 뻔뻔한 글을 써야 할 때도 있다. 그래도 겸허한 자세가 기본이다. 본인이야 "솔직한 게 무슨 죄냐"고 변호하겠지만, 남을 불편하게 하는 솔직함은 죄다. 뭐 그렇다고 해서 "참 못생긴 소녀라네"라고 쓸 필요는 없겠지.

4. 짜라라란~ 짜라라란~ 와와와~ 와와와~ 짝짝짝. 열심히 피아노 치고서 멋진 박수를 받았네. 예쁜 꽃도 받고서 뒤에서 장난치고 있는 오빠. 활짝 웃고서 찰칵!

자기를 향한 끝없는 찬사. 자뻑과 자찬을 절제해야 한다니까.

은서가 고른 열 장의 사진 중 네 개만 골라 소개했다. 사진 설명문(또는 사진 에세이)을 쓰는 원칙이나 방법은 따로 없다. 마음 가는 대로 쓰면 된다. 다만 사진을 찍던 당시의 정황과 사실을 암시하면서 추억을 풍요롭게 되새기도록 문장들을 잘 조립하면 좋겠다. 단순하고 유치한 문장보다는, 숙고 끝에 다듬어낸 비유와 표현들이 두고두고 맛있게 느껴진다. 한 카메라 회사의 광고 카피 중 "기록이 기억을 지배한다"가 있었다. 한 문장 덧붙이고 싶다. "근사한 기록은 기억의 수명을 연장한다."

다음은 준석의 사진과 글이다. 열 장 중에 네 장만 골랐다.

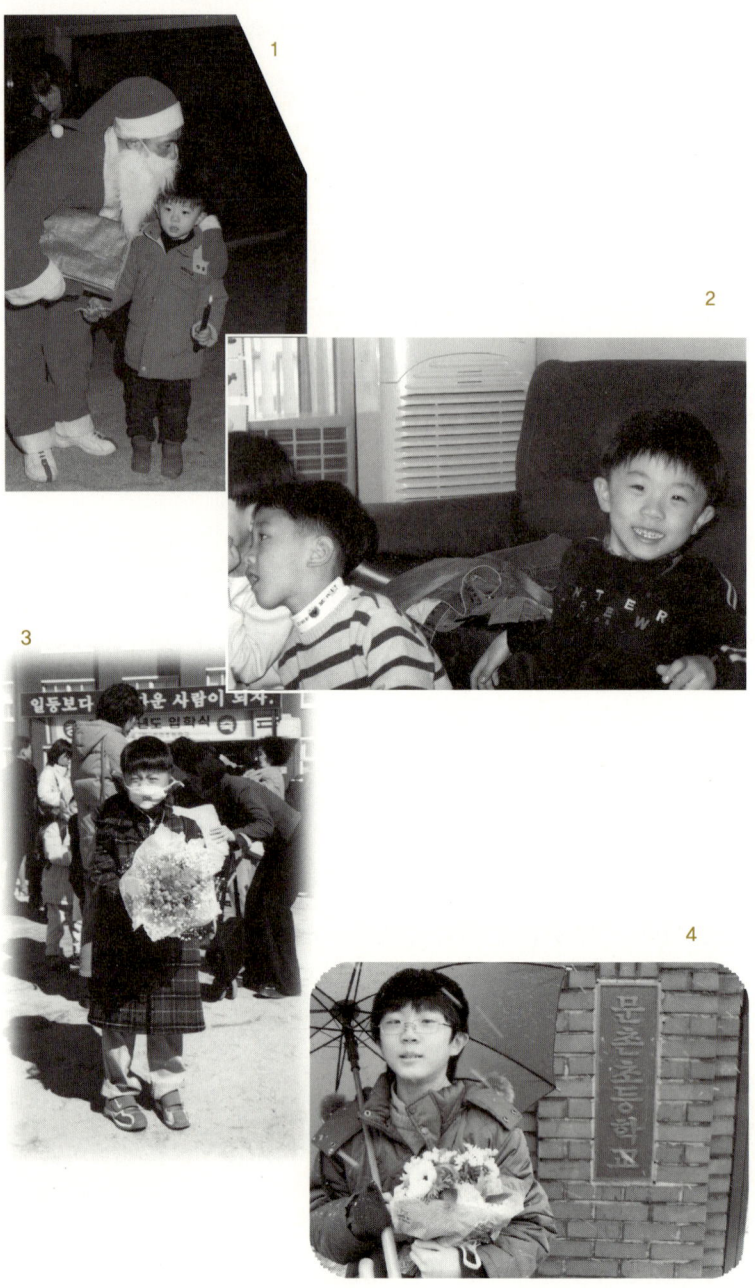

1. 낡인 지 몇 년이던가. 하얀 수염을 하고 붉은 보따리를 맸지만, 짧고 검음이 확실한 눈썹과 구레나룻은 훗날 내가 낡였음을 짐작케 하던가. 하지만 아직도 안 풀린 의문. 진짜 그 가짜 산타가 애들 선물을 다 샀는가?

앞글에서 나온 사진이다. 다섯 살의 크리스마스이브였다. 당시 현장에서 준석은 산타 할아버지에게 물었다. "사슴은요?" 곤혹스러워하는 산타를 향한 2차 질문. "근데 왜 운동화를 신으셨어요?" 이때까지만 해도 준석은 산타의 존재를 철석같이 믿었다. 미심쩍기 짝이 없었지만.

준석의 사진 설명은 은서에 비해 '컨셉'이 있다. 무슨 말을 중심으로 써야 할지 눈치를 챈 모양이다. 은서는 그저 "참 좋았다. 좋았다. 멋졌다"고 한 반면, 준석은 당시 사진 현장의 핵심적인 사항이 무엇인지를 정확히 포착했다.

2. 아랫니 하나 치과에 던져주고는 소파에 있다. 친구들은 무언가 보고 있다. 사진기를 본 건 나뿐인가? 친구들이 모였는데 우리는 과연 뭘 한 걸까~요?

뭐 그저 그렇다. 명확한 컨셉이 없다. 이런 제목을 붙이면 적절하긴 하겠다. '유치한 시절.' 사람들은 누구나 유치(乳齒)가 시원하게 빠지던 시절을 통과의례로 경험한다.

3. 이제 곧 개구리들과 곰과 뱀이 겨울잠에서 일어날 준비를 할 시점. 일등보다 사람다운 사람이 되잔 다짐을 받고 개나리 같은 꽃다발을 들고 나는 입학식에 임한다.

2004년의 초등학교 입학식 사진이다. 바람이 많이 불고 꽤 추웠다. 꽤 어른스럽게 설명을 달았다. 일등보다 사람다운 사람이 되잔 다짐을 받고? 다짐을 한 건 아니라고?
상투적인 사진 설명이긴 하지만, 상투적이라서 더 마음에 다가온다.

4. 이걸 보고 누군 합성이라 생각하겠다. 뭔가 어색하지 않은가? 그러나 합성이 아니다. 그건 그렇고 참 조화가 잘 맞는다. 하얀 가루가 내리는 가운데 꽃다발과 그 옆의 교문에 적힌 교명, 가운 쓰고 우산은 없었으면 좋을 걸……. 이것이 바로 인생 회상에 꼭 필요한 사진일 것이다.

올해 2월 초등학교 졸업식 사진이다. 가슴이 살짝 뭉클. ★★★

이런 사진 설명 달기 놀이는 12월 송년 가족모임의 작은 이벤트로 열어도 괜찮겠다. 한 해를 돌아보는 뜻에서 가족 구성원마다 올해 자신의 사진을 선정한 뒤(한 장이든, 세 장이든, 열 장이든) 그 사진에 적절한 설명이나 에세이를 적는 거다. 돌아가며 상대방의 사진에 글을 써줘도 괜찮다. 이걸 공유하거나 하나로 편집하면 가족애를 각별하게 진작시키는 훌륭한 '미디어'가 되겠으나…… 굳이 그런 귀찮은 방법까지 동원하면서 놀 필요가 있느냐고 반박하실 '가문' 제위께서는 생략하시길.

모든 기록은 때가 있다. 적시에 기록된 사진 설명은 추억의 전도체로서 사진의 가치를 백배, 천배 높인다. 그리하여 결론은 달랑 하나.

당신의 문장이 사진에 날개를 달아준다.

고로……

사진 옆에 끼적여봐!

> **덧** 독일 작가 브레히트의 사진시집 『전쟁교본』을 권하는 바이다. 70여 장의 2차 대전 사진에 붙은 코멘트를 음미하다 보면 사진 설명의 문학성과 절절함이 훅 끼쳐 온다.

21세기 저널소년·소녀 표류기

10대 뉴스를 선정하다

그 많던 문학소년·소녀들은 어디서 무엇을 할까.

문득 그들을 떠올렸다. 교내 백일장에서 수상을 도맡아 하던 학교 친구들, 문학의 밤 무대에 나와 수려한 문장과 차분한 음성으로 수필을 낭독하던 교회 친구들, 긴 생머리에 센티멘털한 표정으로 헤르만 헤세의 『데미안』 따위를 품에 안고 다니던 이웃 여학교 친구들. 그들은 지금도 가슴속의 작은 불꽃을 간직하고 있을까. 여전히 어딘가에 글을 끼적거릴까.

10대 뉴스? 아하 10대들의 뉴스?

문학소년과 문학소녀라는 말엔 글 쓰는 이들의 아련한 과거가 담겨 있다. 동경하는 작가들의 작품을 탐독하며 꿈을 키우던 순수의 시절이었으리라. 오늘은 이를 대체할 만한 새 시대의 글쓰기 소년·소녀

상을 제시하고자 한다. 저널소년, 저널소녀!

문학소년이 환상에 탐닉한다면 저널소년은 실상에 탐닉한다. 문학소녀가 감상에 젖는다면 저널소녀는 팩트에 젖는다. 농담이다. 과장된 이분법이다. 글을 잘 쓰고 싶은 어린 친구들에게 다른 길도 있음을 알려주고자 할 뿐이다. 저널소년은 다른 말로 시사소년이다. 중딩 준석과 초딩 은서에게 그 기초훈련을 시켜보았다.

훈련 방법은 다음과 같다. 아이들에게 최근 한 주 신문과 인터넷 매체를 뒤져보게 했다. '이 주의 10대 뉴스'를 중요도 순서대로 선정한 뒤 그 이유를 적도록 했다. '10대 뉴스'라는 말을 던지자 은서는 "아하! 10대들의 뉴스?"라고 반문했다. 틀린 말도 아니다. 준석과 은서 모두 10대다. 10대 눈높이에서 본 10가지 뉴스라고 해도 무방하다.

첫 결과물은 엉터리였다. 둘 다 신문 별지 섹션에서 흥미 위주로 다룬 '여름 공포이야기'를 톱뉴스로 선정했다. 각각 미국과 한국의 귀신 소동이었다. "뉴스란 세상에 영향을 끼치는 객관적이고 의미 있는 사건이나 사실을 일컫는 거야." 아빠의 지적에 준석과 은서는 다시 움직였다.

준석이 최종적으로 뽑은 톱뉴스는 '시내버스 폭발'이었다. 이유는 "버스에 탔던 사람들이 너무 불쌍해서"였다. 무난해서 탈이다. 이에 비해 은서는 파격적이었다. '페라리 458 이탈리아'의 사고 소식이 톱이었다. 왜 하필 '페라리'냐고 따졌지만 요지부동이었다. 페라리 사고가 넘 신기해서 미치겠단다. 은서가 뽑은 나머지 아홉 가지 뉴스의 선정 근거들도 웃겼다. "과자에서 벌레가 그렇게 많이 나왔다는 것이 놀라웠기 때문이다."('새우깡' 쥐벌레) "특별한 사람도 아닌 대머리 아저씨가 뉴스에 나온다는 것이 신기해서이다."(영국 TV 배경화면 '대머리 남자' 화제) "엄마가 아이를 방치해 놨다는 게 어이가 없어서다."(일본 엄마 아이 방치)

교장 쌤, 10대 뉴스반 만들어봐요

유치하다고 탓할 필요는 없다. 이런 과정을 거치며 아이들은 시사문제와 친숙한 관계를 맺는다. 조금씩 현실에 관한 호기심을 키워간다. "왜 꼭 이게 10대 뉴스이어야 하는지"를 판단하기 위해 뉴스의 흐름과 배경, 가치를 생각하게 된다. 이는 논리적 글쓰기의 토대다.

초·중·고교 교장 선생님들께 '10대 뉴스'를 특별활동에 응용해보길 권한다. '신문반'을 형식적으로 운영할 바엔 '10대 뉴스반'을 신설하는 쪽이 낫다. 매주 또는 매월, 학생들 각자의 10대 뉴스를 발표한 뒤 난상 토론을 거쳐 종합 10대 뉴스를 결정하는 거다. '가장 웃기는 뉴스 10'으로 범위를 좁혀도 상관없다. '내 맘대로 톱10 놀이'로 명명하고 즐기듯이 하면 더 좋다. 매회 이 내용을 재료 삼아 에세이나 논술을 써본다면, 마침내 저널소년·소녀의 꿈은 익어간다.

쇼킹하기만 하면 톱뉴스냐?

'뉴스'가 뭔지도 잘 모른다.

아이들은 신문과 인터넷 매체에 나온 기사를 다 '뉴스'로 착각했다. 아빠가 준석과 은서에게 요구한 '10대 뉴스'는 다름 아닌 '10대 사건'이었다. 그 주의 사건을 보도하는 기사 중에서 가장 의미 있거나 쇼킹한 일을 고르라는 거였다. 한데 아이들은 쇼킹한 '이야기'만 골랐다.

1. 〈뉴욕 세 남자와 아기〉라는 영화에 어린아이 귀신이 찍혔다.[*]

90년대 중반에 개봉한 이 영화를 촬영한 세트에서는 전에 아이가 총에 맞아 죽은 사건이 있었다고 한다. 90년대 중반 이후 등장한 영화, 뮤직비디오 속 귀신 소동의 시초이다.

▶ 뭔가 마이클 잭슨 유령 사건을 떠올리게 하는 기사이다. 섬뜩하면서도 의문이 간다.(준석)

1. 김민지 괴담[**]

한 90년대쯤에, 한국조폐공사 사장의 딸인 김민지라는 학생이 유괴범에게 살해당했다고 한다. 사장은 범인의 요구를 들어주지 못해서 딸을 잃었다고 자책했다. 그러면서 돈에 딸에 대한 비밀을 숨겨서 넣었다고 한다. 50원짜리 다보탑을 90도 회전하면, 김민지의 성인 김 자가 써 있고, 500원짜리 학의 다리를 보면 묶여진 아이의 팔이 있다고 한다. 1000원짜리에는 투호 문양의 근처에 'min'이라고 영문이 쓰여져 있고, 5000원권 비석에는 '지'가 한자로 써 있다고 한다. 하지만 이것은

---

* 〈한겨레〉 ESC, 2010년 8월 12일자.
** 〈한겨레〉 ESC, 2010년 8월 12일자.

뺑!이라고 밝혀졌고, 그런 살인 사건은 일어나지 않았다고 한다. 그리고 김민지의 비밀을 다 푼 사람은 죽는다고 소문이 났다.

▶ 내가 이 사건을 1위로 한 이유는 이 괴담이 좀 무서웠고 재미있었기 때문이었다.(은서)

'스트레이트'와 '피처'는 알아두자

준석과 은서가 처음에 톱으로 선정한 뉴스다. 이걸 보고 혀를 끌끌 찼다. 먼저 기사를 분류하는 법부터 알려줘야겠다. 이 정도 상식은 어린이도 알아두는 게 좋다. 기사는 크게 두 가지로 나눈다. 영어로는 '스트레이트(straight)'와 '피처(feature)'다. 한마디로 정의하면, 스트레이트는 '사실 기사'고 피처는 '이야기 기사'다. 스트레이트는 객관적으로 있었던 사실을 자초지종과 함께 알려주는 기사다. 이에 비해 피처는 어떤 사실과 사건의 이면에 숨은 스토리를 전해준다. 준석과 은서가 처음에 고른 기사는 그런 점에서 후자에 속한다. 특히 여름 특집으로 독자들의 흥미를 돋우기 위해 '뺑'이 가미된 거였다. 아빠는 '스트레이트'를 원했는데 말이다.

톱이 아닌 나머지 뉴스들에도 문제가 많았다. 준석은 어느 문구 회사의 디자인팀을 탐방한 기사를 2위 기사로 올렸다. 이 역시 피처 기사였다. 뉴스의 중복도 발생했다. 준석은 시내버스 운행 중 폭발과 그로 인한 서울 천연가스 버스 120대의 운행 중단 소식을 다른 기사로 올려놓았다. 은서 역시 앙드레 김이 유언장을 남겼다는 것과 유산이 300억대라는 보도를 따로 처리했다. 굳이 그럴 필요가 없었는데 말이다. 아빠는 "이대로는 안 된다"고 고개를 저었다. 둘은 지적당한 뉴스를 삭제하고 새로운 뉴스를 선정했다. 먼저 은서의 최종 결과물이다.

 은서 글 놀라워서, 신기해서, 어이가 없어서

1. 헉! 3.7억 페라리 458 이탈리아, '꽝' *

페라리가 최근 선보인 신차 '458 이탈리아'가 또 사고를 당했다.

13일 해외 자동차 전문 사이트 등에는 페라리 458 이탈리아 1대가 이탈리아 마라넬로의 한 길가에서 사고를 당한 사진이 올라왔다. 이 차량은 도로가 나무를 들이받고 전면부가 크게 파손됐다.

▶ **내가 이 사건을 톱뉴스로 올린 이유는, 페라리 차가 여러 번 사고가 났다는 것이 신기해서이다.**

2. 앙드레 김 부동산 유산 300억 원대 **

생전에 살고 있던 서울 압구정동 현대아파트 한 채도 갖고 있었다. 부동산 업계에 따르면 고인의 의상실이 들어선 신사동 부지 2필지 평가가치는 현재 시세가 1억 5000만 원으로 253억 원에 이르는 것으로 추정되고 있다.

▶ **내가 이 사건을 2위로 한 이유는 앙드레 김 부동산이 너무 많아 신기해서이다.**

---

* 〈머니투데이〉 2010년 8월 13일자.
** 〈이투데이〉 2010년 8월 13일자.

3. 불심 한가득… 중국산 '참선' 휴대폰 눈길[*]

제품은 금빛 폴더 형태로 화면에 연꽃과 부처님 등이 등장하고, 조용한 불교 음악이 흘러나온다고 하였다. 숫자키는 어르신들이 쉽게 쓰실수 있도록 크게 만들었다. 테두리 디자인은 염주 이미지를 표현한 것이라고 한다.

▶ 내가 이 사건을 3위로 한 이유는 중국에도 이런 휴대폰이 있어서 너무 놀라서 3위로 한 것이다.

4. 농심 'ㅇㅇ깡', 쥐머리 이어 쌀벌레 우글우글 충격^{**}

농심의 대표 과자인 'ㅇㅇ깡'에서 벌레가 나와 소비자들이 충격에 휩싸였다.

▶ 내가 이 사건을 4위로 올린 이유는 과자에서 벌레가 그렇게 많이 나왔다는 것이 놀라웠기 때문이다.

5. 뉴스만 틀면 나타나는 '대머리 남자'는 누구?^{***}

신원불명의 한 남성이 영국 TV 뉴스 프로그램에 수차례 배경으로 등장한 사실이 알려져 인터넷을 아주 뜨겁게 달구고 있다. 약간 뚱뚱하고 머리가 벗겨진 이 남성은 침입자라고 한다.

▶ 내가 이 사건을 5위로 한 이유는 특별한 사람도 아닌 대머리 아저씨가 뉴스에 속속히 나온다는 것이 신기해서이다.

---

* 〈지디넷코리아〉 2010년 8월 13일자.
** 〈SSTV〉 2010년 8월 13일자.
*** 〈서울신문〉 2010년 7월 29일자.

6. 중국에서 분홍색 피를 가진 아기 발견[*]

샤오난난이라는 이름을 가진 아기의 피를 보니 우리처럼 빨간색 피가 아니라, 연한 분홍색 피였다.

▶ **내가 이 사건을 6위 뉴스로 한 이유는 사람에게도 분홍색 피가 있다는 것이 놀라워서 그렇다.**

7. 아이가 죽었다. 엄마가 죽였다[**]

한 엄마가 아이를 방치해 놓았다고 한다. 그 아이의 이름은 사쿠라코라고 한다. 일주일 만에 집에 들어간 엄마는 시체처럼 누워 있는 아들을 발견했다고 한다. 그런데 아직 살아 있다고 하고선 주먹밥을 옆에 두고선 접착제를 붙이고선 집을 나왔다.

▶ **내가 이 사건을 7위로 올린 이유는 엄마가 아이를 방치해 놨다는 게 정말 어이가 없어서이다.**

8. f(x) 크리스탈, 설리 불량자세[***]

f(x) 멤버들이 인터뷰를 하는데 크리스탈, 설리가 막 하품을 하고 팔짱 끼고, 다리를 꼬았다.

▶ **이 사건을 8위로 한 이유는 연예인이 이런 자세를 한다는 것이 놀라워서이다.**

9. 성범죄 눈감는 군대… 피해자들 후유증 심각[****]

---

* 〈이데일리〉 2010년 8월 9일자.
** 〈뉴데일리〉 2010년 8월 13일자.
*** 〈데일리안〉 2010년 8월 12일자.
**** 〈SBS〉 2010년 8월 13일자.

군대 내 성범죄가 한 해 80건이 넘는 등 생각보다 심각하다는 사실이 확인됐다. 많은 피해자들이 신고도 하지 못한 채 심각한 후유증에 시달리고 있다고 한다.

▶ 내가 이 사건을 9위 뉴스로 올린 이유는 이렇게나 우리나라에 성범죄가 많이 일어난다는 것이 놀라워서이다.

10. 북극 최대의 빙하 분열, 맨해튼 4개 크기 빙하얼음 발견[*]

미국에 있는 한 전문가는 북극 그린란드에 존재하는 양대 빙하 중 하나의 빙하가 8월 5일 갈라져서 하나의 엄청나게 큰 빙하얼음이 생겨난 것을 발견했다고 한다. 이 빙하섬은 엄~청나게 크다고 했다.

▶ 내가 이 글을 10위 뉴스로 올린 이유는 커다란 빙하섬이 갈라져서 놀라웠기 때문이다.

- -

헐벗은 은서의 코멘트여

뉴스 선정에 어른들의 시선을 강요할 필요는 없다. 꼬마들은 꼬마들의 기준과 원칙을 세우면 된다. 가령 '초딩들이 재밌게 읽을 만한 뉴스'라는 식으로 해도 좋다. 한데 은서의 뉴스엔 원칙이 없다. 아니다. 이것 역시 어른의 오만한 시각이다. 원칙은 있다. '쉬운 뉴스'다. 그 주에 있었던 개각이나 여주 이포보 농성, 민간인 사찰 논란 같은 해독 불가능한 기사는 아예 취급하지 않았다(이는 준석도 마찬가

----

[*] 〈내일신문〉 2010년 8월 9일자.

지다). 제 눈길이 가는 것만 뽑았다. 아이들 수준에서 충분히 이해가 간다. "엄마의 아이 방치" "중국에서 분홍색 피 아이 발견" "중국서 '참선' 휴대폰 눈길" 등이다. 한데 그 중간에 끼인 "성범죄 눈감는 군대"는 좀 뜬금없다. 톱으로 선정한 '페라리' 사고 기사도 여전히 미스터리다.

은서가 뉴스를 선정한 코멘트를 보면 참 불쌍하다. 불쌍하다는 의미는 "논리가 헐벗었다"는 의미다. 논리가 넘 추워 보인다, 옷 좀 입어라 흑흑. 맨 앞에서도 언급했지만 죄다 "신기해서" "너무 놀라서" "정말 어이가 없어서"로 도배돼 있다. 여기에 비하면 준석의 10대 뉴스는 덜 어이가 없다고나 할까.

✍️ **준석 글 군수가 성폭행을 하다니 정말 못되었다**

1. 시내버스 운행 중 폭발…17명 부상[*]

서울 행당역 부근서 연료통 이상이 원인으로 추정되고 있으며, 천연가스 안전성이 논란되고 있다. 용기 결함, 가스 누출 등이 원인일 수 있다고 한다.

▶ 미리 점검하지, 폐차 일보 직전의 차를 저렇게 운행하니 저리된 것이다. 어쨌거나, 저 버스에 탔던 사람들이 불쌍하다. 무엇보다, 소 잃고 외양간 고친 버스 사가 정말 개념이 없었다고 본다.

---

[*] 〈한겨레〉 2010년 8월 10일자.

2. '군수가 성희롱' 폭로 여직원 검찰서 '명예훼손 혐의 없다'[*]

이○○ 고창군수가 자신에게 성희롱을 했다고 여직원이 폭로하였다. 이제 "성희롱을 하지 않았다"라는 이 군수의 주장 거짓으로 드러날 가능성 커.

▶ 성폭력이나 폭력을 하는 사람은 감옥에 처박아야 한다는 관념을 가지고 있는 나는 당연히 이 기사를 선정했다. 군수가 성폭행을 하다니, 그러고도 아니라고 하니 정말 못되었다.

3. 중국 간쑤성 산사태 2000여 명 실종[**]

신화통신 "최소 127여 명 숨져, 원자바오 구호지휘 나서" 사망, 실종자 늘어날 가망성 높음. 마을 전체가 흙으로 뒤덮이며 전력공급이나 통신 마비 상태.

▶ 정말 안타까운 일이다. 당연히 그리고 이런 일은 10대 뉴스에서 빼놓을 수가 없다고 생각한다는 의미에서 붙여 넣었다.

4. 굶기고 감금하고… 일, 아동학대 심각[***]

아동학대가 일본에서 갈수록 심각한 사회문제가 되고 있다.

일본 경찰청은 올해 상반기에 아동학대로 인한 사망자가 모두 18명에 이르렀다고 5일 밝혔다. 2001년 상반기의 37명보다는 적었지만, 지난해에 견줘서는 7명이 늘었다. 전체 아동학대 사건은 181건으로, 지

---

[*] 〈한겨레〉 2010년 8월 12일자.
[**] 〈한겨레〉 2010년 8월 9일자.
[***] 〈한겨레〉 2010년 8월 6일자.

난해보다 24건 늘어나면서 통계집계를 시작한 2000년 이후 사상 최대를 기록했다.

▶ 우리 부모님은 이러실 리가 없겠지만 정말 끔찍하다. 이 부모님들이 사형을 당해야 마땅하다고 생각한다. 나는 사형에 관해 관심이 있어 이 기사를 택한 것이다.

5. 아사다 '타도 연아' 새 무기 단다[*]

연속 트리플 점프 등 추가 기술을 연마한 아사다 마오는 자신의 기본 점수를 11.5점이나 높여 내년에서의 세계선수권을 겨냥한다고 한다.

▶ 김연아의 라이벌 아사다 마오가 이렇게 성장해가니 김연아도 당연히 꾸준한, 그리고 피가 부족할 듯이 피를 쏟아붓는 연습을 해야 할 듯하다.

6. 책 하나로… 네팔 산골마을이 꿈꾸기 시작했다[**]

30일 개관한 '콜로니 아름다운 도서관'. 비영리 공익재단인 아름다운 가게가 지원해 만든 해외 도서관 제1호이다. 콜로니 마을 사람들 스스로 도서관 건축, 자원봉사 통해 운영 시스템 설계, 도서관 인기 최고.

▶ 앞으로도 이런 활동이 많이 이루어졌으면 하는 바람이 있다. 나는 별로 책을 좋아하지 않지만 아이들이 책을 사랑하고 좋아하게 되어 정말 왠지 다행이라는 느낌이 든다.

7. 삶터 잃은 사람들, 정부 향한 분노만 남아[***]

---

[*] 〈한겨레〉 2010년 8월 9일자.
[**] 〈한겨레〉 2010년 8월 11일자.
[***] 〈한겨레〉 2010년 8월 14일자.

정부 도움은 본 적도 들은 적도 없다. 인구 10분의 1 피해, 대통령 2주 뒤에야 현장 방문, 정부 무관심 틈타 탈레반 등 적극구호로 민심을 얻다.

▶ 정말 안타깝다. 정부의 무관심에 탈레반 같은 조직 폭력배한테 도움을 받다니, 정말 어이가 없지만 정부의 무관심에 이해가 어느 정도는 가는 듯하다.

8. 우즈 '5년 철권통치' 막 내리나[*]

타이거 우즈는 브리지스톤대회 3R 공동 78위를 하고, 미켈슨이 세계 1위 탈환 가능성이 있다. 드라이버샷은 불규칙적, 아이언샷도 부정확하였다. 퍼팅도 말을 듣지 않았다. 2005년 6월 12일 후 269주 연속, 전체적으로는 611주 동안 세계 랭킹 1위를 했던 타이거 우즈는 최악의 성적에 굴욕을 당했다.

▶ 어떻게 이런 최악의 성적을 낼 수 있었을까. 정말 안타깝다. 타이거 우즈 팬은 아니지만 타이거 우즈가 빨리 정신을 되찾고 승리를 거두었으면 한다. 원래는 한 3위 정도를 주어야 하지만 참사 뉴스에 밀렸다.

9. 김비오, 심장병 딛고 날았다[**]

김비오는 일본에서 돌아와 올 시즌에 데뷔해 2위와 6타차로 완벽한 승리를 거두었다. 김비오는 어릴 때 부정맥 판정을 받고 골프로 낫길 기원했지만 재발 사실을 뒤늦게 알게 되었으며, 지금은 경기 중 긴장, 힘들 때 심장이 빨리 뛰어 힘들다고 말했다.

---

[*] 〈한겨레〉 2010년 8월 9일자.
[**] 〈한겨레〉 2010년 8월 9일자.

▶ 정말 대단하다. 이렇게 병에 걸린 와중에도 골프를 열심히 연습하여 승리를 거둔 이 사람의 모습이 아름다워 기사를 선정했다. 정말 대견스럽고, 별 중요한 뉴스는 아니었으므로 9위!

10. '핵 없는 세계로' 히로시마에 울려 퍼진 위령가[*]

미국 · 영국 · 프랑스 3국 대표와 UN 수장 첫 참석, 65년 히로시마 원자폭탄 투하되었던 평화기념공원에서 개최.

▶ 우리나라는 일본에 관해 역사적으로 안 좋은 인식을 갖고 있지만 히로시마에 원자폭탄이 투하되었다고 즐거워할 수는 없는 듯하다. 정말로, 핵이 없어지기를 나도 바라는 마음에서 뽑은 기사. 그러나 그리 눈에 띄지는 않으므로 10위이다.

정말로 '정말'을 사랑하는구나

준석아, 너도 만만치 않다. 뉴스 선정 근거를 밝히면서 '정말 안타깝다'라는 말을 세 번이나 했다. 준석이도 정말 안타깝구나. '정말'이라는 부사 좀 안 쓰면 안 되겠니?[**] '정말 끔찍하다' '정말 어이가 없어서' '정말 대단하다' '정말 대견스럽다'도 각각 한 번씩 나온다. 제발, 정말 뚝!!!

그럼에도 준석은 은서에 비해 '논리 부자'인 편이다. 선정의 기준과 근거들을 설명하는 낱말의 풍년이다. 자기 나름의 논리가 있다. "일본에 관해 역사적으로 안 좋은 인식을 갖고 있지만 히로시마에 원자폭

---

[*] 〈한겨레〉 2010년 8월 7일자.
[**] 3부 '불법금지 잡초금지' 중 〈3. 그런 말은 정말 · 너무 · 진짜 별로야〉 참조(233~243쪽).

탄이 투하되었다고 즐거워할 수는 없는 듯하다. 정말로, 핵이 없어지기를 나도 바라는 마음"이라고 적은 걸 보면 의젓하기까지 하다.

개념 없는 뉴스도 있다. 7번이 그렇다. 이게 어느 나라인가. 한국인가, 일본인가, 미국인가. "정부 향한 분노만 남아"라고 신문기사 제목을 적기만 했지, 어느 나라 정부인지는 밝히지도 않았다. 이는 80년 만에 찾아온 파키스탄의 홍수 재해를 다룬 내용이다. 10번도 마찬가지다. 정확한 행사 이름도 적지 않았다. '히로시마 원폭위령제'라는 말은 한마디도 없다. 다음부터는 뉴스를 선정한 뒤 정작 알맹이는 빠진 얼치기가 되지는 않았는지 꼭 확인하기 바란다.

이제 결론을 맺어야겠다.

1. 뉴스도 '요술 거울'이다.

역사는 역사책에만 있지 않다. 현재의 역사는 역사책에 없다. 뉴스란 결국 지금 이 순간에 흐르는 역사의 조각이다. 매일 아침 배달되는 신문은 그 현재의 역사를 보여주는 거울이다. 그 거울을 자주 볼수록 머리에 든 게 많아진다. "네가 이 세상에서 제일 예쁘다"는 헛된 칭찬만 하는 '요술 거울'이 아니라 '유식해지는 요술 거울'이다. 이 거울을 자주 보면, 글을 쓸 때 머리가 잘 돌아갈지도 모른다.

2. 연예 뉴스만 뉴스냐?

요즘 아이들은 '연예 뉴스'만큼은 잘 본다. 유명한 연예인의 사생활을 시시콜콜 알려주는 가십성 기사라도 인터넷에 떴다 하면 조회 수가 수십만을 넘는다. 어린 친구들의 본능이고 자연스러운 관심사다. "연예 뉴스는 수준이 낮으니 보지 않는 게 좋다"고 할 마음은 전혀 없다. 연예 뉴스에도 질이 낮은 연예 뉴스가 있고 꼭 챙겨 읽을 만한 게 있는 법이니까. 다만 연예 뉴스에 쏟는 호기심의 10분의 1만이라도 다른 뉴스에 기울여보자. 연예 뉴스만 뉴스가 아니거덩.

3. 모든 걸 열 가지로 정리해보자.

세상과 주변의 여러 가지 일들을 딱 열 가지로 정리하는 습관을 길러보자. 아니 꼭 열 가지가 아니어도 된다. 일곱 가지, 다섯 가지, 세 가지도 좋다. 이것은 '단순화' 훈련이다. 복잡하게 설명할 것들을 '10대 문제' '5대 문제' '3대 문제'로 요약하면 남들이 알아먹기 쉽다. 가령 고 김대중 전 대통령은 세상을 떠나기 전 '3대 위기'라는 말로 대한민국이 처한 상황의 본질을 짚어냈다. 이처럼 아이들은 '아빠의 3대 문제' 따위를 만들 수도 있다. "술 마시고 늦게 들어오는 거, 용돈 적게 주는 거, 주말마다 회사에 나가는 거" 등으로 말이다. 손가락으로 꼽을 만한 딱 몇 가지만 추리다 보면 문제를 바라보는 시선이 명쾌해진다. 덕분에 글을 풀어가기도 명쾌해진다.

> **덧** 같은 날 아침 여러 신문의 머리기사(톱뉴스)가 제각각일 때가 있다. 각 신문의 편집자마다 그 가치를 다르게 매긴 탓이다. 뉴스의 가치란 고정불변이 아니다. 보는 시각에 따라 하찮은 1단이 될 수도, 지존이 될 수도 있다. 뉴스란, 움직이는 거~라는 말씀.

05

헐, 비공식 신조어에 쩐다고?

비속어를 대하는 우리의 자세

헐~,

이라는 감탄사는 바람직한가. 청소년 프로그램을 제작하는 한 방송국 프로듀서한테서 "작가들이 '헐'이라고 써오는 대사는 무조건 지운다"는 말을 들은 적이 있다. 그런 저속한 말이 말글살이를 더럽힌다고 보기 때문이다.

쩐다,

는 또 어떤가. 어린이책을 만드는 한 출판 편집자는 학습만화에 실린 "쩐다"라는 대사 때문에 학부모 독자의 거센 항의를 받았다고 한다. 잘못된 은어와 비속어를 사용해도 좋다고 용인해주는 꼴이 아니냐는 지적이었다.

영화 속의 뽀뽀 장면처럼

　'비공식 언어'를 변호하고자 한다. 비공식 언어란 국어사전에 없는 말이다. '(언어)파괴자'라는 공격을 당하기도 하지만, 널리 퍼질 경우엔 인터넷 오픈사전에 얼굴을 내밀기도 한다. "당근이지"라는 말도 그렇다. 여기서 당근은 채소의 이름이 아니다. "당연하다"는 뜻이다. 내 기억으로는 이 말이 처음 확산되기 시작한 때는 1990년대 중반이었다. 아직도 너나없이 쓰는 걸 보면 수명이 꽤 길다. '당근'은 얌전한 수준이다. 즐, 뷁, 구려, 므훗, 베프, 캐안습, 스겜, 피방, 깜놀 등등 파격적인 신조어들이 어느덧 언어 공간의 한 자리를 차지했다.

　개인적으로는, 그런 용어들에 관대하다. '즐'이나 '뷁'이나 '므훗' 같은 경우엔 어떤 기대감이나 분노, 만족감을 드러내는 상황을 절묘하게 형상화했다. '안습'도 마찬가지다. 발음마저 촉촉한, 기가 막힌 조어다. 문제는 이러한 용어를 공식적인 글에 넣어도 되느냐다. 나는 상관없다는 쪽이다. 다만 어떤 맥락에서 쓰였는지가 중요하다. 영화 속의 야한 장면처럼 말이다. 전체 맥락과 분위기를 설명하는 도구로 등장하는 뽀뽀 장면이라면 고개를 끄덕일 만하다. 불쑥불쑥 무작정 튀어나오면 난감하다. 앞에서 예로 든 "헐~"이나 "쩐다"도 마찬가지다. 있는 그대로 아이들의 문화와 풍경을 보여준다는 차원에서 꼭 필요하다면 넣을 수도 있다.

　부끄럽지만, 나는 공식적인 글에 '헐~'이나 'ㅋㅋ'처럼 이상한(!) 용어를 가끔 쓴다. 문체의 자유로움을 허용하는 말랑말랑한 지면일 때만 그렇게 한다. 정색하고 사회 문제를 비판하는 신문의 칼럼이었다면 시도조차 안 했다. 아이들 역시 논설문 같은 글에 신조어를 구겨 넣는다면 꼴이 우스워지리라. 솔직한 일상을 드러내는 생활 글이라면 '베프' 나 '깜놀' 따위가 무슨 대수랴.

언어순화교육이 시급하다굽쇼?

이런 이야기가 나오면 꼭 '국적 불명의 언어' 라는 비판을 하는 분들이 있다. 그 다음에 나오는 대안은 '언어순화교육 시급' 이다. 이럴 때 쓰라는 말이 있다. "쩐다~." 언어와 관련해 국적을 염불처럼 외우는 일은 촌스럽다. 꼭 '순수 국산' 만이 아름답고 좋다는 견해를 대할 때마다 이런 말이 튀어나온다. "헐~(죄송합니다, 독자 여러분)." '언어순화교육' 이란 말을 접하면 '삼청교육' 이라는 말부터 떠오른다. '순화' 라는 표현…… 음(정말 죄송한데) 구리다 흑흑.

각급 학교에서 '신조어 창작 콘테스트' 를 여는 상상을 해본다. 새로운 용어를 창조하려면 창의성이 필요하다. 단어를 빚고 조각하는 감각도 갖춰야 한다. 압축적이면서도 기발하고 재밌는 말을 발명하면서 놀아보자. 세종대왕이 만든 말만 쓰면 허기지다. 한글에 한자어도, 영어도, 일어도, 불어도 섞어보자. 말의 유희다. 이럴 때를 위해 준비한 말도 있다. "즐~."

"뉴라이트 준석, 리버럴 은서."

남매는 요즘 '이념 갈등'이 심하다. 평소 여동생의 버릇없음과 나댐을 준열하게 꾸짖던 오빠답게, 준석은 신보수주의자의 태도를 유지하고 있다. 정치적으로는 최근 세 명의 대통령 중 보수적인 분을 싫어하면서도, 생활 가치관은 보수에 가깝다. 우리집의 '뉴라이트'라고 할 만하다. 여기에 비하면 여동생 은서는 자유분방하다. 말 그대로 '리버럴'이다. 신조어를 둘러싼 입장만 봐도 그렇다. 먼저 준석이다.

"나는 신조어를 거의 쓰지 않는다. 동생은 쓴다. 쓰지 않는 게 좋다고 하지만 계속 쓴다. 어쩔 수 없이, 유행이란 것이 사람을 지배하나 보다. 그래서인지 한 사람의 힘으로는 절대 막을 수 없다고 생각한다. 신조어의 사용을 막으려면, 우리 모두가 일어나야 한다. 그리고 한글을 사랑하자고 외쳐야 한다."

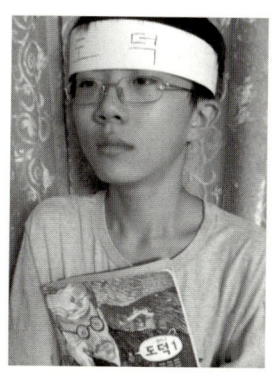

도덕 공부를 하나도 하지 않아도 늘 100점을 맞을 수 있을 만큼 '도덕정신'으로 똘똘 뭉친 '뉴라이트 청소년' 준석. '신조어' 문제에 관해서도 보수적인 확신을 가졌다.

신조어에 관해 쓴 글의 결론 부분이다. 갑자기 "에헴" 하면서 수염을 쓰다듬는 서당 훈장의 모습에 준석의 얼굴이 오버랩 된다. "예끼 이놈들, 한글을 갖고 장난치는 게냐"며 회초리를 들고 분기탱천할 듯한 준석 훈장님. 왜 그럴까. 준석은 위의 결론에 앞서 이렇게 썼다.

"'오나전' '뭥미' 꼭 줄임말의 목표가 아니어도, 쓰고 싶어서, 어쩌다 오타를 냈는데, 은근히 맘에 드니까 한번 써볼까? 하는 마음에 쓰다가 유행어가 된다. 특히 '완전'에서 '오나전' 같은 경우는 오히려 글자 수를 늘려낸다. 이들 때문에 한글이 파괴된다는 거다. (중략) 미래를 보아라. 당신은 현재 신조어로 통하고, 신조어로 받는 '신조어 사회'에서 살고 있다. 당신은 친구를 통하여 신조어를 배웠고, 자신도 신조어 전문가(?)가 되어 살고 있다. 그리고 당신이 만약 아기를 낳게 되면 상관없이 신조어를 쓴다. 아이에게 신조어를 가르친다. 아이도 똑같은 방식으로, 계속 대를, 대를, 대를…… 이어간다. 결국 계속 원래 언어를 신조어로 변형시키다 보면 결국엔 한글이 파괴되기에 이를 수 있다는 것이다."

은서는 여기에 반대한다. 은서의 글을 보자.

 은서 글 '광클, 볼매, 걸조'를 아십니까?

요즘 사람들은 길게 말하기 귀찮아서 줄임말을 많이 쓴다. 새로 나온 줄임말을 소개한다.

광클 = 미치도록 빠르게 클릭

볼매 = 볼수록 매력 있다

걸조 = 걸어 다니는 조각상

설리 = 설레게 하는 리플

흠좀무 = 흠…… 이게 사실이라면 좀 무섭군요

솔까말 = 솔직히 까놓고 말해서

빛삭 = 빛의 속도로 삭제함

반모 = 갑자기 웬 반말 모드

넘사벽 = 넘을 수 없는 4차원의 벽

또, 요즘 많이 쓰는 줄임말은

오나전 = 완전

깜놀 = 깜짝 놀라다

젭라 = 제발

지못미 = 지켜주지 못해서 미안해.ㅜㅜ

완갑떨 = 완전 갑자기 떨리다

오마낫 = 어머나

엄훠 = 어머

어익후 = 어이쿠

등등이다.

여기에 더해 득템(아이템을 얻음), 엄빠(엄마와 아빠), 킹왕짱(최고), 든보잡(듣도 보도 못한 잡놈)도 많이 쓴다.

나도 줄임말을 아~주 많이 쓴다. 아 참, 그리고 내가 지어낸 줄임말도 있다.

예를 들자면, 학원이 끝나서 집에 오면 이렇게 말한다. "엄마~ 나 배고파~ 오늘 베반이 뭐야?" '베반'이란 '베프(베스트 프렌드)'에서 따온 것으로 '베스트 반찬'이다.

어떤 네티즌들은 그 몇 글자 더 말하는 게 귀찮으냐고 화를 내신다.

하지만! 난 써야 된다고 생각한다. 사람들은 편리한 것을 좋아하기 때문이다.

이게 귀찮아서 안 쓰는 것이라면 미래의 전자 제품도 귀찮아서 안 만들어도 되겠네.

편리한 것이 좋은 것 아닌가? 모든 사람들 편리한 것 좋아하지 않나?

그래서 난! 줄임말을 써도 괜찮다고 생각한다.

심한 욕 '병×리(병×도 좋아하는 리플)' 같은 것도 줄임말로 가려줄 수 있지 않나? 그냥 그대로 말하는 게 더 심하지.

나는 그렇게 생각한다. 그러니깐, 우리 모두 편하게 줄임말을 쓰자.^v^

쌍욕도 줄임말로 하면 순화된다고?

준석의 논조가 "신조어 줄임말은 한글을 파괴하기 때문에 안 된다"였다면, 은서는 "그게 무슨 상관이냐, 편리하면 되지" 주의다. "신조어를 써봤자 얼마나 된다고 그 많은 한글이 파괴되겠냐"고 주장한다. 한마디로 "신조어 그까이꺼 뭐"다. '뉴라이트 오빠' 준석에게 한 대머리를 쥐어박힐 이야기가 아닐 수 없다. 꼭 준석의 입장이 아니더라도 은서의 글엔 반박할 여지가 많다. "심한 욕도 줄임말로 가려줄 수 있지 않나?" 하는 부분은 논리적으로 수긍이 안 간다. 욕을 줄여서 말한다고 칭찬으로 둔갑하지도 않거니와 의미가 축소되지도 않는다. 입장 바꿔놓고, 네가 욕을 먹는다면 기분이 좋겠니? 그렇다면 정서장애일지도 모른다. 아니면 후다닥 글의 매듭을 짓기 위해 생각 없이 아무 말이나 뱉은 거겠지.

'미래의 전자 제품' 운운하면서 '편리성'을 찬양한 부분도 그렇다. 아빠가 신조어의 병폐를 심각하게 여기지 않는 이유는 그 수명이 길지 않기 때문이다. 아이들도 그게 비공식 언어라는 사실(뉴스 아나운서가 그런 말 안 쓰잖아!)을 아는 이상 한동안 유행으로 친구들 간에 쓰고 말 거라서다. 편리하면 무조건 써야 한다고 생각해서가 아니다.

그렇다면 준석은 어떤가. 이 청소년도 한때는 신조어를 입에 달고 살았다. 특히 "헐"의 전도사였다. 입안이 헐 정도로 '헐~'을 내뱉던 게 엊그제다. 통계적으로 보면 은서의 말을 비웃기 위한 용도로 '헐'을 사용하는 비중이 가장 컸다. 그 말에 아빠조차 전염당한 적이 있다. 아빠는 준석에게 '헐'에 관하여 분석해보도록 했다.

 준석 글 **'헐'의 두 가지 얼굴**

"헐."

이 말은 어른에게는 쓰면 안 되는 반말이라고 한다. 대화 중 상대방이 놀랄 만하거나 이치에 맞지 않는 소리를 하거나 이상한 소리를 할 때

우리가 자연스레 하게 되는 말이다. '헐'은 두 가지 표정과 함께, 두 가지 문장부호와 함께, 두 종류로 나뉜다. (중략)

퀴즈를 내겠다. 다음 중 고은서가 전교 1등을 했다는 이야기를 들었을 때 고준석의 응답은? 1번. 헐~말이 되냐~ 걔 공부도 안 했는데 어떻게 100점을 맞아! 2번. 헐-?! 진짜? 와 내가 고은서가 잘하는 줄은 알았지만 그런 줄은 몰랐는데! 정답은 무엇일까? 정답은…… 두 개 다이다!

그러나 여기서 조금 다른 것이 있다. 그러니까 1번에서 고은서는 원래 '공부를 무지하게 못하는' 아이였으나, 2번의 고은서는 원래 성실하면서도 공부를 잘하는 아이이다. 이렇게 둘 다 되지만 그 묘사하는 대상이 조금 뭔가 차이가 있을 수 있다는 것이다. (중략)

어떤 애가 100점을 맞았다고 했을 때, 그 애가 잘하는 애로 보이냐 못하는 애로 보이냐에 따라 헐의 모양이 달라질 수 있고, 어떤 애가 핸드폰을 망가뜨렸을 때, 그 애가 평소에 폰을 잘 관리하느냐 안 관리하느냐에 따라 헐의 모양이 달라질 수 있다. 이처럼 헐은 다양한 모양을 갖고 있다. 그러나! 마지막으로 강조하지만 헐은 절대 어른에게는 써서는 안 되는 문구이다.

바보야, 교훈이 아니라 통찰이야

'헐'은 두 개의 얼굴을 가졌다. '어이없음'과 '놀람'이다. 독자 여러분들이 아시는지 모르겠으나, '쩐다' 역시 두 개의 뜻을 품고 있다. 그것도 '좋다'와 '나쁘다'로 상반된 뜻이다. 맥락에 따라 의미가 완전히 바뀐다는 걸, 나 역시 얼마 전에 알았다. 아무튼 준석은 확고한 '이 념과 철학'으로 무장했다. 마지막 결론은 어른에게 절대 버릇없는 행 동을 해서는 안 된다는 신념이다. '헐'을 논하면서도 이 부분을 다시 한 번 강조했다. '신보수 청소년'이라는 말이 무색하지 않다. 여기에 비해 은서는 '리버럴'하지만 철학이 없다. 그저 감정의 흐름에 자기 글을 내맡기는 경향이다.

준석의 '도덕적 사고(!)'에 믿음이 가면서도 걱정스럽다. 혹시 '애 늙은이'가 되지 않을까 싶어서다. 오늘 두 종류의 글에서 준석은 꼭 교훈을 내놓았다. 신조어에 관해 이야기할 때 결론을 "우리 모두 일어 서자"는 선동으로 맺기까지 했다. 웅변대회 연단에서 부르짖는 모습 이다. '헐'에 관한 글에선 "마지막으로 강조하지만 헐은 절대 어른에 게는 써서는 안 되는 문구이다"라고 썼다. '절대'라는 말을 쉽게 쓰면 안 된다.

나의 노파심일지 모르겠으나, 준석이 교훈의 노예가 될까봐 두렵다. "교훈 없으면 글이 아니잖아요~"라고 확신한 건 아닐까? 나는 비웃 고 싶다. "교훈 빵 개여도 좋은 글이걸랑요~."

'교훈'이란 가르침이다. 때론 '가르침'도 필요하다. 문제는 가르칠 위치나 때가 아닌데도 가르치려는 태도다. 마지막 문장을 반드시 '교 훈'으로 끝맺으려는 습관이란, 글맛을 떨어뜨리는 상투적인 행동이 다. 요즘 말로 '오나전 구린' 글쓰기 습관이다. 있는 그대로 친구들의 생활과 대화 모습을 보여주는 것만으로도 충분하다. 정말 "우리 모두 일어서자"라고 하고 싶다면, 그 근거가 될 만한 심각한 사례들을 보여 줘야 한다. 준석의 글엔 실상은 적고 개탄은 과잉이었다. 아니다. 실상이 없지는 않았다. 그 실상으로는 설득력이 모자랐다.

'교훈' 보다는 '통찰' 이 멋지다. '통찰' 이란 한마디로 '꿰뚫어보기' 다. 또는 '생각거리를 던져주기' 다. 어린 친구들의 글이라고 '통찰' 을 못 줄 리는 없다. '꾸민 글' 로는 안 된다. '솔직한 글' 이라야 한다. '주장' 만으로도 안 된다. 글쓴이의 독특하거나 오래된 사유가 발효돼야 가능하다.

결론을 맺을 때다.

1. 신조어에 중독되자.

조금은 역설적인 의미다. 어린 시절에 신조어에 푹 빠져보자. 새로운 신조어도 만들어보자. '생활 회화' 를 100퍼센트 신조어로 쓰고, 글에도 왕창 섞어보자. 걱정 마라. 중독 기간 길지 않다. 금방 질린다. 나중엔 친구나 어른들이 아무리 쓰라고 권해도 쓰지 않게 된다. 쓰고 싶을 때 실컷 써라. 중독성에서 못 깨어나면? 쯧쯧 왕따 될 텐데……

2. 교훈에 중독되지 말자.

교훈은 '맛없는 글' 을 만드는 최악의 재료다. 남에게 '선생 노릇' 을 하려는 오만한 자의 못된 습관이다. 속된 말로 '재수 없는 글' 이 되기 십상이다. 꼭 좋은 메시지를 던져야 한다거나, 바른 방향의 결론을 내려야 한다는 착각에서 벗어나기 바란다. 그렇게 한다고 못된 길로 갈 사람이 전향하지는 않거덩?

글 쓰는 이가 먼저 벗어나야 할 습관은 '신조어'가 아니라 '교훈 강박'이다.

그렇다면 '이념 갈등'의 승자는 은서? 어쩌다가 승!

> **덧** 신조어가 꼭 아동스럽기만 하지는 않다. '블루오션'이나 '소셜 쇼핑' 등 새로운 트렌드를 설명하기 위해선 전혀 다른 이름 짓기가 필요하다. 신조어는 세상을 바꾸기도 한다.

터무니없어 천 배 더 사랑스러운…

말장난과 유머를 찬양함

"대통령 선거의 반대말은?"

밥상머리에서 초딩 은서가 물었다. 생뚱맞은 질문에 어이없어하는데, 중딩 준석이 잽싸게 끼어든다. "대통령 앉은 거." "딩동댕동~."

춥다. 썰렁하다. 아이들은 좋기만 하단다. 이른바 '난센스 퀴즈'다. 두 아이는 서너 달 전 '수수께끼 어쩌구' 하는 제목의 책을 샀다. 수시로 끼고 다니며 정답 맞히기 게임을 했다. "주머니는 주머니인데 걸어 다니는 주머니는?" "아주머니." "사과가 방귀를 뀌면?" "풋사과." "윗사람에게 아부를 잘하는 사람이 믿는 신은?" "굽신굽신." 뜯어보면 '말장난'에 지나지 않는다. 무시하진 마시라. 여기서는 그 터무니없는 '말장난'을 찬양하고자 한다.

동음이의어로 좀 놀아보자구

　글을 잘 쓰고 싶다면, 글을 갖고 놀아보자. 음절과 낱말을 도마 위에 올려놓고 만지작거리면서 현란한 솜씨로 손놀림하는 요리사를 상상해본다. 가장 기본적인 요리 방법은 동음이의어(同音異義語)를 만지작거리는 데 있다. 하나의 낱말엔 오직 하나의 뜻만 있지 않다. 가령 이런 말을 할 수 있지 않은가. "'눈'이 내리는 걸 보는 것만으로도 '눈'이 좋아지면 얼마나 좋을까. …… '배'에서 멀미를 하면 '배' 속의 소화물들이 역류하는데 '배'를 먹는다고 효과가 있지는 않다. …… '말'을 잘 타는 사람들은 놈들과 눈빛만으로도 '말'을 한다니 신기하구나." 이러한 동음이의어의 세계는 무궁무진하다. "나는 동료들한테 '인사'를 잘하는데, 사장님은 '인사' 철만 되면 스트레스를 받는다. ……그녀의 '소원'은 싫어하는 상사와의 관계가 제발 '소원'해지는 거란다." 이렇게 놀다 보면 어휘력이 쑥쑥 늘 것 같다. 낯선 단어들도 재미있게 익히게 해주는 동음이의어 책들이 많이 나왔으면 좋겠다.

　분명히 음절은 틀린데, 발음이 유사한 경우도 많다. "'가치'를 꼭 '같이' 구현해야 하나? ……저 '바람' 속에 '발암' 물질은 없겠지? ……모든 '인류'가 '일류' 인간이 될 수 있을까?" 외국어와 발음이 같아 기묘한 효과를 주는 말들도 있다. 가령 무당이 '굿판 홍보'를 위해 이런 광고문을 쓴다고 가정해본다. "우리 굿, 아주 Good입니다요." 어느 개그 프로그램에서 유행시킨 한마디도 떠오른다. "네가 말한 중학교가 로딩중은 아니겠지?"

　말장난도 창의적인 아이디어다. 누군가는 이를 위해 하루 종일 머리를 쥐어짜기도 한다. 가구 회사 광고를 예로 들어보자. "이민호에게 장인이 생겼다." 잡지에 실린 카피에 궁금증이 일었다. "장인? 부인의 아버지? 인기 탤런트 이민호가 결혼하나?" 그 '장인'은 예술가를 이르는 '장인(匠人)'이었다. 장인 정신으로 만든 가구라는 메시지를 돋보이게 하려는 작전이었다. 어느 결혼정보 회사의 광고에선 여성 모델이 웃으며 "시집을 읽는 것보다 시집가는 게 좋아요"라고 말한다. 톡톡 튀는 카피를 위한 혹독한 고민의 산물이다.

'탐관오리'들의 '오리발'을 벌하는 법

말 나온 김에 나도 말장난을 해본다. 한 달 전 국무총리와 장관 후보자들의 국회 청문회를 보면서 "오리 꽥꽥"이라 외치는 유치원생들의 행렬이 생각났다.[*] 고위 공직에 오르는 어른들의 정직하지 못한 모습에 수많은 '오리떼'들의 풍경이 오버랩 됐다. "음, 각종 의혹에 관해 '오리발'을 내밀다니. 물에 빠져도 가라앉지 않겠군. 청문회 결과 '탐관오리'로 밝혀지면 '오리걸음'으로 '오리(2킬로미터)'를 걷는 벌을 줘야 해. 무사히 통과한 양반들은 채신머리없이 '앗싸가~오리'라고 환호할까? 아, 얼마 전 김황식 총리는 '가~오리연'을 날렸지? 10월 3일 개천절 기념식에 나와 연설도 했다는데, 나 같으면 이렇게 떠벌릴 거야. '개천절을 맞이하여 개천에서 오리가 아닌 용이 많이 나오는 공정 사회를 만들겠습니다~ 여러분.'"

---

[*] 〈한겨레21〉에 연재하던 '시사넌센스—오리발로 자살을 막는 방법' 편(2004년 6월 10일자)을 토대로 재구성한 내용이다.

마냥 이렇게 까불면 손가락질당한다. '곧이곧대로 쓰기'보다, 때로는 허를 찌르거나 분위기를 녹이는 유머도 한 자락 필요하다는 뜻이다. 농담도 할 줄 알아야 한다. 글쓰기에서, 웃음은 무시할 수 없는 빅카드다.

아까운 유머들… 농담노트 만들어보라

"은서가 가입한 당은?"

이건 내가 개발한 난센스 퀴즈다. 은서를 불러놓고 답을 맞혀보라고 했다. 어리둥절한 표정으로 되묻는다. "당? 그게 뭐지?" "한나라당이나 민주당 같은 정당 알잖아. 그지?" "응." "그거처럼 네가 가입한 정당이 있을걸. 몰라?" '당'에 관한 퀴즈에 별로 '당당'하지 못하고 헤매기만 하는 은서. 아빠는 회심의 미소를 날리며 답을 발표했다. "어이없당."

맥락 없는 농담이 아니다. 그동안 은서의 초고를 볼 때마다 얼마나 어이없는 표정을 지어야 했던가. 몇 번을 다시 쓰게 해야만 했다. 이번 글도 마찬가지다. 준석과 은서에게 던진 주제는 '난센스 퀴즈'였다. 은서의 원고는 어이 상실의 극치였다. 결심했다. 은서를 이번 기회에 '어이없당' 총재로 임명하노라. 총재님의 '옥고(옥에 처넣고 싶은 충동을 느끼게 하는 원고)'를 보자.

난센스 퀴즈는 그냥 퀴즈가 아니다. 뭔가 그 제목과 관련된 퀴즈를 말한다. 이런 난센스 퀴즈도 있다.

소녀시대가 타는 차는? = 제시카

샤이니가 사는 동은? = 링딩동

샤이니가 다니는 고등학교는? = 아미고

대통령 선거의 반대말은? = 대통령 앉은 거

소녀시대가 다니는 대학교는? = 소녀시대

티파니가 티를 파는 곳에 가서 잘하는 말은? = 티파니?

소녀시대 멤버 중에서 체육을 가장 좋아하는 사람은? = 수영

병아리가 맨날 먹다가 뱉다가 하는 약은? = 삐약삐약

소녀시대가 다니는 고등학교는? = 어리다고

동생이 형의 팬일 때 하는 말은? = 형광펜

두 장에 두 장을 더하면? = 사장

가장 멋없는 춤은? = 엉거주춤

얼음이 죽으면? = 다이빙

등등의 난센스 퀴즈가 있다. 난센스 퀴즈는 센스 있는 퀴즈로, 답은 맨 첫 번째 단어와 관련되어 있다.

하지만, 이런 것들을 해서 맞는 경우가 두 가지이다.

첫 번째, 재미없다. 두 번째, 어렵다고.

그러니, 난센스 퀴즈를 친구들에게 할 때는 좀 쉬운 문제를 내는 것이 좋다.

뼈다귀가 없어 슬픈 짐승이여

은서는 '난센스 퀴즈'에 관하여 간단히 설명한 뒤, 열세 개의 퀴즈를 냈다. 퀴즈는 쉽게 내야 한다는, 얼토당토않은 결론을 맺었다. 글이 아니다. 그냥 낙서다. "총재님, 다시 써라~잉." 낑낑거리며 세 번을 고쳤다. 눈에 띄는 발전은 없었다. 머리를 쓴답시고, 각각의 퀴즈에 정답 해설만 덧붙였을 뿐이다.

은서 글엔 치명적인 맹점이 있다. '뼈'가 없다. '살덩어리'만 있다. 1980년대에 개봉한 '야동'스러운 영화의 제목 중에 〈뼈와 살이 타는 밤〉이 있었다. 이건 '뼈와 살이 따로 노는 밤'이다. 혹시 좀비? '살'과 '뼈'가 붙어야 온전한 생명체다. 최소한의 중심이 되는 뼈대는 세워야 한다. 안 그러면 연체동물처럼 흐느적거린다. 좀 있어 보이는 말로는, 기획력과 구성력이 없다. 이 글에 갖다 붙일 '이유'와 '명분'이 무엇이란 말이냐. 왜 난데없이 퀴즈를 내는 건데? 왜 이 글을 썼는지, 독자들이 납득하기 힘들다.

아빠는 기획 아이디어를 제공했다. 어린이가 어른들의 난센스 퀴즈 실력을 테스트한다는 식으로 뼈대를 만들어보라고 말이다.

 은서 글 당신의 난센스 퀴즈 실력은 몇 급?

내가 이 글을 쓰게 된 이유는 내가 친구들에게서 좀 잘나가는 난센스 퀴즈를 배웠다고 아빠에게 말해서 내가 한번 난센스 퀴즈를 소재로 써보겠다고 했다.

난센스 퀴즈는 확실히 재미가 있다. 하지만 때와 장소를 가리면서 해야 한다. 서늘한 분위기에 "내가 재밌는 난센스 퀴즈 좀 가르쳐줄게!"라고 하면(서늘한 분위기이기 때문에) 맞는다.

나는 난센스 퀴즈를 좋아한다. 재치(재미)도 있고, 큰 웃음을 주고, 우리에게 창의력을 키워주기 때문이다.

난 그래서 재밌는 난센스 퀴즈 책인 『수수께끼 킹왕짱!』이라는 책도 샀다(이 책은 태영문고에서 판다. 한양문고에도).

이제, 내가 한번 문제를 내 보겠다.

초급

1. 슈렉 엄마는?

2. 도둑이 제일 싫어하는 아이스크림은?

3. 도둑이 제일 좋아하는 아이스크림은?

4. 고기 먹을 때마다 따라오는 개는?

5. 세상에서 가장 예쁜 개는?

중급

1. 구명보트에 탈 수 있는 사람의 수는?

2. 산토끼의 반대말은?

3. 참깨가 교도소에 간 이유는?

4. 물에 빠지면 제일 처음으로 만나는 적은?

5. 놀부가 가장 좋아하는 술은?

고급

1. 보내기 싫으면?

2. '아이 추워'의 반대말은?

3. 구리는 구리인데 날아다니는 구리는?

4. 1천만 서울 시민이 모두 다 한마디씩 하면?

5. 미소의 반대말은?

자, 이제 두구두구두구두구두구

답을 공개하겠습니다.

초급의 1번 = 녹색 어머니 2번 = 누가바 3번 = 보석바

4번 = 이쑤시개 5번 = 무지개

중급의 1번 = 9명 2번 = 죽은 토끼 3번 = 고소해서

4번 = 허우적 5번 = 심술

고급의 1번 = 가위나 주먹을 내라 2번 = 어른 더워 3번 = 딱따구

리 4번 = 천만의 말씀 5번 = 당기소

자, 이제 양심적으로 자신이 푼 종이를 채점하라.

만약 12개 이상 맞았다면 당신은 센스쟁이~.〉〈

만약 8~12개 사이의 점수가 나왔다면, 당신은 조금만 더 노력하면

센스쟁이가 될 거에요~.

만약 5개 이하라면…… 난센스 퀴즈(수수께끼) 책을 사세요!

그리고 그 책에서 마니마니 배우세요.

이거 말 돼? 꼴, 꼴, 꼴, 꼴, 꼴…

만족스럽지는 않으나, 꼴은 갖추었다. '뼈대'란 '꼴'이다. 다시 말하면 "이거 말 돼?"라고 물었을 때 "오케이"라고 답할 만한 글의 기본 체계다. 비로소 독자들은 "아, 내 난센스 퀴즈 실력을 테스트해보라는 메시지구나"라면서 고개를 끄덕거릴지도 모르겠다. 아님 말고. 은서에 비하면 준석은 까다로운 '검열'을 거치지 않고 한 번에 통과했다. 훌륭해서가 아니다. 아빠가 은서에 신경을 쏟는 틈에 쉽게 넘어갔다.

 준석 글 돌 맞는 유머는 쓰지 마세요

이 글을 보면 아마 여러분들이 돌을 던지게 될 것이다. 돌은 아니더라도 적어도 "아~"라는 한숨을 쉬게 될 것이다. 왜냐하면, 이번 글은 '난센스'에 관한 얘기를 할 것이기 때문이다.(중략)

난센스는 한계가 없기 때문에, 어디서나 찾아볼 수 있고, 자신이 생각만 해 내면 정말 쉽게 지어낼 수 있는 말이다. 예를 들어서, '소녀시대가 타는 차'는 '제시카' 하면 정말 돌을 던질 판이지만, 난센스로서는 인정받을 만하다. 또 화장실에서 일을 본 사람이 나왔다고 하면, 그 사람의 국적은 무엇이었을까? 일본이다. '일을 봤으니까.' 썩소밖에 나오지 않는다.

보통 이런 개그를 하게 되면 정말, 사람들이 웃음은 개뿔, 한숨을 쉰다. "아~ 진짜 그게 뭐냐?" 하면서 말이다.

하지만 난센스가 정말로 빛을 발할 때도 있다. 그 예가 바로 내 친구인데, 친구 학원 선생님이 "불만 있어, 엉?" 그랬더니 친구의 대답은 무엇이었을까? 이렇게 대답하였다. "물도 있는데요."

보통 내가 아는 바로는 "물도 있다"고 하면 다른 난센스와 똑같은 취급을 받는다. 그런데 이게 웬일인가. 친구들이 모두 폭소에 이르고 말았다. 뭔가 타이밍을 맞추었나 보다.

따라서 엄연히 '그냥 개그'와 '난센스 개그'는 다르다고 언급이 가능하다. 난센스는 어떤 단어가 있으면 "어떤 단어의 무엇무엇은?" 했을 때 그 무엇과 그 단어와 관계된 연결고리를 찾아 그 해답을 찾는데, 그것이 너무 말이 안 되고 어이가 없다. 그래서 그 이름이 '난센스 퀴즈'이다. 그런데 확실한 사실 하나는, 어쩔 수 없이, 난센스 개그는 센스 있는 개그를 따라잡을 수가 없다는 것이다.

몇몇 사람들은 기억할지도 모르겠다. '개콘'의 코너 중 하나인 '사이보그여도 괜찮아'에서 나온 알통 28호가 주인님의 "분위기를 살려라"는 명령을 받고 한 말이 "분위기를 살려주세요~! 분위기가 죽었어요!"였다. 일부러 촬영하는 사람들이 '한숨을 지어라'라는 조언을 관객들에게 했을지도 모르는 일이지만, 내 일생을 개콘과 함께했지만, 사람들이 개그맨들의 코미디에 한숨 지은 것은 정말 처음이었다. 그런 적은 한 번도 없었기 때문이었다.

하지만 '난센스 퀴즈'의 장점은 있다. 뭐든지 단점과 장점이 있기 마련. 장점은 친한 친구들 사이에서 하면 폭소만큼은 아니어도 웃음이 오간다는 것이다. 물론 남자보다는 수다를 좋아하는 여자들에게 더 잘 맞는 것일지도 모르겠다. 나도 그랬다. 정말 친한 친구들 사이에서는 난센스 퀴즈 놀이도 그렇게 재미있을 수가 없더라, 그렇다. 난센스는 적절한 때 사용해야지, '아무 때나' 사용하면 안 된다. '친구들에게 재밌게 보여야지' 하면서 수업 시간마다 쌤의 질문이나 말에 난센스 퀴즈를 달고 살면 쌤에게는 까부는 아이, 아이들에게는 오히려 재미 꽝인 아이로 찍힐 수 있으니, 적절히 사용하시길!

'어설프당 총재' 또는 '용가리 통뼈'

앞에서 은서를 '어이없당' 총재로 임명한다고 놀렸는데, 형평을 위해서 준석에게도 임명장을 수여해야겠다. "너를 '어설프당' 총재로 임명하노라." 그동안 아빠가 짚어준 사항들도 실천하지 않는다. 가령 첫 문장부터 '것이다' 투성이다. 엉클어진 비문들이 곳곳에 나뒹굴고, 쉼표가 많아 문장이 명료하지 못하다. 난해하기도 하다.

글의 구성은 어른스러운 편이다. 여러 난센스 퀴즈 놀이의 예를 든 뒤, 타이밍이 중요하다고 끝을 맺었다. 은서에 비해서는 '뼈대'가 좀 있다. '어설프당' 총재로 임명했지만, '용가리 통뼈'라는 칭찬도 해주고 싶다. 밑그림을 잘 그렸다. 여기에 더해 '재치'도 겸했으면 좋겠다. 난센스 퀴즈처럼 살짝 웃음을 짓게 하는 글쓰기의 기술 말이다.

그런 글쓰기는 어떻게 익혀야 할까. 솔직히 잘 모르겠다. 농담을 많이 모으는 방법은 있다. 이 글을 쓰면서 떠올랐는데, 바로 '농담노트 만들기'다. 입에서 입으로만 전해지는 재밌는 얘기들, 친구끼리 서로 주고받으며 낄낄거리는 유머들, 듣고 나면 얼마 안 가 잊어버린다. 시간이 흐르면 남는 게 없다. 악착같이 메모해보는 거다. 노트를 한 권 만들어 TV나 라디오는 물론, 선생님 또는 부모님, 친구들에게 들은 골때리는 이야기들을 몽땅 적어본다. 저질 유머도 상관없다. 6개월이나 1년 기간을 정해놓고 노트를 다 채울 때까지 꾸준히 해보자. 농담의 달인이 될지 누가 아는가. 스스로 새로운 농담을 개발하는 경지에 오를지도 모르겠다.

결론을 맺을 때가 됐다. 결론에 앞서 준석과 은서에게 영문을 알 수 없는 질문을 던졌다. "무슨 색을 가장 싫어하니?" 준석은 분홍색을 꼽았다. 확실한 빨간색도 아니고 모호하단다. 은서는 검은색이란다. 칙칙하고 세련미가 없대나 어쨌대나. 아무거나 상관없다. 내가 싫어하는 색을, 너희들이 싫어하는 분홍색이나 검은색보다 더 멀리해줬으면 하는 바람뿐이다. 결론은 다음과 같다.

"나는 정색이 싫어요."

정색(正色)이란 엄정한 얼굴빛을 말한다. 안면 근육이 "차렷" 자세를 취하고 움직이지 않는다고 상상해보라. 글쓰기에서 '정색'이란 무엇인가. 글의 얼굴이 "차렷" 자세처럼 '동작그만' 포즈에 무섭고 심각한 표정이라는 걸 말한다. '열중쉬어'와 '편히쉬어'를 넘어 노닥거리면서 장난기를 머금은 듯한 글의 얼굴이 더 좋다. 아늑하고 넉넉하고 여유롭다. 뻔뻔스러워 보일지도 모르지만, 좋게 봐주면 자신감이 넘친다. 유머는 일체 없는 근엄한 얼굴의 문장들은 질식 사고를 부를 수도 있다. 숨 막히니까~. 준석과 은서도 아주 특별한 경우를 제외하고는, 글로써 남들의 '기도'를 막는 일이 없기를 '기도'한다.

　정색하면 지는 거다.

덧▶ 내가 볼 때 은서는 한국 최고의 '지식인'이다. 지식인(知識人)이 아니라 지식인(知食人)이다. 먹는 것만 안다는 뜻이다. 소설가 박민규의 단편 「누런 강 배 한 척」에 있는 표현을 빌려 마지막 말장난을 해보았다. 우하하하!

멋진 간판, 아니 이 죽일 놈의 간판

제목 달기와 이름 짓기의 고통

"누구냐 넌."

영화 〈올드보이〉를 떠올리다 키득키득 웃었다. 낮고 음산한 목소리로 묻는 극 중의 오대수(최민식 분). 한데 전화를 받는 '영 걸'의 반응이 '영 꽝'이라면……. "제 주민등록번호는 2000으로 시작하고요. 진세유치원을 거쳐 문촌초등학교 4학년이에요. 달걀형 얼굴에 눈은 작고 보조개가 있는데 키는 145센티미터 정도입니다. 아직도 모르시겠어요?" 말이 안 된다. 이건 어떤가. "저는요. 김 수한무 거북이와 두루미 삼천갑자 동방삭 치치카포 사리사리 센타 워리워리 쎄뿌리깡 무두셀라 구르미 하리케인에 담벼락 서생원에 고양이 바둑이는 돌돌이, 라고 하는데요."

미시클럽이 뭐 어쩌고 어째?

 사람에겐 이름이 있다. 짧은 이름이 있다. 나도 여러 이름들을 지어
봤다. 그중 준석과 은서라는 아이들 이름은 빼야 한다. 가족이 흔쾌히
동의할 만한 이름을 내놓지 못해, 다른 이의 힘을 빌렸다. 세월이 흘
렀다. 이젠 중딩과 초딩이 된 그 아이들에게 이름 짓는 고통을 안겨준
다. 오픈 게임으로 조사부터 시켰다. 사람이 아닌 상점의 이름, 바로
'간판'이다.

 준석과 은서는 약 두 시간 동안 집 근처의 거리를 헤매며 간판들을
취재했다. 그 다음엔 '우리 동네 간판'을 주제로 글을 썼다. 은서의
글이다. "재미있는 간판이 많다. 그 경우 10개를 보여주겠다. (중략)
아나파 치과는 치료가 안 아파요, 를 말하는 것 같다. 꿀벌 미시클럽
은 ○○프라자 근처에 있는데, 꼭 꿀벌들이 다니는 미시클럽 같다. 아
마도 꿀벌들처럼 달콤한 여자/남자가 다니는 클럽일 것이다. 위풍닭
닭은 ㅋ 이 상점 이름을 지은 사람은 정말 창의력이 풍부한 사람일 것
이다. (하략)" 미시클럽이 뭐 어쩌고 어째? 은서는 특이한 이름 열 개
를 소개한 뒤 설명을 달았다. 준석은 중딩답게 웃기는 간판을 열거하
는 데 그치지 않았다. 책 제목과 신문 표제어 뽑기의 어려움으로까지
연결해 이야기를 확장시켰다.

 본 게임에 들어가 보자. 준석과 은서 각자에게 자신의 글 제목을 뽑
아보도록 했다. 글쓰기 홈스쿨을 시작한 이후 가장 낯선 과제다. 은서
는 어느 때보다 투덜거렸다. 은서의 작품만 보겠다.

1. 내가 본 잼있는 간판들

2. 잼있어서 눈길을 끄는 간판들

3. 잼있어서 기억이 나는 간판들

4. 센스만점 간판조사

5. 간판에 대하여

6. 내가 조사한 센~스 있는 간판들

7. 센스 짱 간판들

8. 세련된 간판들

9. 크하하 웃기는 간판들

10. 세련이 너무 넘치는 간판들

아빠의 지시에 따라 열 개나 뽑았다. 무작정 시비를 걸었다. "죄다 간판이란 말이 들어갔네. 그 말 넣지 말고 다시 열 개!"

내가 생각해도 고문이었다. 두 번을 더 '빠꾸' 시켰다. 은서는 이를 갈며 총 40개의 제목을 지었다. 그 마지막 결과물 열 개는 다음과 같다.

1. 이런 재밌는 상점 이름을 들어는 보셨나요?

2. 이렇게 잼있는 상점 이름은 처음 봤어요!

3. 위풍닭닭, 창의력의 차원이 다른 상점 이름

4. 이런 잼있는 상점도 뜻이 있을 거예요

5. 사람들을 오게 하려고 만든 재미있는 상점 이름들

6. 뭔가 색다른 상점 이름

7. 이젠 상점 이름의 차원이 달라진다

8. 그냥 것들과 다른 상점 이름

9. 창의력이 풍부한 상점 이름들

10. 머릿속에 쏙쏙 박히는 상점 이름

이번엔 '간판' 대신 전부 '상점' 투성이다.

제목이 이러저러해야 한다고 가르칠 생각은 없다. 알맹이를 짧은 문장 안에 녹여내는 고통을 박터지게 경험했으면 충분하다. 간판 하나에 기울이는 사람들의 정성과 고생이 와 닿았으면 된다. 먼 훗날 준석과 은서가 아들딸 이름을 제 손으로 짓는 데 성공할지 모르겠지만.

너희가 시디머리를 아느냐

"시디머리."

내 맘대로 지어본 말이다. 배추머리도, 바가지머리도, 깍두기머리도, 똥머리도 아닌 시디머리다. 머리가 시디(Compact Disc)처럼 작다고? 노! 시디처럼 둥그렇다고? 노노! 컴퓨터에 파일이 든 시디를 넣어보라. 들어가자마자 맹렬한 속도로 회전한다. 작업을 하고 꺼낼 때까지도 뱅글뱅글 돈다. 답을 찾아내기 위해 미친 듯이 돌아가는 뇌, 그게 시디머리다.

준석과 은서는 간판에 대한 글을 쉽게 완성했다. 아빠가 특별히 문제점을 지적하거나, 퇴짜를 놓지 않았다. 둘 다 한 방에 통과했다. 아

이들의 머리는 시디처럼 돌지 않았다. 여기서 끝난 줄 알았다. 복병이 기다리는 줄은 몰랐다. 글을 쓴 뒤 여기에 맞는 간판을 달아보라고 하자 그때부터 시디머리가 작동했다. 딱 한 줄을 쓰는 게 긴 글보다 어려울 줄이야. 한두 개가 아니라 열 개씩 뽑아야 했다. 시디머리와 관계없는 은서의 글부터 보자.

 은서 글 크하하, 웃기는 간판들

우리 동네에는 재미있는 간판이 많다.

그 경우 10개를 보여주겠다.

다나아 치과, 아나파 치과, 꿀벌 미시클럽, 위풍닭닭(위풍닭닭은 어디 지나가다가 보게 된 간판인데, 재미있어서 기억에 오래 남았다), 멍텅구리 꼼장어, 아딸, 시녀바, Hot 요가, bar삭, babara.

다나아 치과는 ○○프라자쯤에 있는데, 이름이 이 치과를 다니면,

아픈 이가 다~ 나아요, 라는 뜻이다.

아나파 치과는 차를 타고 오던 중 발견했다.

아나파 치과, 이 치과는 치료가 안 아파요를 말하는 것 같다.

꿀벌 미시클럽은 ○○프라자 근처에 있는데,

꼭 꿀벌들이 다니는(?) 미시클럽 같다.

아마도 꿀벌들처럼 달콤한 여자/남자가 다니는 클럽일 것이다.

위풍닭닭은……ㅋ 이 상점 이름을 지은 사람은 정말 창의력이 풍부한 사람일 것이다.

위풍당당에서 당당을 닭닭으로 바꾸다니…….

멍텅구리 꼼장어, 이곳은 꼼장어를 파는 곳인가 보다.

그런데…… 꼼장어는 원래 멍텅구리인가?

잘은 모르지만, 왠지 어딘가가 재미있다.

아딸의 원래 이름은 아딸 떡볶이인데,

아버지와 딸이 만든 떡볶이의 줄임말이다.

역시 떡볶이 맛이 꼭 아버지와 딸이 만든 떡볶이처럼 맛있었다.

시너바는 ○○○돔에 있는 상점인데,

다나아나 아나파처럼 내 신발 신어봐~라는 뜻이다.

그곳에는 예쁜 구두들이 많았다.

Hot 요가는 저번에 ○○프라자 옥상에서 불이 났을 때 친구들끼리 이야기했다.

그때 생각해낸 게,

불났을 때 요가 하면? 핫요가!

불났을 때 개가 있으면? 핫도그!(비로소 그때야 Hot 요가가 재미있다는 것을 느꼈다.)

bar삭은 콩불 옆에 생긴 군것질 집인데,

바삭거리는 음식만 모아서 판다는 곳이다.

babara는 시너바보다 훨씬 더 좋은 구두들을 파는데,

꼭 이러는 것 같다. 시너바! 내 구두들 좀 바바라~!

아빠가 만든 '짬' 어때?

철없음부터 지적하고 넘어가자. 불났을 때 요가 하면 'Hot 요가'?

○○프라자 옥상에서 불나는 걸 보고 나서 그런 농담을 했다고? '화재'를 그런 식으로 '화제'에 올리면 안 된다. 불나는 일은 상상을 초월하는 끔찍한 재난이야

'크하하, 웃기는 간판들'이라는 글의 간판은 은서가 직접 달았다. 앞머리에서 열거한 스무 개 중에서 아빠가 '베스트'로 선정한 제목이다. 핵심을 그런대로 세련되게 함축했다. '상점'이라는 단어가 들어가는 뒤의 제목들은 대부분 길다. '이런 재밌는 상점 이름을 들어는 보셨어요?' '사람들을 오게 하려고 만든 재미있는 상점 이름들' 따위는 숨이 찬다. 은서는 주로 이름이 재미있는 간판을 중심으로 글을 썼으니 '크하하'라는 의성어가 잘 어울린다. 상점 간판도 그렇고, 글의 제목도 그렇고 짧아야 기억에 남는다. 기억에 남아야 찾아오고, 글도 읽는다.

은서가 말한 간판들은, 말 그대로 웃긴다. "정말 좋은 이름이다"라고는 못 하겠다. 개인적으로 장난스러운 간판을 좋아하지 않는다. 튀는 간판이 잠시 주목을 받을지는 모르겠지만, 신뢰를 주거나 깊은 인상을 남길지는 "글쎄올시다"다. 가령 '다나아' '아나파' 같은 경우 1차원적이다. 고유의 개성을 살려 의미를 농축했다는 판단은 들지 않는다. 오래 남을 제목이 아니다.

아빠도 '상점' 이름을 하나 지은 적이 있다. 2010년 봄이 시작될 무렵 회사 노동조합에서 '카페'를 만들었다. 여러 사람들에게 이름을 지어달라고 의뢰했다. 아빠에게도 부탁했다. 회사 직원들이 일하다 잠시 커피나 음료를 마시면서 휴식을 취하는 곳. 아빠는 머리를 시디처럼 돌리면서 수십 개 이름들을 떠올렸다. 그중 두 개의 후보를 노동

조합에 내밀었다. 하나는 '잠시(暫時)'였고, 또 하나는 '짬'이었다. '잠시'는 '짧은 시간'이라는 뜻의 한자어이고, '짬'은 '어떤 일에서 손을 떼는 겨를'이라는 의미의 순우리말이다. 회사 내 카페의 기능을 한두 개의 음절로 짧게 압축했는데, 여운이 남는 이름이라고 생각했다. 운 좋게도 노동조합은 아빠가 내놓은 안 중에서 하나를 채택했다. '짬'이었다. 이걸 영어로 해서 'zzam'이라고도 풀었다. 현재 회사 카페에는 '짬'이라는 간판이 붙어 있다. 준석도 '웃기는 간판'을 예로 많이 들었는데, 그 모든 간판 중에서 '짬'보다 근사한 간판을 찾지 못하겠다. 너희들이 웃기는 간판만 골라서 그렇단다. 다음은 준석의 글.

준석 글 큼직큼직, 나의 눈을 찌르는 것들

　문제를 내겠다. 장님이 아니고서는 보기 싫든 보고 싶든 볼 수밖에 없는 것은? 많을 것이다. 사람, 아니면 아파트, 자동차, 창문 등등……. 정확한 한 가지 답은 있다고 볼 수 없다. 그래서 기준을 정했다. 이번 주제는 '간판'이다. 이것도 하나의 대답이다. 장님이 아니고서는 누가 못 보겠는가?

　간판은 해석하자면 '간단한 글자를 기록한 판'이라고 할 수 있는데, 맞는 말이다. 누가 간판에다가 긴 문장을 쓰던가? 예를 들자면 '산채촌' '잔치국수' 등등, 수없이 많다. 요즘은 간판 '디자인'도 사람을 끌어당긴다. 우리 엄마처럼 간판 디자인이 구식이어도 일단 들어가 보는 사람을 제외하고는, 많은 사람들은 디자인에 집착하게 된다. 앞의 문구를 보는 순간, '아~! 맞아 맞아' 갑작스레 이런 말이 나오지는 않는지?

뭐 나의 개인적인 의견이지만, 나는 서예 글씨로 된 간판을 좋아한다. 뭐 딱딱한 굵은 돋움체로 된 간판은 별로 좋아하지 않는다. 이름이 특별하든 말든 상관은 않지만, 뭐 굳이 서예가 아니더라도, 돋움체가 아닌 것들은 대부분 다 좋아하는 편이다.

어쨌든 정말 많다. 특이한 이름들. 예를 들어서 강 PC방, 마니머거도돼지, 까투리, 까투리 옆집(진짜 옆에 위치함), 놀랄 만두. 아무리 봐도, 다시 봐도 정말 특이한 이름들이다. 특히 '까투리'라는데 그 옆집이라고 '까투리 옆집.' '졸라 빨라 PC방.' 너무 평범한 이름 같지만 한편으로는 너무 독창적, 또 너무나 재미있는 이름이다. 뭐 자세히는 모르겠다만 고깃집 같은데 '마니머거도돼지'라고, 재미있다. 패러디 이름도 있다. '아디닭스' '베스킨 라분식.' 원래 말은 '아디다스'와 '베스킨 라빈스'인데, 이를 따라 하여서 닭집과 분식집을 표현한 게 무척이나 흥미롭다. 또 '돈 주고 돈 먹고'라던가, '그 레벨에 잠이 오니 PC방' 같이, 재미있지만 별로 좋지 않은 뜻으로 쓰인 간판도 있다.

그러나 어디 큼직하고 널찍하며, 거리에 종종 보이는 것만 간판이던가? '책 제목' 역시 간판이라고 할 수 있다. TV, 그 안에도 간판은 안 볼래야 안 볼 수가 없다.

신문에서도 그러한 것들을 엿볼 수 있다. 광고에 비하면 대부분 찾기가 쉽다. 큼직큼직하기 때문이다. 판은 아니니 우리는 그것을 '표제'라고 부른다. '기사의 제목'이다. 대부분 그걸 보고 '아, 이것은 무슨 무슨 내용이겠구나' 하고 알 수 있다. 예를 들어 '4대강, 100원 투자해 25원도 못 건진다.' 물론, 부제를 보아야 더 정확한 내용을 파악할 수 있겠지만, 여기서 이 제목만 봐도 '아, 4대강 사업 비용 편익이 별로 좋지 않겠구나' 하고 알 수 있을 것이다. 엉? 딱 봐도 간판과 비슷하지 않은가? 텔레비전 광고 문구와도 마찬가지로, 간판은 예를 들어 '마니머거 도돼지'처럼 '아, 돼지고기 파는 음식점이구나' 하고 알며, '즐거우셨습니까? 당신의 마지막 운전이 될 수 있습니다'와 같은 광고 문구를 볼 때 '아, 마지막 운전이 되지 않도록 운전에 주의를 기울이라는 뜻이구나' 하고 알 수 있다. (하략)

'아침 점심 저녁까지 질리도록' 기네

여기에 나오는 간판 이름은 발품을 팔며 찾지 않았다. 준석은 거리의 간판 조사를 한 직후 수첩을 잃어버렸다. 결국 글을 쓸 땐 인터넷으로 재밌는 간판 이름을 검색했다.

은서의 글보다는 훨씬 입체적이다. 준석은 상점 간판이 간판의 전부가 아니라는 걸 안다. 짧아야 한다는 점, 디자인이 중요하다는 사실도 간파했다. 그 기능과 역할도 꿰뚫고 있다. 은서보다 한 수 위다. 제목을 짓는 솜씨에선 은서에게 밀렸다. 전체적으로 보자면 말을 맛있게 갖고 노는 편이지만 딱 한 방이 아쉬웠다. 은서의 제목에선 베스트를 선정했다. 준석이 뽑은 열 개의 제목 중에선 베스트를 뽑기가 난감했다.

1. 아침 점심 저녁까지 질리도록 보여 드리겠습니다

2. 아침 점심 저녁으로 스치고 지나간 것들, 죄다 간판투성이들?

3. 어디서나 질리도록 보는 '이것'

4. 문제 : 간판은 어디서 볼 수 있을까요?

5. 꼭 커야 간판인가?

6. '간판' 의 의미는 뭘까?

7. 간판은 어디서 찾을 수 '없을까요?'

8. 간판의 '의미' 를 꿰뚫었는가?

9. 거리에도 간판, TV에도 간판, 신문에도 간판, 어디에나 간판!

10. 니들이 '간판' 을 알아?

1번의 제목처럼, 왜 이리 제목들이 '아침 점심 저녁까지 질리도록' 긴가. 2번은 정도가 더 심하다. 9번도 막상막하다. 은서처럼 100퍼센트는 아니지만, 준석도 80퍼센트를 '간판' 이란 말로 채웠다. '간판' 이란 말을 빼고 다시 뽑아보도록 했다.

11. 어디에 들어가든지 '메인' 역할 담당!

12. 날 보면 '시작이 반이다' (간판이나 표제를 보면 그 내용 등을 반은 알게 됨.)

13. 어디서나 나를 끌어당기려는 녀석들

준석 역시 제목에 괴로워했다. 연신 "아이 씨"라며 짜증을 부렸다. 두 번째로 뽑을 땐 딱 세 개밖에 못 시킨 배경이다. 건질 게 없다. 결국 아빠가 제목을 뽑았다. '큼직큼직, 나의 눈을 찌르는 것들' 이라고. 간판이고, 신문 제목이고 눈 아프게 찌르잖아!

매력적인 제목을 붙이면, 모자라는 글이 살아난다. 이 점을 알기에, 신문사에서는 제목을 뽑는 편집기자를 따로 뽑는다. 간판 이름과 디자인이 그럴듯하면, 후진 상점도 고급스럽게 보인다. 이 점을 알기에, 회사의 이름을 만들어주고 돈을 받는 '네이밍 회사' 들이 영업을 한다. 준석이 뽑은 12번 제목처럼 '간판이 반이다'. 그리하여 이번 결론은

멋진 간판을 달자

……가 아니다.

진짜 결론은 반대다.

간판에 목매달지 말자.

사실은 말이야. 세상 사람들이 정말 중요시하는 간판은 상점 간판이나 글의 제목 따위가 아니다. 학교 간판이다. 그 간판(학벌)은 무덤까지 간다고 한다. 입시 경쟁은 좋은 간판을 따기 위한 피나는 싸움이다. 국제중, 외국어고, 명문대, 알아주는 대기업까지 이른바 '스펙' 이라는 간판들의 총체. '우와~ 나이스 간판' 이기도 하면서, 때로는 '이 죽일 놈의 간판!'

그런 간판에 '목매달' 면 인생의 '금메달' 이 주어질까? 무리하게 매달던 청소년들은 좌절하고 실망하다 진짜 목매달고 저세상으로 떠난다. 행복은 '간판' 따위가 결정하지 않는데…… 라고 쓰려니 낯 뜨거

운 '훈계질' 같다. 생략! 전혀 다른 두 종류의 간판을 꼭 기억해줬으면
좋겠다.

덧▶ 오래전부터 라면 회사에 알려주고픈 라면 이름이 하나 있었다. 나 혼자 기막히
다고 생각하며 웃었다. '사노라면'. 80년대 민중가요에서 딴 이름이다. "사노라면 언
젠가는 좋은 날도 오겠지, 지금은 라면을 먹어도 나중엔 좋은 걸 먹겠지" 하는 염원
이 담긴 이름이다. "이거 나오면 대박 잘 팔릴 텐데"라고 생각하면서 라면 마케팅 회
사의 빈곤한 아이디어를 남몰래 질책하기도 했다. 한데 비슷한 이름이 그 사이에 나
오긴 했다. '친구라면.' 근데 왜 그닥 먹고 싶은 생각이 안 드는 거지?

'러브레터'를 보내자, '터부레터'는 말고

사랑은 먹고 다니냐?

어떤 여자가 자꾸만 사랑을 고백해서 귀찮아 죽겠다.

한두 번이 아니다. 핸드폰이 울리고 낯선 번호가 뜬다. 잠시 망설이다 받는다. 정체불명의 아가씨가 다짜고짜 외친다. "사랑합니다." 남자로서가 아니다. "사랑합니다 고객님!" 나도 다짜고짜 끊는다. 통신회사들의 가입 권유 음성메시지다.

추억은 구체적으로, 사랑은 최대한

핸드폰을 닫고 잠시 그 말을 입속에서 가만히 굴려본다. 사⋯랑⋯합⋯니⋯다. 음성메시지가 아닌 진짜 사람에게서 사랑한다는 말을 들을 일이 평소에 있는가? "밥은 먹고 다니냐?"라는 유명한 영화 대사에 빗대자면 "사랑은 먹고 다니냐?" 아닌 듯하다.^^ 그렇다면 "사랑은 주고 다니냐?" 자식 키우는 입장에선 좀 그렇다. 그 밖의 대상에겐 내 마음을 따뜻하게 표현한 적이 없다. 삭막한 삶이다. 잡지와 신문을 만들며 숱한 글을 썼지만, 누군가에게 사랑을 전하는 글을 쓴 일은 기억에 없다.

이번 주제는 '러브레터'다. 나는 못 했지만, 아이들에겐 일종의 습관으로 만들어주고 싶다. 마침 할머니 생일이 다가왔다. 할머니에게 사랑과 존경을 듬뿍 담은 글을 쓰게 했다. 글쓰기의 기술을 말할 계제는 아니다. 두 가지만 지키라고 했다. 할머니와의 지난 추억을 구체적으로 기술할 것, 사랑을 최대한 표현할 것.

"할머니를 생각하고 어린 시절 앨범을 보니깐 자꾸만 어린 시절로 돌아가고 싶어져요. 지금은 할머니와 함께하는 시간이 많지 않지만, 옛날에는 할머니와 함께하는 시간이 많았잖아요. (중략) 생신 때까지 (은서와) 서로 싸우면 할머니의 기분과 생신을 맞은 기분이 안 좋으실 것 같아서, 그 자리에서만이라도 할머니께 싸우지 않는 모습을 보여 드릴게요. 그럼 올해에도 건강하시고 내일 봬요. 사랑해요! 2010년 10월 8일 시험이 끝난 준석이가 할머니께."

"아, 할머니와의 추억이 생각나네요. 할머니와 함께 계곡에 간 적도 있고, 영화를 보러 간 적도 있었죠. 아, 그리고 영화를 볼 때는 저희에게 양보를 해주셨잖아요. 할머니 수준 영화도 아닌데, 저희 때문에 억지로 그 영화를 보셨죠. (중략) 할머니, 천 살 넘게 오~래 오~래도록 사고 없이 행복하게 사세요. 사랑해요~ 2010년 10월 10일 할머니의 사랑스러운 손녀인 은서 올림."

맛있게 씹히는 건더기는 없다. 맹탕이다. 하지만 할머니의 감동은 이루 말할 수 없었다. 할머니로 하여금 답장까지 쓰게 했다. 이유가 필요 없다. '러브레터'는 받는 이를 무조건 기분 좋게 한다. 존재감도 확인시켜준다. 이럴 때 글은 꽃보다 아름답다.

'아침에 찢던 편지'를 아십니까?

'아침에 찢던 편지'가 떠오른다. 어린 시절, 밤새 누군가를 생각하며 힘겹게 만들던 문장들. 아침에 다시 보면 왜 그리 얼굴이 화끈거렸을까. 찢고 또 쓰고, 또 찢고 또또 쓰던 그 '러브레터'의 추억을 일상적으로 되살리자고 하면 비현실적 주장이리라. 최소한 '껀수'가 있을 때만이라도 실천해보자. 생일 또는 의미 있는 기타 기념일에 '무덤덤'과 '쑥스러움'을 타파하고 '애정표현문'을 전달하자. '러브레터'가 거창하다면 '러브쪽지'라도.

글은 비닐이나 플라스틱의 성질을 닮았다. 한 번 마음에 꽂히면 오래도록 썩지 않는다는 긍정적인 의미에서! 사랑하는 사람들에게 사랑한다는 기록을 남기자.

떼메일·떼문자는 보내지 맙시다

생일 타령의 여왕이다.

은서 말이다. 소녀는 6개월 전부터 카운트다운에 돌입한다. 100일 이내로 들어오면 일주일에 한 번씩 자신의 생일이 다가오고 있음을 환기시킨다. 한 달 이내에 접근하면, 매일 다양한 메뉴로 한마디씩 쏟아낸다. 잔치에 어떤 친구를 초청할지, 음식은 무엇으로 정할지, 케이크를 어떤 종류로 할지, 폭죽은 터뜨릴지 말지, 엄마·아빠·오빠·친구들이 선물은 무얼 해주면 좋을지 등등. 혼자 조잘거리고 키득대며 상상의 나래를 공개적으로 펼친다. 몇 살까지 생일 이벤트에 목을 맬까 궁금하다.

20대 이후 생일에 별 감흥이 없었다. 집에서 미역국 먹는 정도 이상의 기대를 하지 않았다. 3, 40대엔 더 시큰둥했다. 생일 케이크를 잘라도 느낌이 오지 않는다(케이크를 먹는다는 이유로 아이들이 오히려 더 신이 난다). 아, 이거 옳지 않다.

얼마 전 이야기를 나눈 여성 지인은 "40이 넘은 걸 기념해 앞으로는 생일 타령을 적극적으로 하겠다"고 말했다. 30대에 생일을 무심하게 넘겨온 걸 후회한다고 했다. 1년에 딱 한 번인데, 성의를 다해 자신을 격려하고 축하하고 위로하는 이벤트를 주저할 이유가 뭐냐는 거였다. 가족과 친구를 동원하여 자신의 탄생을 화려하게 기념하는 날로 기획하겠다고 마음을 먹었단다. 자기 존재감을 회복하기 위해 생일 타령의 여왕이 되겠다는 말로 들렸다. 그래, 자신의 생일에 집착하는 이들을 저급하다고 몰 필요는 없다. 그런 욕망은 건강하다. 나이가 들어가는 이들에겐 항우울제의 기능과 역할을 한다고 해도 좋겠다. 은서야, 늙어서도 생일 타령의 여왕이 되렴.^^

생일 이벤트에 가족과 친구를 제대로 동원하려면, 한 가지 전제가 필요하다. 내 생일이 화려하려면, 남의 생일도 화려해야 한다. 가족과 친구의 생일을 적극적으로 신경 쓰고 챙겨줘야, 나한테도 똑같이 돌아온다. 물질적 선물도 중요하겠지만, 앞에서 쓴 대로 마음이 담긴 '러브레터'를 적어보자. 마음에 걸어주는 꽃다발을 짠다는 마음으로.

다음은 준석과 은서가 할머니에게 보낸 마음의 꽃다발이다. 편지 전문을 소개한다.

할머니, 안녕하세요?

저 할머니 손자 준석이에요.

물론 추석 때 만나 뵈어서 군이 인사드릴 필요는 없다고 생각하지만 그래도 편지 형식에 따라 인사를 하게 되네요.

무엇보다, 이 편지를 쓴 목적과 같이 먼저 드리고 싶은 말은, 생신을 축하드린다는 말이에요. 보통 추석 때나 설 때는 다 만났지만, 할머니의 생신에 참가한다는 게 흔히 있는 일은 아니어서 가는 게 더욱 기대돼요. 물론 사촌이 참가하지 않는다는 것이 아쉽기는 하지만요.

할머니를 생각하고 어린 시절 앨범을 보니까 자꾸만 어린 시절로 돌아가고 싶어져요. 지금은 할머니와 함께하는 시간이 많지 않지만, 옛날에는 할머니와 함께하는 시간이 많았잖아요. 어려서는 사촌이든 할머니든 간에 추억이 가장 많았을 때였으니까요.

그리고 당연 할머니께 드릴 선물도 준비해 놓았지만, 이번 진짜 할머니께 드리고 싶은 선물은 '동생과 싸우지 않고 말로 풀어가기'예요. 할머니께서는 저희를 예뻐해 주고 선하게 대하셨지만 단 한 가지는 늘 지적하셨어요. "동생과 싸우지 마라." 하지만 그게 쉽사리 고쳐지지는 않았던 것 같아요. 동생도 시비를 걸고, 나도 시비를 걸기 때문에, 어느 한 명이 잘못한 것이 아니기 때문이에요.

준석이 그린 할머니

그래서 지금은 되도록 폭력을 (쓰려는 포즈는 하지만) 거의 쓰지 않고 있는 상태에요(물론 사실 제가 때리는 수준이 '폭력'이라고 하기도 그렇지만). 그래서 계속 말로 풀어가고 있는 상태이지만, 싸움이 아무래도 계속되는 것 같아요. 둘 다 잘못이 있다고 저는 생각해요. 저는 대부분 시비를 걸고, 은서는 남의 기분을 나쁘게 하거나 말문을 막히게 하니까요.

그런데 할머니께서 생신 때까지 이렇게 서로 싸우면 할머니의 기분과 생신을 맞은 기분이 안 좋으실 것 같아서, 그 자리에서만이라도, 할머니께 싸우지 않는 모습을 보여 드릴게요.

그럼 올해에도 건강하시고 내일 봬요. 사랑해요!

2010년 10월 8일 시험이 끝난 준석이가 할머니께.

 은서 글 **오래 오~래도록 사고 없이 행복하게**

할머니, 안녕하세요? 저 은서에요.

은서가 그린 할머니

할머니의 73번째 생신을 진심으로 축하드려요. 제 선물은 양말이에요. 세련되어 보이는 양말과 젊어 보이게 만들어주는 양말이에요. 7800원짜리 양말이니깐 부담 가지시진 마세요. 그렇다고 오빠가 드린 우산과 비교는 말아주세요.

전 할머니가 참 좋아요. ㅎㅎ 저한테 양보도 많이 해주시고, 많은 배려를 주시잖아요? 아, 할머니와의 추억이 생각나네요. 할머니와 함께 계곡에 간 적도 있고, 그리고 영화를 보러 간 적도 있었죠. 아, 그리고 영화를 볼 때도 저희에게 양보를 해주셨잖아요. 이 영화는 할머니 수준 영화도 아닌데, 저희 때문에 억지로 그 영화를 보셨죠.

그리고 전 할머니 집에서 러닝머신이 사라진 게 슬퍼요. 있을 때는 운동도, 봉에 매달려서 몽키 놀이도 할 수 있었잖아요. 그런데 할머니가 파셨죠. 없어졌을 때는 적응이 안 됐지만, 요즘에는 그냥 그렇네요(적응이 된다는 소리).

할머니, 천 살 넘게 오~래 오~래도록 사고 없이 행복하게 사세요. 사랑해요~.

2010년 10월 10일 할머니의 사랑스러운 손녀인 은서 올림.

- -

생일 타령의 여왕이 되어도 좋아

준석과 은서는 할머니 초상화까지 그려 선물했다. 내년에도, 내후년에도 할 계획이다. 인터뷰 때문에 만난 고은 시인의 집에서 본 그림이 떠오른다. 이 집 부부는 생일을 맞으면 서로 그림을 그려주는 내력이 있다고 한다. 그의 안성 자택에 걸려 있는 그림 속에선, 한 사람이 나무 아래서 두 손을 다소곳이 가슴 쪽으로 모은 채 서 있었다. 고은 시인의 생일에 부인 이상화 씨가 그려준 남편의 모습이다. 옆에는 이런 글귀가 있었다. "소년 銀兒의 77세. 2010. 7. 상화." 훌륭하지 않은가. 가족이나 친구, 동료끼리 생일날 작은 쪽지와 그림을 주고받는 풍경은, 생각만 해도 훈훈하다.

그렇다고 편지는 생일날만 쓰는 게 아니다. 초딩 은서는 반 친구들과 함께 편지를 주고받았다. 4월 3일 친구의 날을 맞아 선생님이 시켰다고 한다. 은서가 쓴 편지는 이미 친구에게 전달이 됐으므로 '입수'에 실패했다. 세 명의 친구가 은서에게 쓴 편지를 익명으로 공개한다.

 은서 친구들 글 우리 스마일~ 단짝이 되자꾸나

은서야, 안녕?

나 ○○야. 요즘 잘 지내고 있지? 난 잘 지내고 있어.

1학년 때 기억나니? 난 그때 너와 같은 반이었지만 그리 친한 친구도 아니었고 뭐, 좀 서로서로 관심이 없었던 것 같아. 그런데 올해 4학년 우리 반 신문부가 되면서 너랑 친해지게 되었어. 또 같이 신문 만드느라 열심히 노력하고 신문도 다 같이 꾸미는 그런 과정을 통해서 너의 좋은 점이 많이 보이더라구.

넌 항상 잘 웃고 또 가끔씩 재미있는 말도 하고 나에게 언제나 친절하게 대해주는 솔직한 친구 같아. 보통 땐 너의 장점이 많이 보였는데 막상 편지로 쓰려니 잘 생각이 나지 않는데 그래도 왠지 넌 참 친절한 아이라는 느낌이 들어. 그래서 너와 더욱더 친한 친구가 되고 싶어.

우리 둘 앞으로 단짝이 되도록 노력하고 신문부 일도 더더욱 열심히 하고 신문 이름처럼 언제나 스마일~ 하는 단짝이 되자구~. 그럼 안녕! 주말 잘 보내!

2010년 4월 3일 토요일 단짝이 되고 싶은 마음을 담아 은서에게

○○가.

은서에게

안뇽? 은서야!? 나 누군지 알것징~?! 나 ○○야. ○ㅂ○

나는 널 3학년 때 만났잖아~! 그런데 어떻게 사귀게 되었는지는 기억이 잘 안 나넹~-_-::

어쨌든 3학년 때 너는 항상 밝고, 또 항상 웃음이 넘치고, 넌 그림에도 소질이 있는 아이였잖아~. 지금 4학년 때도 3학년처럼 항상 밝고, 그림도 잘 그리길 바래~^-^ ^-^ ^-^

또 너의 꿈 만화가 꼭! 그림 잘 그려서 만화가 돼야 해~! 그리고, 내가 너 집에 놀러 갔을 때 너의 엄마 참 친절하시더라~(나도 그런 엄마 있으면~) 어쨌든 은서야~ 우리 우정 언제나 변치 말자~+_+ 바이바이.

은서야 안녕? 나 ○○야. 은서야 너랑 나랑 4학년 때 처음으로 같은 반이 되었는데 우리가 친해지는 건 엄청 빨랐지? 근데 우리는 친해지고 싸우고 그랬지만 지금은 친해진 게 다행이라고 생각해~.

4/2이 친구의 날인데 그래서 지금 편지를 쓰고 있지만 은서야 우리 다신 싸우지 말자. 그동안 내가 너에게 화내고 싸운 건 미안해 은서야. 잘 생각해 보니까 내가 너에게 너무 많이 화내고 그런 것 같애…… 은서야 정말 쏘리…….

○○이.

어렸을 적 친구 편지에서 추억이 콸콸콸

슬며시 웃음이 난다. 귀여운 조무래기들. 세 친구 간의 글쓰기 실력 편차도 숨길 수 없다. 어떤 글은 맞춤법도 딱딱 맞고 내용도 야무지다. 어떤 글은 그저 그렇다. 그렇다고 은서 친구들의 글에까지 꼬치꼬치 코멘트를 하는 태도는 적절치 않다. 노코멘트! 7개월 만에 친구들의 편지를 읽은 은서는 신기해했다. 낄낄낄 웃었다. 어렸을 적 친구들과 편지를 많이 주고받고, 꼭 보관하기를 권한다. 먼 훗날 다시 읽어 보면 추억의 샘물이 콸콸콸 쏟아지리라.

음, 이왕이면 한 해가 저무는 12월에 친구들한테 크리스마스카드를 보내면 어떨까? 이 이야기를 꺼내자 은서가 인상을 찌푸린다. 요즘 초딩들에겐 손수 만든 크리스마스카드를 주고받는 문화가 생경한가

보다. 트렌드가 아니다. 여기까지 강요하기는 좀 무리다. 됐고! 이참에 '받고 나서 별로 안 반가운' 크리스마스카드에 관해서나 이야길 해봐야겠다.

연말이 되면 업무 관계로 만난 이들에게서 크리스마스카드나 연하장을 받을 때가 종종 있다. "나를 잊지 말아요"라는 측면에서는 반가울 수 있다. 다만 그분들이 나에 대한 관심과 애정을 조금이라도 구체적으로 써서 보내주면 진심으로 고마울지 모르겠다. 아쉽게도 그렇지 않은 '떼카드'인 경우가 많다.

즉 다수의 대상을 향해 한꺼번에 보낸 카드나 연하장의 일부다. 당연히 "하시는 일 잘 이루시고 새해엔 더욱 건강하세요. ○○○○ 대표 ○○○"라는 투의 인사를 똑같은 디자인으로 인쇄해놨다. 받는 이의 이름은 봉투 겉면에만 적을 가능성이 높다. 뜯자마자 즉시 쓰레기통으로 향한다. 주로 '장'자가 붙은 높으신 분들이다. 그것조차 부하직원들이 대신 써줄지도 모른다. 마음이 담길 확률이 적다. 자신이 그자리에 있다는 사실을 과시하거나 확인시켜줄 뿐이다. 이건 '러브레터'가 아니다. 억지로 말을 지어보자면 '터부레터'다. 인간관계에서 터부시해야 할 편지라는 뜻이다.

'터부레터'는 또 있다. '떼메일'과 '떼문자'다.* 업무로 맺은 관계도 아닌 옛 친구들이 그 주인공이 될 땐 두 배로 황당하다. 친숙한 관계라 생각했던 이들에게서 "새해 건강하라" 어쩌구 하는 틀에 박힌 내용을 떼메일과 떼문자로 받으면 씁쓸하기 그지없다. 보내는 사람

---

* 떼편지, 떼메일, 떼문자에 대한 아이디어는 회사 선배인 〈한겨레〉 김선주 전 논설주간과 나눈 이야기에서 얻었다.

입장에선 편리한 관심의 표현일지 모르겠다. 받는 사람 입장에선 '익명의 섬'으로 취급되는 느낌이다. 인간에 대한 관심과 애정은 본디 개별적이다. 김춘수의 「꽃」이라는 시에는 이런 구절이 있지 않은가. "내가 그의 이름을 불러 주기 전에는/그는 다만/하나의 몸짓에 지나지 않았다//내가 그의 이름을 불러 주었을 때/그는 나에게로 와서/꽃이 되었다." 상대의 이름이 담기지 않은 편지에선 꽃향기가 나지 않는다. "장르로 치면 형식주의"라는 농담을 날려본다. 형식적이다. 러브레터는 '일대일 마크'여야 유효하다.

결론으로 직행한다. '러브레터'를 쓰자는 이야기를 길게 했다. 여기엔 단서가 있다. '터부레터'가 되지 않기 위해서는 이렇게 쓰자.

상대의 이름을 담아, 당신의 마음을 담아.

덧 대신 누군가를 비난하고 나쁘게 몰아붙이는 글은 이메일이든 문자든 보내지 말아야 한다고 생각한다. 이거야말로 진짜진짜 '터부레터'다. 그걸 알면서도 몇 번 그런 적이 있다. 머리를 쥐어뜯었다.

에필로그

그 퇴짜는 헛되지 않았을까

마지막 신음, 마지막 트레이닝

열한 살 그녀는 '올백 소녀'다.

나는 초딩 은서의 별명을 그렇게 지었다. 이런 말을 던지면 '재수없다'는 반응이 돌아온다. 자신의 딸이 '공신(공부의 신)'임을 만방에 자랑하려는 팔불출로 오해받기 십상이다. 시험만 봤다 하면 올백! 전교 1등 '올 100점' 소녀를 떠올리리라. 어림없는 판타지다. 은서는 'All Back' 소녀다. 해석을 잘해야 한다. 완전히 뒤로 넘긴 '올백 머리'와도 관련 없다. 은서의 굴욕을 상징하는 한마디. 백이면 백, 글을 쓸 때마다 퇴짜를 맞는 '올 빠꾸' 소녀!

올백 점수와 전혀 관계없는 '올백 소녀'

그녀의 오빠, 열네 살 준석은 동생을 보며 혀를 찬다. "얼마나 글이 한심했으면……." 그런 준석에게 묻는다. "너는 무슨 소년이냐?" 당당한 대답이 되돌아온다. "훗, 저는 에이피 소년이죠." "에이피?" "All Pass라는 말씀." 헉! 그건 아니올시다. 흰 머리 하나 없지만, 준석을 '반백 소년'으로 칭하는 바이다.

통계를 보면 그렇다. '홈스쿨'을 시작한 뒤 남매의 글을 저장한 한 글 프로그램 폴더를 열어봤다. 무려 200여 편이다. 퇴짜당한 원고도 차곡차곡 쌓여 있다. 그중 은서의 것이 110편이다. 총 35회 치를 썼으니, 1회 평균 두 번 이상을 '불합격' 당한 셈이다. 기억을 더듬어보아도, 은서는 단번에 통과한 적이 없다. 준석도 사정이 훨씬 낫지는 않다. 총 77편이다. 1회 평균 한 번은 다시 쓴 셈이다. 대여섯 번 남짓은 단숨에 통과했다는 게 조금 위로가 될 뿐. 9개월 동안 그렇게 아이들은 학업의 울타리 밖에서 쓴맛을 보았다.

이제 마지막으로 쓴맛을 본다. 정기적인 글쓰기로부터 '해방'을 맞이하는 소감을 쓰도록 했다. 가벼운 마음으로 한달음에 뚝딱 끝내면 좋으련만, 역시 호락호락하지 않았다. "글쓰기 홈스쿨을 시작한 게 엊그제 같은데 벌써 12월이다." 준석의 초고 첫 단락에서 '폭탄'을 발견했다. "1년 동안 글쓰기 훈련을 했다는 놈이 진부해서 말라비틀어진 '엊그제 같은데'가 뭐냐?" '단어 탄압'이지만 할 수 없다. 은서는 세 시간째 한 줄도 못 쓰고 신음만 흘린다. "끄~응 끄~응, 아빠, 도대체 소감을 어떻게 써야 해?"

맨 앞 편에 실렸던 글의 제목은 "일가족 칼럼 사기단을 조심하라"였다. 그동안 준석·은서 남매의 글을 통해 뭔가 글쓰기의 노하우에 관해 한 수 가르쳐주는 척 폼을 잡았다. 시간은 흘러 흘러 벌써 마지막이 됐건만 아이들은 여전히 민첩하지 못하다. 결과적으로 '일가족 칼

연재를 시작하던 2010년 4월(왼쪽)과 12월의 모습. 준석이 상대적으로 훨씬 자랐다. 생각도 훌쩍 자라나면 좋으련만.

럼 사기'를 친 게 확실한 셈이라는 자괴감이 든다.

글쓰기엔 공부처럼 정답이 없더라

"좀 더 활동적인 글쓰기를 했으면 한다는 것이다. (중략) 지난 1년 동안엔 주로 집에서만 뇌를 쥐어짰다. 우리가 만날 누워서 생각만 하는 데카르트도 아니고."(준석) "공부보다 글쓰기가 어렵다. 공부는 답이 있는데, 글쓰기에는 답이 없다."(은서)

만날 놀림만 당한 은서지만, 은근히 통찰력 있는 글이다. 그렇다. 공부에는 답이 있지만, 글쓰기에는 딱 떨어지는 답이 없다. 100점도 없고 빵 점도 없다. 상대적인 평가만 존재한다. 머리가 빠개지는 경험을 통해 그 진리를 깨달았다. 은서의 수확이라면 수확이다.

글쓰기의 고통이란 어쩌면 '짜증나는 프린터'다. 느낌은 분명히 있는데, 구체적인 표현으로 출력하지 못하는 안타까움. 종이가 자꾸만 걸리는 번거로움. "표현하는 자가 강하다"는 말을 남기고 싶다. 오늘도 많은 이들이, 그 경쟁력을 갖추기 위해 노심초사한다. 이 글은 그런 어른과 아이들을 위해 콩알 반쪽만 한 기여라도 하려고 시작했다. '올백 소녀'의 신음은 헛되지 않았을까?

이것은 공짜 회사체험이었단 말인가

"자식 팔아먹는 방법도 참 가지가지다."

글쓰기 홈스쿨을 신문 지면과 인터넷에 연재할 때 누군가가 놀렸다. 매주 아들과 딸을 '앵벌이' 시켜 아빠의 대외활동에 써먹는다는 농담이었다. 또 다른 누군가는 "만날 퇴짜를 놓아 아이들을 혹사시킨다"며 아동학대나 고문과 다를 게 뭐냐고 비난했다. 웃자고 하는 얘기지만, 뼈가 담겼다. 인정한다. 글이란 쓰고 싶을 때 써야 한다. 마음에서 우러나와야 한다. 준석과 은서는 안 그런 경우가 더 많았다. 『삶을 가꾸는 글쓰기 교육』이라는 책에서 고 이오덕 선생은 "쓰고 싶은 것을 쓰는 자유가 주어져야" 한다고 말했다. 나는 '타율적으로' 시켰다. 아이들이 원하든 원하지 않든, 세상이 무너지지 않는 한 무조건 써야 했다. 주제도 일방적으로 정할 때가 많았다. 아빠가 오케이할 때까지 수정하고, 또 수정하느라 아이들은 케이오 다운을 당했다. 글쓰기에 관해 '학을 떼게' 한 측면이 있다. 즐거움보다는 환

멸을 심어주었는지도 모른다. 나쁜 아빠였다. 준석과 은서에게 미안한 마음은 여기까지다.

이번엔 변명 모드다. 첫째, 독자에 대한 예의였다. 아이들에게 최상급의 완벽한 글을 바라지 않았다. 예닐곱 번까지 글을 물리기도 했지만, 이는 그만큼 글의 수준이 비참(!)했기 때문이다. 내 기대치는 소박했다. '최소한의 꼴'이라면 만족했다. 그조차 쉽지 않았다. 독자들에게 '낙서' 같이 조악한 글을 보여주면서 책을 낼 수는 없었다.

둘째, 돈 주고도 못할 '퇴짜' 예행연습이었다. 몸뚱이 하나만을 믿고 살아가지 않는 한, 글쓰기는 어떤 '운명'이다. '원하지 않을 때, 원하지 않는 주제의' 글을 끊임없이 써야 함은 숙명이다. 서술형 시험 문제도 풀어야 하고, 논술 시험도 치러야 하고, 입사를 위한 자기소개서도 써야 한다. 각종 기획서와 프레젠테이션의 타당성은 결국 글로써 검증된다. 홍보와 마케팅의 기술도 문장력을 피해갈 수 없다. 누군가의 부당한 견해를 공격하는 창을 들거나, 궁지에 놓인 자신을 방어하기 위해 방패를 치켜들 때도 논리적 글은 필수다. 글로만 먹고사는 전업 작가가 되지 않아도, 이렇게 우리는 글과 분리된 삶을 살아가기 힘들다. 세상의 주인으로 우뚝 서는 데에서, 한심한 글은 엄청난 핸디캡이다. 아빠의 '퇴짜'는 두고두고 기억되리라. 믿거나말거나, 준석과 은서는 나중에 당할 퇴짜를 경감시켜주는 '선행 학습'을 빡세게 하였다.

아이들도 그렇게 생각할까? 그동안의 9개월을 어떻게 평가하고 있을까? 은서의 글부터 보자.

아이들은 말한다. "공부가 제일로 싫어~." "공부 따위가 왜 존재하는 거지?" 아이들은 이렇게나 공부를 싫어한다. (공부를 좋아하는 아이도 있다.)

하지만, 이런 아이들이 부러울 따름이다. 나는 공부도 하고, 공부보다 더 심한 글쓰기도 하기 때문이다. 공부는 답이 있다. 때로는 찍어도 된다. 글쓰기는 찍을 수가 없다. 답도 없다. 잘 쓴 것 같은데, 아빠는 또 쓰라고 했다. 아빠는 원하는 게 너무 많았다.

지금까지 글쓰기 때문에 많은 시간을 뺏겼다. 아빠는 평일에도 글 써라~ 글 써라~ 시험 기간에도 글 써라~ 글 써라~ 주말에도 글 써라~ 글 써라~.

그 아빠의 지겨운 잔소리 때문에 시간을 뺏겨 좋아하는 프로그램도 못 봤다. 내가 정주행하던 〈런닝맨〉이라는 예능 프로그램인데…… 진짜 짜증난다.

글쓰기가 쉽고, 재밌었다면, 글을 싫어하지도, 미워하지도, 한을 품지도 않았을 것이다. 그런데 벌써 마지막

은서가 그린 '축 승리'. 자신의 글이 오빠의 글보다 낫다는 우월감으로 산다.

이다. 아무리 한을 품고 미워해도, 그래도 조금은 재밌고 신나는 글쓰기였다. 네티즌들에게 칭찬 댓글도 받아서 기분도 좋았다. 글쓰기 덕분에 서술형 문제도 잘 풀게 되었다. 역시 아빠는 한번 편집장을 해봐서인지 능력이 있나? 어쨌든 수행평가, 단원평가에 나오는 서술형 문제는 모두 맞았다.

글 덕분에 내가 싫어하는 것도 안 했다. 글이 시간을 뺏어줬기 때문에…… 나는 사실…… 머리 감는 것을 귀찮아한다(싫어하는 것은 아니고). 아빠가 글을 쓰라고 재촉했기 때문에, 그 핑계로 머리를 안 감고 글을 쓸 수 있었다.

글쓰기 덕분에 타자도 빨라져서 아이들이 나보고 타자왕이라고 부르기도 하였다. 나는 타자 검정을 무척이나 잘하였다. 방과 후 수업 컴퓨터 시간에서도 4학년인데 빨리 끝내는 애는 나밖에 없었다.

글 쓰는 게 어려웠지만, 조금은 보람과 재미가 있었다. 만약 다음에 기회가 된다면 소설을 써서 책을 내보고 싶다.

히프 라이팅! 생각날 때까지 엉덩이로 써라

앞에서도 잠시 밝혔지만, 은서는 글쓰기의 본질을 꿰뚫었다. "공부는 답이 있다. 찍을 수가 있다. 글쓰기는 찍을 수가 없다. 답이 없다." 아빠의 지겨운 잔소리를 비난하기도 했다. 그러면서도 '재밌고 신나는 글쓰기'였음을 부정하지는 않았다. 그 이유들이 천방지축이다. ① 인터넷에 칭찬 댓글이 달려서 ② 시험에 나오는 서술형 문제를 잘 풀어서 ③ 머리를 안 감을 수 있어서 ④ 타자 속도가 빨라져서. 아빠는 이 중에서 ③번 이유가 가장 멋지고 사랑스럽다.

은서는 '엉덩이로 쓰기'의 대가다. 먼저 "이거 정말 손으로 쓴 글 맞아?"라고 의심을 산다는 점에서다. 아빠는 은서의 글을 읽으며 "엉덩이로 쓰지 않고서는 이렇게 엉성할 수 없다"는 한탄을 1년간 약 50회 이상 했던 것 같다. 가장 분노를 일으킨 지점은 '성의 없음'이다. 아빠가 "생각 좀 해봐!"라고 목소리를 높이면, 은서는 불쌍한 표정으로 대꾸했다. "생각이 안 나~ 엉엉." 그렇다고 자비를 베풀 수만은 없었다. 아빠는 바로 퉁을 놓곤 했다. "생각날 때까지 기다렸다가 써." 허~엉 징징거리고 끄~응 신음을 내면서 무언가를 끼적거리다 보면 가끔 신통방통한 이야기가 나오기도 했다. 위의 글도 장장 여덟 시간 만에 완성했다는 점을 감안하면, 머리가 아닌 엉덩이로 쓴 게 분명하다. '히프 라이팅(Hip Writing)'이라고 이름 붙여야겠다. 그런데 마지막 문장이 죽여준다. 뭐 소설을 써서 책을 내보고 싶다고? 히프 라이팅 분야의 새로운 신인? 여기에 비해 준석은, 엉덩이가 아닌 머리가 뜨겁다.

 준석 글 난 데카르트가 아니고… 아빠는 히틀러!

12월이다. 2010년의 마지막 달이다. 참 시간도 빠르다. 그동안 참 많은 일이 있었고, 이젠 글쓰기 홈스쿨도 하나의 추억이 되어버렸다.

1년 동안 글쓰기는 그림자처럼 항상 따라다녔다. 뭔 일을 하려고 하면 아빠는 "글쓰기 해야지!"라고 한다. 그러면 "이것 좀 하고 하면 안 돼요?" 하지만 아빠는 극구 반대다. "안 돼, 글쓰기가 먼저다!"라고 말하신다. 시험 막바지에 이를 때 아빠가 글을 쓰라고 한다. "아, 안 돼요 아빠. 시험이 더 중요해요!!" 엄마는 "맞아요. 애 시험공부 하는데 글쓰기를 시키면 어떡해요!" 하지만 아빠는 자신의 명예가 훼손될까봐 말한다. "안 돼! 글쓰기가 더 중요해! 빨리 글 써!" 아빠는 히틀러다. "글쓰기만이 급하다!"라고 생각하는 히틀러. 시험이건 뭐건 간에.

아빠는 작년에는 이런 식으로까지 신경을 써주시지 않았다. 조금 귀찮기는 했지만, 오히려 아빠가 귀찮을 것 같기도 했고, 고맙기도 하였다.

무엇보다 글쓰기를 하면서는 크고 작은 다툼이 많았다. 그 예로 자전거 도둑이 있는데, 아빠가 자전거 도난에 대해 질문하는 중에 내가 너무 답답하게 대답했나 보다. 물론 그럴 때 쿨하게 대답할 사람이 있을 리 없다만. 하여튼 아빠의 '불심 검문'에 나는 울어버렸다. 은서는 딴짓해서 들켜 제재를 당하기도 했다. 아빠에게 가장 많이 듣는 말은 "성의가 없다"와 "이게 글이냐?"라는 욕이다. 그 외에는 대부분 작은 일이었다.

글쓰기를 할 때 가장 싫은 것이 하나 있었다. 아니, 가장 두려운 것. 바로 '빠꾸'이다. 마치 수학 학원에서 머리를 잡아당김을 당하게 될까봐 시험지를 내지 않는 것과 같이 나는 아빠의 '빠꾸+지적'이 두려워 글을 다 쓰고도 보내지 않는다. 그러다 빠꾸당하면 "하아~" 한숨을 쉬면서 다시 쓴다. 근데 그럴 때는 아빠가 불쌍하다. 아빠도 한숨 쉴 걸 연상하면. 이때부터 나는 느꼈다. '회사생활'이란 이런 것이던가! (중략)

글쓰기 할 때는 몸이 정말 뜨거웠다. 마치 용광로가 내 앞에 있는 느낌이랄까? 운동할 때는 땀도 안 나더니 글쓰기 할 때는 웬 땀이 다 나는지. 몸도 뻣뻣해지는 느낌이고, 갈증을 느낀다. 눈도 침침해지는 느낌이다. 몸 전체의 느낌이 좋지가 않았다. (중략)

하지만 그동안 땀 흘려서(너무 컴 앞에 오래 앉아 있다 보니) 만들어낸 글을 보면 뿌듯하기도 했다. 그걸 끝내다니 좀 아쉽기도 하지만 이젠 일요일에 새로운 일을 할 수 있다는 게 좋기도 하다. 뭣보다 "아! 이걸 했으면 좋았을 텐데!" 하는 것은 좀 더 활동적인 글쓰기를 했으면 한다는 것이다. 예를 들면 책을 읽고 난 뒤의 독후감이나 여행기, 오페라나 뮤지컬 감상문 쓰기다. 그런 게 없지는 않았지만 지난 1년 동안엔 주로 집에서만 뇌를 쥐어짰다. 우리가 만날 누워서 생각만 하는 데카르트도 아니고. 이런 점이 아쉽기는 했지만, 내 글쓰기 실력을 확인한 것과 실력이 한층 높아진 점은 인정한다. 마지막으로, 그동안 우리를 힘들게 책임지신 아빠에게 감사하다는 말을 남긴다.

독서와 체험이라는 배터리 충전

준석은 신중하다. 은서가 엉덩이로 휘갈기듯 글을 쓰면서도 엉덩이의 종기 같은 엉뚱한 표현을 가끔 짜내는 데 반해, 준석은 늘 정장을 입은 꼬마신사처럼 점잖게 이야기를 끌어간다. "참 시간도 빠르다. 그동안 참 많은 일이 있었고, 이젠 글쓰기 홈스쿨도 하나의 추억이 되어버렸다"는 앞부분도 그렇다. 초고에선 "글쓰기 홈스쿨을 시작한 게 엊그제 같은데"라고 했다가 아빠로부터 핀잔을 얻어먹고 다시 쓴 내용이다. '엊그제 같은데'와 '참 시간도 빠르다'는 똑같이 진부한 수식어다. 남이 통상적으로 쓰는 케케묵은 표현은 가까이하지 않길 바란다. 읽는 사람 목이 컥컥 막힌다.

'수식어'의 결핍을 어떻게 넘어서야 할까. 뭔가 다른 게 없을까? 차라리 "시간은 수다쟁이 은서의 말보다 빠르다"라고 생활 속에서 지어내는 게 낫겠다. 그 경우의 수는 수백, 수천, 수만 가지다. "아름답다"를 아름답게 보여주는 수사도 마찬가지다. "너를 사랑해"를 말하는 기술도 사랑을 나누는 사람들의 숫자만큼이나 다양하다. 그렇다면 이 '수식'의 힘은 무엇으로 커지는가. 대화의 경험치나 글쓰기 훈련의 총량이 가늠할지도 모른다. 더 크게는 '독서'다. 독서란 어떤 점에선 '수식어'를 위한 배터리 충전기다. 준석은 배터리 충전을 잘 안 한다. 낱말과 문장과 수식과 비유와 색다른 발상의 재고량이 금방 바닥난다. 배터리 플러그 좀 자주 끼워라(그런 점에서 이번 글쓰기 홈스쿨에선 독후감이 적었다)!

준석의 논지는 은서와 비슷하다. 아빠는 전체주의 독재자 히틀러처럼 '빠꾸 횡포'를 부렸지만, 글쓰기 실력이 높아진 건 사실이므로 감사한다는 '해피엔딩'이다. 고맙지만, 아빠는 '뻔한 해피엔딩'은 좋아하지 않는다. 이는 예전에 여러 차례 지적했던 바다.

자신이 '생각만 하는' 데카르트냐며 앞으로 활동적인 글쓰기를 하고 싶다는 대목에선 미안스러움이 마음 밑바닥에서 목욕탕의 기포처럼 뽀글거린다. 좀 더 가보지 못한 곳을 쏘다니고, 더 다양하고 야무진 경험을 함께했어야 한다. 불행히도 휴가 때 이외에는 집 밖을 벗어나지 못했다. 독서만 배터리가 아니다. 체험도 배터리다. 아빠도 준석과 은서를 위해 이 배터리 플러그를 더 자주 끼워야겠다.

결론을 내릴 때가 됐다. 준석·은서와 함께 힘겹게 이어온 대장정! '글쓰기 홈스쿨'의 마지막 결론은 다음과 같다.

신중하되, 뻔뻔하게 쓰자.

준석과 은서의 장점을 한데 섞어 흔든 결과다. 준석은 조심스럽다. 반듯하다. 은서는 가볍다. 산만하다. 한데 가끔 예측을 불허한다. 준석처럼 신중하게 써야 하지만 '신중하게만' 쓰면 재미없다. 은서처럼 삐딱하고 엉뚱하고 뻔뻔한 면도 있어야 한다. 그 두 가지가 절묘한 배합으로 섞이면 딱이다!!!

'신중'과 '뻔뻔'은 양날의 칼이라고 생각한다. 매력적인 글쓰기를 원하는 어른들에게도 권할 만한 미덕이다. 팩트와 논리적 근거에 대한 신봉, 내가 옳지 않을 수도 있다는 겸손한 자세는 좋다. 다만 만날 그렇게 돌부처처럼 뻣뻣하면 질린다. 수줍음 많이 타는 사과 빛 뺨을 유지하되, 때로는 용접할 때처럼 얼굴에 철판도 까는 거다. 지나친 자기 확신을 경계하면서도, 한번 마음먹으면 거친 말도 주저하지 말아야 한다. 비난과 비웃음을 받을까봐 두려워하지 말자. 준석과 은서도 그렇게 '두 얼굴'을 가졌으면 좋겠다. '두 얼굴'이 하나의 얼굴 속에 잘 녹아들었으면 좋겠다.

마지막 인사말도 신중하되, 뻔뻔하다. 준석과 은서의 한목소리로 여기고 들어주시길. "그동안 저희들의 생각 없는 글을 읽어주셔서 고맙습니다. 생각이 없는 것 같지만 알차고 재밌는 글이었죠? 지루할 틈이 없었죠? 대빵 섭섭하시죠? 저희는 대빵 시원하고 호빵만큼 섭섭하답니다. 빠이빠이!"

다음은 영화가 끝난 뒤 엔딩 크레디트와 함께 흐르는 '번외 동영상

조각 모음' 정도에 해당한다. 영화관의 어중간한 어둠을 뚫고 퇴장하면서 슬쩍슬쩍 눈길을 주는 기분으로 읽어보시라. 이젠 정말 빠이빠이.

(첫 회 연재를 시작하며 대담을 나눴던 필자 세 명이 35주 만에 다시 회동했다. 장소는, 은서의 강요에 따라 동네 피자집.)

아빠 한 해 동안 글쓰기를 잘한 거 같아?

준석·은서 응.

아빠 왜?

준석 아빠가 우리에게 신경을 쓰는 계기가 됐잖아요.

은서 잘한 것 같아. 남들이 보고 재밌다고 하니까?

아빠 글쓰기 실력이 는 거 같아?

준석 늘어난 것 같은데 왜 학교에서는 상을 못 받았지?(웃음) 착각에서 벗어나는 느낌이야. 그전에는 내가 책을 안 읽고도 글을 잘 쓴다고 생각했는데, 지금은 내 지식이 부족하다는 느낌이 더 들어. 가령 91 테러라든가.

아빠 9·11 테러겠지.

준석 아, 맞다.

아빠 은서도 얘기해봐?

은서 재밌게 쓰기가 어려워.

아빠 어떻게?

은서 어려워, 어려워.

아빠 서로의 글에 대해 평해봐.

준석 은서는 체험한 일에 대해선 되게 솔직히 잘 쓰는데, 생각해서 쓰는 글은 꽝이야.

은서 내가 잘 쓸 땐 오빠가 못 쓰고, 내가 못 쓸 땐 오빠가 잘 써.

아빠 스스로 제일 잘 썼다고 생각하는 글은?

준석 남이섬 갔다 와서 쓴 글. 일단 아빠의 보증이 있었고, 세밀하게 묘사했잖아요.

은서 새똥 맞은 글.

아빠 은서는, 그게 왜 잘 썼는데?

은서 내가 쓴 글 중에서 가장 재밌고 구체적이기 때문에.

준석 은서의 그 글은, 생각이 있든 없든 일단 재밌잖아요.

아빠 앞으로 글쓰기를 잘하려면 어떻게 해야 되겠어?

은서 위인전, 세계명작을 많이 읽어야지.

아빠 그 얘기 좀 그만 해라. 지겹다.

준석 책만 읽으면 되니? 생각이 있어야지?

아빠 생각을 키우려면?

준석 그건 모르겠는데?

아빠 글이란 한마디로 뭐니?

은서 답이 없는 공부. 아무리 써도 틀리는 거.

준석 인간이야. 완벽한 인간이란 없듯 완벽한 글이란 없잖아.

아빠 글쓰기 홈스쿨 1년을 한마디로 하면?

은서 지독한 공부. 해도 해도 계속해야 하는.

준석 무료 회사체험. 회사에서 당하는 느낌을 공짜로 얻었다? 글 써놓고 퇴짜당하면서 회사란 게 이렇겠구나 느꼈지.

아빠 독자들에게 한마디.

은서 지금까지 저희 글을 읽어주셔서 감사합니다.

준석 부족한 글을 읽어주셔서 고맙습니다.

아빠 좀 다르게 해봐라.

은서 저희 글이 곧 책으로……(아빠가 말을 자름).

아빠 됐고. 아빠한테는 고맙지도 않니?

은서 유명인이 되게 해주셔서 고맙습니다.

아빠 뭐가 유명인이야?

은서 (눈을 동그랗게 뜨며) 아빠 몰라? 인터넷에 나왔다고 하면 아이들이 깜짝 놀라.

준석 무료 강의 감사합니다.

아빠 푸핫!

덧 은서는 인터넷에 붙은 댓글에 유난히 신경 썼다. 은서를 격려하는 글이 붙을 때마다 오빠에게 "흥, 거 봐 내가 더 잘 썼지?"라고 으스댔다. 심지어 가끔 아빠의 회사 후배들에게 "은서야, 네가 오빠보다 더 잘 썼더라"라는 말을 들을 때면 기고만장이 하늘을 찔렀다. '올백 소녀'에 대한 정신적 보상은 충분히 이뤄진 셈이다. 훗!

글쓰기 홈스쿨

© 고경태 고준석 고은서 2011

초판 1쇄 발행 2011년 5월 9일
초판 4쇄 발행 2016년 5월 25일

지은이 고경태 고준석 고은서
펴낸이 이기섭
편집인 김수영
기획편집 정회엽
마케팅 조재성 정윤성 한성진 정영은 박신영
경영지원 김미란 장혜정

펴낸곳 한겨레출판(주) www.hanibook.co.kr
등록 2006년 1월 4일 제313-2006-00003호
주소 서울시 마포구 효창목길6 (공덕동) 한겨레신문사 4층
전화 02-6383-1602~3 **팩스** 02-6383-1610
대표메일 book@hanibook.co.kr

ISBN 978-89-8431-471-9 03710